知识
产权

知识产权研究文丛

新技术时代知识产权保护理念与实践

马丽萍 著

知识产权出版社
全国百佳图书出版单位
—北京—

图书在版编目（CIP）数据

新技术时代知识产权保护理念与实践/马丽萍著．—北京：知识产权出版社，2022.9
ISBN 978-7-5130-8348-5

Ⅰ.①新…　Ⅱ.①马…　Ⅲ.①知识产权保护—研究—中国　Ⅳ.①D923.404

中国版本图书馆 CIP 数据核字（2022）第 165223 号

责任编辑：刘　睿　邓　莹　　　**责任校对：**谷　洋
封面设计：张国仓　　　**责任印制：**孙婷婷

新技术时代知识产权保护理念与实践

马丽萍　著

出版发行：知识产权出版社有限责任公司　**网　　址：**http：//www.ipph.cn
社　　址：北京市海淀区气象路 50 号院　**邮　　编：**100081
责编电话：010-82000860 转 8346　**责编邮箱：**dengying@cnipr.com
发行电话：010-82000860 转 8101/8102　**发行传真：**010-82000893/82005070/82000270
印　　刷：北京建宏印刷有限公司　**经　　销：**新华书店、各大网上书店及相关专业书店
开　　本：880mm×1230mm　1/32　**印　　张：**8.875
版　　次：2022 年 9 月第 1 版　**印　　次：**2022 年 9 月第 1 次印刷
字　　数：230 千字　**定　　价：**58.00 元
ISBN 978-7-5130-8348-5

前　言

当下，网络技术和数字技术蓬勃发展，又一次给智力成果的创作、传播和使用提供了新的方式和可能，深刻改变了人类社会生产、传递和分享信息的方式，给知识产权法带来新的挑战。“20 世纪的转换革命（Transforming Revolutions）之一就是发明了能够以数字形式获取文字、声音和图像的技术。”[1] 数字技术是指按一定的规则将连续变化的信号离散取样，并将离散的信号量化为“0”和“1”的数字形式，再对数字形式的信号进行后续处理，包括接收、存储和传输等。数字化技术的利用，极大地提高了人们处理信息的能力，改变了信息的存在方式，对作品的创作、存储和传播产生巨大的影响，引发了知识产权领域的“数字革命”。

在“数字革命”的冲击下，整个知识产权制度的滞后性暴露无遗，面临着新的挑战与发展机遇。知识产权法的研究需要新的研究视角、研究方法，需要更新理论基础与范式，回应现实的需要，对社会中发生的一些热门案件进行系统分析与回顾，以期能够不断地完善知识产权法律制度，使知识产权法律制度能够适应数字和网络技术的发展。

---

[1] 保罗·戈斯汀．著作权之道：从古登堡到数字点播机［M］．金海军，译．北京：北京大学出版社，2008：163．

本书认为，要使知识产权法律制度能够适应网络社会的发展，首先是更新知识产权保护的基本观念，对目前社会中存在的知识产权保护的种种误读和错误的观念进行澄清。如果不能对知识产权保护的错误观念进行反思与批判，则知识产权具体制度的设计就成为“无本之木”“无源之水”。为此，本书第一章首先从知识产权的性质出发，分析知识产权保护的基本观念，对知识产权保护存在的种种误区进行系统剖析，提出正确的知识产权保护的基本观念。

在“数字革命”的冲击下，云计算技术应运而生。这种技术对知识产权法律制度中的著作权法影响最大。云计算代表了信息技术发展的新阶段。在这个阶段，人们将逐渐告别自己购买设备，自主开发和管理的状态，转而采用云计算技术来获得更加高性价比和个性化的信息服务。❶ 人们的个人电脑将变成一种终端，我们所需求的软件和信息等各种资源将不再主要来自电脑，而是直接通过互联网，从云端按需获取。社会公众对作品的利用不再依托于复制，复制不再是个人利用作品的前提，以往先对作品进行复制再进行利用的使用方式，将逐步被在云中直接体验作品的方式所取代。云计算技术具备了将所有的信息都部署于云端的优势，为社会公众获取作品提供更大的便利，社会公众获取作品的能力显著增强。云计算所引起的这一重大转变不仅显示了云计算的巨大优势，同时也意味着社会公众将越来越倚重于由云计算所构筑的便捷高速的信息交流与分享机制。但是，云计算对于著作权法而言，是一把“双刃剑”。一方面，云计算将给作品的创作和传播带来巨大的便利，另一方面，它也将使著作权法继数字革命之后再次陷入困境。在云计算环境中，社会公众利用作品

❶ 虚拟化与云计算小组. 云计算实践之道战略蓝图与技术架构［M］. 北京：电子工业出版社，2010：1.

的行为将完全脱离著作权人的控制范围，著作权人与社会公众之间的利益斗争一触即发。为此，本书有两章全面讨论云计算技术对著作权法律制度的影响。本书第二章全面分析云计算技术的兴起及其对著作权的影响，以及讨论著作权法律制度应如何加以应对。第三章分析云计算环境下图书馆所面临的著作权保护机遇与挑战。

数字网络技术的不断发展给著作权保护带来全方位的冲击，在此方面，谷歌数字图书馆的建设、慕课即大规模开放在线课程的建立、体育赛事节目的网络转播这三个与著作权有关的问题都引起较大的争议，它们不仅是著作权法上的难点，也是社会关注的热点。为此，本书第四章、第五章、第六章将分别针对这三个问题展开研究，对著作权法中重要的限制制度——合理使用制度进行分析，以期通过对社会中发生的实际案例的分析，能够为数字网络时代的著作权法完善提供启示。

数字网络技术的发展不仅对著作权法冲击很大，对其他领域的知识产权保护也有较大影响。例如，技术的发展对旅游知识产权保护有着较大影响，一些新的侵犯旅游知识产权的行为开始出现，如在互联网上抢注与旅游标识有关的域名。在商标法领域，对商标的抢注以及囤积已经成为“顽疾”，数字技术的进一步发展又使抢注与囤积商标的成本大幅降低，如何应对抢注与囤积商标的社会问题，成为研究的热点。此外，在互联网环境下，将他人商标作为搜索的关键词是否构成商标侵权，在业内也具有争议。这些问题都需要从理论上进行系统的分析与回应。为此，本书第七章、第八章、第九章、第十章将对这些问题进行研究，以期能提出法律制度方面的应对之策。

在研究方法上，本书主要运用以下研究方法。（1）法律解释法。法律解释法是运用不同的法律渊源来论证法律命题的过程。本书将综合运用文意解释、体系解释、立法历史解释、合理性解释等法律解释法，对与体育赛事转播有关的法律法规、规章以及其他规范性文件进行解释，以明晰法律法规制度的含义与适用。（2）案例分析法。案例分析法是法学研究中常用的方法，主要是指对司法实践中发生的案件进行分析和梳理，对法官的推理论证过程和判决结果进行研究，以归纳司法实践的发展动向和法院对相关案件所持的基本观点与裁判思路。（3）比较研究法。比较研究法是指对不同国家或地区的法律制度的比较研究。对国内外调整同一社会关系的法律制度进行横向比较，尤其是分析不同国家或地区针对社会发展新出现的问题的法律应对措施，可以加深对相关法律制度的理解，学习域外先进法律的经验和优势，有助于对本国法律制度进行完善。

本书尽管分析了知识产权领域中的不同问题，但是实际上它们都有着共通的解决问题的思路与方案，背后所涉及的知识产权法律制度的基本原理是一致的，都需要在知识产权制度的理论基础与顶层设计上作出回应。技术的发展总是日新月异的，制度的完善相对于技术的变化而言必然是滞后的。但是无论技术如何发展，解决问题的方案终归要回到知识产权法律制度的基本理论。希望本书分析的问题能够对新技术时代知识产权法律制度的完善提供有益的启示。

目　录

第一章 从知识产权的性质出发论知识产权保护的基本观念

一、引　言

知识是人类认识自然和社会的成果，是认识主体以内在认识图式结合同化认识客体而再现出来的被观念化了的有序信息组合。[1] 在人类历史的很长一段时间，知识一直处于公有领域而为人所共享，并未如有体物一般界定权利，明确所属。及至近代，于类型化的知识之上设立产权的制度才逐步在各国建立。知识产权法律体系的建立为整个人类社会经济、文化、科技的进步奠定了坚实的制度基石，它以诱人的经济利益激励着人们发挥其创造才能。正如美国前总统林肯所言，“专利制度为天才之火添加利益之油”。随着社会经济和科技的不断发展，知识产权制度在整个人类社会的发展进步中扮演着举足轻重的角色，对人类的知识创造发挥着巨大的激励作用。但在21世纪之今日，知识经济的发展却使这一由人类精妙构思的制度陷入困境，引发了无穷的诘难与争论。一方面是知识产权权利人为攫取垄断经济利益而追求

[1] 昌家立．试论知识的本质［J］．青海社会科学，1995（4）：53．

的极度权利扩张，另一方面是社会公众要求言论自由和信息共享的反对知识产权过强保护的抗议浪潮。在利益面前，人们以各自的理论支持着各自的主张，或是鼓吹知识产权的强保护，努力攫取知识产权超额垄断利润，或是极力反对知识产权，要求信息的自由交流和共享，知识产权扩张论和虚无论即是这两种相反思潮的极端体现。笔者认为，知识产权扩张论与虚无论均是有害的，它们错误地认识了知识产权的权利性质，分别过分强调了知识产权性质的某一方面而忽视了其他方面。这两种思潮均不利于知识产权的恰当保护和人类的知识进步，需要认真对待与深入反思。

二、当下有影响力的两种思潮：知识产权虚无论和知识产权扩张论

知识产权制度是一种极富弹性的私权设定模式，在动态运作之中实现智力成果创造者和社会公众之间的利益平衡，“承担着不能不随时代而发展、变化的历史使命”[1]，其最终的价值目标在于实现智力成果的极大丰富和社会科学文化的累积性进步。在知识经济社会到来之前，知识产权制度通过本权与他权、私益与公益之间的平衡而实现现代知识产权制度基本价值观的利益衡平。[2] 但是知识经济的发展彻底打破了这种平衡。在版权方面，互联网技术尤其是 P2P 技术的发展使传统的通过物质载体控制作品利用的模式不再可行，无物质载体的作品传播与利用已经彻底改变了传统版权制度的生态环境，版权人与社会公众之间的利益关系已经彻底失衡。在专利方面，技术复杂性的提高、技术数量

---

[1] 中山信弘. 多媒体与著作权［M］. 张玉瑞，译. 北京：专利文献出版社，1997：6.

[2] 吴汉东，等. 知识产权基本问题研究［M］. 北京：中国人民大学出版社，2005：108 – 109.

的增加、技术更新速度的加快也彻底改变了专利制度的生态环境，专利申请积压、专利灌木丛、专利渔翁等问题已经使专利制度不堪重负。知识产权制度已经走到了十字路口，必将面临变革。在知识产权制度试图重新协调这种种矛盾和冲突、在非议和责难中不断发展之时，世界上出现了两种值得深思的论调，即知识产权虚无论及与之相反的知识产权扩张论，他们各自有着庞大的利益团体，极力鼓吹自己的理论以利于实现自身利益。这些极端而强硬的观点不但给知识产权制度的自我更新带来十分消极的影响，而且对社会大众正确的知识产权价值观的养成造成巨大的伤害，最终损害整个社会科技文化的长远发展。

（一）知识产权虚无论

知识产权怀疑论和虚无论在当下数字时代有愈演愈烈之势，虽然这里面有社会公众在知识产权强力扩张之下为了维护自身信息的自由获取和言论民主所作的本能反应，但更多的是一种无目的盲从式的抗议，这种单方面的抗议逐步演化为全球性的大规模盗版活动。许多利益集团以宪法权利和法律功利主义理论为自身的武器，对有着数百年发展历程的知识产权制度进行猛烈的抨击。以美国的安娜托利·瓦利奈茨（Anatoly Volynets）为代表的“知识产权怀疑论”学者，对知识产权制度提出了十大疑问，认为现在的知识产权保护不是对社会、经济、文化、科技等产生促进作用，而是相反地产生了障碍效应；以美国的理查德·斯托曼（Richard Stallman）为代表的学者提出了限制甚至废除知识产权制度的主张，引起强烈的社会反响，形成一股反知识产权思潮。[1] 这种知识产权怀疑论和虚无论既非空穴来风，也非无的放

---

[1] 曹新明．知识产权法哲学理论反思——以重构知识产权制度为视角［J］．法制与社会发展，2004（6）：60.

矢，它是知识产权产生之初知识产权反对论者的思想在知识经济时代的复活。在知识产权制度产生之初，知识产权反对论者的普遍看法是，知识是不能够给予私权保护的。“各种思想应该在地球上自由地从一个人传播到另一个人，使人们共同获得道德教诲，并改善他们的条件，这仿佛是大自然特别充满爱心的设计，如果一个想法——一个个人头脑的即兴产物能够作为天然权利被要求当作专有的和固有的财产，那才怪呢?”[1] 在 18 世纪著名的文学产权之争中，人们认为出版行为“实质上和必然地是一种给予公众的礼物”，这意味着作品“立即和不可避免地成为公共的”。他们认为“对思想和知识进行财产权保护是不合适的”[2]。对于创立现代专利制度的英国垄断法，学者认为，“垄断法在很多方面是一种率直的经济政策”，该法所赋予发明者的权利是“一种特权，而不是某种类型的自然权利”，“从最初就被看作是可以被恰当地塑造、限制而最终被制定法取消的”。[3]

知识经济的发展的确使知识产权制度面临着空前的挑战，面对知识产权制度当前出现的一些问题，知识产权虚无论和怀疑论有其合理性，因为在知识经济时代，网络交流的即时性和自发性等的确要求信息的共享和交流，技术的快速发展和更新要求技术的自由利用。但这些人的观点显然太过极端，到了蔑视甚至完全否定知识产权制度的程度。如有人认为，“版权并不是财产权，版权只是因为特殊政策的原因而由政府颁发的垄断权。数字领域从它的结构、精神到政策的暗含来说在每一个方面都是

---

[1] 杰弗逊. 杰弗逊选集［M］. 朱曾汶，译. 北京：商务印书馆，1999：598.

[2] Brad Sherman and Lionel Bentl. The Making of Modern Intellectual Property Law：The British Experience，1760—1911［M］. Cambridge University Press，1999：28.

[3] Peter Drahos. A Philosophy of Intellectual Property［M］. Dartmouth Publishing Company Limited，1996：32，38.

自由的，在网络上强化所谓的传统财产权，从最好的方面来看是‘放错了位置’，从最差的方面看是对于这个新领域的自由和潜在的创作能力的威胁”❶。甚至有人把知识产权法中的版权法比作小偷，“我们越来越不是一个自由的社会，版权法偷走了我们公有的文化”❷。

如果仅限于学术界的理论论战，这种知识产权怀疑论和虚无论对于知识经济时代知识产权制度的发展完善不无裨益。但对于普通社会公众，由于没有形成正确的知识产权保护观念，知识产权怀疑论和虚无论的鼓吹必定有力地推动盗版和各类侵害知识产权人权益的行为大量泛滥，使社会公众对知识产权的态度越发抵触，“你可能认为盗版是在解放知识，或者你觉得智慧的成果其实不能真的算是财产”❸。全球化的盗版现象本身并不是一种偶然，从知识产权视角观之，它固然是一种违法行为，但它似乎也蕴含着人们的一种道德判断标准，是一种人们对正统知识产权观念与制度的故意无视和在道德上的否认。

更何况，知识产权制度作为人类创立的促进知识创新的伟大创造，尽管当前面临着巨大的挑战，但要想完全废除显然是不现实的。因此，知识产权怀疑论和虚无论的极端观点并不利于知识产权制度的完善，其能起的作用也只不过是不利于知识保护和对人们创新精神的鼓励，而更为严重的后果是人们正确的知识产权价值观有被毁灭的可能，这对于积蓄数百年的尊重知识产权的价值观念无异于灭顶之灾。

---

❶ Siva Vaidhyanathan. Copyright as Cudgel [EB/OL].（2019-03-12）[2020-10-13]. http://chronicle.com/free/v48/i47/47b00701.htm.

❷ Lawrence Lessig. Free Culture [EB/OL].（2019-03-12）[2021-05-26]. http://www.oreillynet.com/lpt/a/2641.

❸ 约翰·冈茨，杰克·罗切斯特. 数字时代盗版无罪 [M]. 周晓琪，译. 北京：法律出版社，2008：79.

（二）知识产权扩张论

与知识产权虚无主义泛起相对应的是知识产权扩张论对知识产权保护的大力提倡和渲染。知识产权扩张论者鼓吹加强知识产权保护促进经济发展的论点，其主张，尊重专利权将会鼓励研究方面的投资而促进高科技公司在第三世界国家进行技术转让而使第三世界国家受益。不仅如此，知识产权扩张论者还将长期以来视为“特权”（privilege）的专利权刻画为“权利”（right）。这种观念上的变化产生了强大的道德力量，即将某事物刻画为权利可以使它免于来自实践和思想领域的挑战，超越这种权利的界限是在“侵犯”权利，是严重的错误。因此，将某事物定义为权利或多或少也使它免于政治挑战，即使它不被看作一种自然权利，在道德上被定义为权利也使它变得有些不可冒犯。在将知识产权定义为权利的同时，知识产权扩张论者将知识产权侵权行为指称为“海盗行为”，指责允许这种知识产权侵权行为的国家为海盗行为的避难所。这种指责产生了强大的力量，“海盗暗喻有效地将政策争论转变为绝对的道德刺激。贼完全是错的，而运用暴力的贼甚至更错误。这使得不存在关于海盗行为优点的政策讨论的余地，也没有与海盗行为妥协的任何空间”❶。

知识产权扩张论的主要目的就是扩张知识产权，利用知识产权谋求自身利益的最大化，甚至不惜牺牲公众和社会公益。他们不仅借助于自然权利理论，主张劳动是获得私权保护的基础，甚至主张知识产权的保护应当是全方位和不受任何限制的，是绝对

❶ Robert Weissman. A Long, Strange TRIPS: The Pharmaceutical Industry Drive to Harmonize Global Intellectual Property Rules, and the Remaining WTO Legal Alternatives Available to Third World Countries [J]. University of Pennsylvania Journal of International Economic Law, 1996 (17): 1086, 1089.

的。因此，貌似合理的知识产权扩张论实质上早已背离了自然权利理论的初衷。它们为了达到作为价值的利益，就要不择手段，如果注意手段的影响，就不能成功。❶

在知识产权利益集团的推动下，知识产权一直处于扩张之中。美国学者詹姆士·波义耳（James Boyle）指出："在世界经济最近十五年中不仅能看到知识产权重要性的提高，也能发现知识产权保护强度的加强；知识产权已经在从人类基因到互联网的范围内扩张了，而且还通过法律支持的数字藩篱、延长的著作权期限和增加的处罚加强了。"❷

不可否认，知识产权保护的确有其正当性。因为尽管知识产权制度所创立的垄断权有先天缺陷，但垄断权也可能有好的一面。美国著名知识产权法官里奇（Rich）指出，"我们应解释关于垄断的一些事情。今天，这是一个充满情绪暗示的词，且大多数人的心理反应是垄断是'坏的'。但并不是这样。垄断只是力量，是怎么利用它使得它好或者坏。垄断能被赋予好的利用，这不仅是一般情况，且总是这样"❸。人类创立的知识产权制度正是垄断被赋予好的利用的典型事例。但知识产权扩张论者所主张的知识产权绝对化和无限扩张却同样是有害的。因为知识产权所保护的知识位于人类共同体生活中的许多社会关系的中心，知识产权扩张论者所导致的对知识财产中的金钱利益的无情追逐已经产生了共同体分裂的分离关系和力量。❹ 这种知识产权的持续强

❶ 李雨峰. 版权扩张：一种合法性的反思［J］. 现代法学，2001（5）：62.

❷ James Boyle. The Opposite of Property?［J］. Law and Contemporary Problems Journal, 2003（66）：2.

❸ Giles S. Rich. The Vague Concept of "Invention" as Replaced by Section103 of the 1952 Patent Act［J］. Federal Circuit Bar Journal, 2004—2005（14）：151.

❹ Peter Drahos. A Philosophy of Intellectual Property［M］. Dartmouth Publishing Company Limited, 1996：91.

化已经打破了知识产权中原有的平衡，产生了严重的不良后果，尤其是在发展中国家引发了公共健康等社会危机。

三、对知识产权权利性质的正确认识：自然权利色彩与法定性的统一

知识产权虚无论和扩张论在数字技术背景下呈愈演愈烈之势，给知识产权制度的发展和民众知识产权意识的养成带来了极其消极的影响。从根本上说，这两种极端思潮的产生源自对知识产权性质的不正确认识，因此，为了深入反思这两种极端思潮，必须正确认识知识产权的法律性质。

笔者认为，知识产权的法律性质主要是由知识产权客体所决定的。在传统民法中，“客体在民事法律关系中居于重要的地位，没有客体，主体的权利义务就丧失了客观依据，成了空中楼阁；而且客体不同，也往往会使民事法律关系的性质和内容发生变化”❶。在知识产权法中，对象自然属性的差别是导致法律关系不同的决定因素。民事权利中的财产权之所以区分为物权、债权和知识产权，正是由于它们各自对象的自然属性即存在方式的差异所致。❷ 客体是知识产权理论和制度重要的始点范畴，它“不仅是决定知识产权法法律原则的重要因素，同时更是知识产权法学理论的理论基点”❸。知识产权客体的私人性和公共性特征决定了知识产权自然权利性和法定性的双重属性。

❶ 佟柔．中国民法学·民法总则［M］．北京：中国人民公安大学出版社，1990：56.

❷ 需要指出的是，刘春田先生所称知识产权的对象就是本书所称的知识产权客体。

❸ 王太平．知识产权法法律原则理论基础与具体构造［M］．北京：法律出版社，2004：136.

（一）知识的私人性：知识产权的自然权利性

知识产权之所以带有鲜明的自然权利色彩，根本上是由其客体的私人性所决定的。知识产权的客体即知识[1]，显然是一种人类智慧的结晶，是“人们在改造世界的实践中所获得的认识和经验的综合”[2]。知识是人类智力劳动所创造的成果，它鲜明地体现了创造者私人劳动的私人性特点。知识产权制度对这种私人智力劳动结果进行一定程度的保护是尊重个人智力劳动的体现。知识产权客体的私人性决定了知识产权的自然权利属性。

自然权利观念肇始于古希腊荷马时代，一些现代社会的法治文明理念，多与自然权利观念有关，如私有财产神圣不可侵犯、人身自由不可侵犯、人民主权等进步思想。随着西方经济、政治的进一步发展，自然法所一贯强调的人的理性和道德准则重新被人们所关注。在西方，每次社会大变革特别是革命时期，自然法总是作为一面旗帜，主导着西方社会法律发展的大方向。[3] 自然权利观的发展史说明了社会制度的变迁不仅仅是一种功利主义考量，更为重要的是要符合人的理性和尊崇人类千百年来未变的一些道德准则和善良习惯。

财产权劳动理论是知识产权保护的重要理论基础之一。在人类社会尚未把知识视为财富的时代，对于有形物品而言，人们的所有权是通过自己的劳动和勤奋而获得的，由此他们可以获得对

---

[1] 学界关于知识产权客体的认识并不统一，笔者倾向于王太平先生对知识产权客体的总结，即知识产权客体本质上是知识，即“以符号这种具体的公共性形式为存在方式的信息或形式即知识就是知识产权的客体”。参见王太平. 知识产权客体的理论范畴［M］. 北京：知识产权出版社，2008：48.

[2] 现代汉语词典2002年增补本［M］. 北京：商务印书馆，2002：1613.

[3] 鄂振辉. 自然法学［M］. 北京：法律出版社，2005：3.

物品的真正的控制权。❶ 因为，每个人对自己的人身享有一种所有权，而每个人的身体是“所从事的劳动和他的双手所进行的工作”，“是正当的属于他的”，因而由于自身劳动所生产的产品毫无疑问应当归他所有。“人即是自己的主人，自身和自身行动或劳动的所有者，本身就还具有财产的基本基础。”❷ 因此，财产权设定的基础在于人类自身的劳动，正是人类的劳动奠定了劳动者对其劳动所得享有无可争议的所有权，这种所有权的取得不取决于任何的经济体制和政治势力，它的享有是自然权利的象征，是人进行生产生活、生存于这个世界的基础性权利。显然，这种论证无论对于劳动所生的有形物还是无体的知识都具有普遍的适用性。正是人们的知识性劳动诞生了无数伟大的文学艺术作品、科学作品和无数推动生产力发展的发明，给予作者和发明者对他们的智力性贡献以私权的归属，就是对这种劳动的奖励和对人类公平、正义等美好道德的尊崇。正如学者所言，洛克的劳动价值学说为财产权找到了合法性基础，并确立了社会发展的核心价值。❸

强调知识产权的自然权利性，并不是认为光凭知识产权的这种属性就能形成完美的制度设计，就会使人类的产权关系明晰确定、交易关系公平顺畅，而主要是强调这种自然权利观对于知识产权法律制度的具体构建所起的本源性基础性作用。肯定知识产权的自然权利观是为了明确知识产权之所以产生，人类的智力劳动成果之所以维护，根本上说不是来自国家的法定授权，而是原原本本的来自具体的劳动。这是人类内心道德所必然作出的选

---

❶ J. M. 凯利. 西方法律思想简史［M］. 王笑红，译. 北京：法律出版社，2002：143－144.

❷ 洛克. 政府论下篇［M］. 叶启，译. 北京：商务印书馆，1964：19，29.

❸ 易继明. 评财产权劳动学说［J］. 法学研究，2000（3）：101.

择，不对这种付出巨大劳动的成果进行授权和保护，就违反了人类公平正义的法理，违背了人类的理性和道德。

（二）知识的公共性：知识产权权利的法定性

知识产权不仅是一种自然权利，更具有鲜明的法定性。所谓知识产权的法定性是指“知识产权的种类、权利以及诸如权利的要件及保护期限等关键内容必须由成文法确定，除立法者在法律中特别授权外，任何机构不得在法律之外创设知识产权”❶。知识产权法定性意在“反对任何机构在制定法之外为知识的创造者创设某种知识产权。其中最主要的是反对司法机关行使自由裁量权，在个案中为知识的创造者创设某种类型的知识产权”❷。知识产权之所以具有法定性，是由其权利客体——知识的公共性所决定的。哲学研究表明，人们对客体的能动的公共反映就是知识的本质，公共性是知识得以存在的必然条件，为知识不可或缺的维度。公共性是知识的本性，知识的公共性不仅体现在知识的主体方面，也体现在知识的形式方面。❸ 知识的这种公共性属性在知识产权理论中为人们广为承认。杰斐逊在 1813 年写给艾萨克·麦克弗森的信中谈到专利权特点时说，有一种称为思想的东西，它是我们思维能力作用的结果，它的天性使它比其他任何事物都难于财产化。而“为了人类的道德教育及相互借鉴，为了生活条件的改善，思想应当在全世界自由地传播。它似乎是大自然专门的、仁慈的设计，像火一样蔓延至整个空间，在任意一点浓度都

❶ 郑胜利．论知识产权法定主义［C］//郑胜利．北大知识产权评论（第 2 卷），北京：法律出版社，2004：57.

❷ 李扬．知识产权法定主义的缺陷及其克服——以侵权构成的限定性和非限定性为中心［J］．环球法律评论，2009（2）：74.

❸ 王维国．知识的公共性维度［M］．北京：中国社会科学出版社，2003：166.

不降低；又像空气一样，我们可在其中呼吸、活动和生存。它不可被限制，或被独占。因此，发明在性质上无法成为财产权的客体”❶。知识的公共性决定了知识是人类发展的基本条件，决定了知识只有属于公共的、为公共目的存在才符合其本性，也才最能发挥其效用。知识的公共性意味着知识产权法对知识的保护必须适合于知识的这种本性，决定了知识产权必须为公共目的和公共利益而存在，决定了知识产权的法定性。

明确知识产权的法定性使我们可以在合适的时候以设立权利的方式激励生产者，可以以公共利益为考量标准扩大或缩小已有权利客体的保护范围，可以明确侵权的标准，给予知识产权权利人以周全的法律保护。明确知识产权的法定性就是要严格遵守法定权利的划定规则，凡是法律没有明确授权的就是主体所不能享有的，至少是法律所不鼓励的。对于知识产权而言，仅仅是劳动还不足以成为给予保护的绝对理由。❷

（三）知识产权的性质：自然权利性与法定性的统一

前文分别论证了知识产权的自然权利性与法定性属性，知识产权的自然权利性的基础是知识产权客体——知识的私人性，而知识产权法定性的基础则是知识产权客体——知识的公共性。由于知识产权客体是私人性与公共性的统一，因此，知识产权的自然权利色彩与法定性之间并不是两相对立的，相反，两者是相辅相成、密切结合的。

从功能上来看，知识产权的法定性和自然权利色彩二者并不

---

❶ 劳伦斯·莱斯格. 思想的未来［M］. 李旭，译. 北京：中信出版社，2004：100.

❷ 李扬，等. 知识产权基础理论和前沿问题［M］. 北京：法律出版社，2004：141.

矛盾，而是发挥着一种功能互补的作用。详言之，知识产权的法定性为知识产权设置了发挥作用的终极目标，知识产权的创设、保护与限制均只能有助于这种终极目标的实现，而不能有害于它；而知识产权的自然权利色彩则意味着实现这种终极目标主要是通过设置知识产权这种具有自然权利的私权来进行的。

实现知识产权立法终极目标之所以要通过设置知识产权这种私权来进行，是由社会发展现阶段的人性状况即经济人所决定的。亚当·斯密写道："改善自身状况的愿望……虽然是冷静的、沉着的，但我们从母胎出来一直到死，从没一刻放弃过这愿望。我们一直至死，对于自身地位，几乎没有一个人会有一刻觉得完全满意，不求进步，不思改进。但是怎么改进呢？一般人都觉得，增加财产是必要的手段，这手段最通俗、最明显。"而且，"每个人改善自身境况的一致的、正常的、不断的努力是社会财富、国民财富以及私人财富所赖以产生的重大因素。这不断的努力，常常强大得足以战胜政府的浪费，足以挽救行政的大错误，使事情日趋改良"。[1] 个人是社会的基础，而个人利益则构成社会利益的基础。没有个人利益和权利，社会公共利益将成为无源之水、无本之木。因此，没有具有自然权利色彩的知识产权的私权属性作为基础，知识产权的法定性也将成为空中楼阁。同时，具有自然权利色彩的知识产权的私权属性所立基的人的理性和自利行为不是不受限制的，这种限制就是知识产权的法定性，知识产权的法定性既决定了知识产权这种私权发挥作用的基本方向，也决定了知识产权这种具有自然权利色彩的私权的具体界限与范围，知识产权权利的设置必须在对知识创造人的激励与促进社会公共利益发展之间达成恰当的平衡。

---

[1] 亚当·斯密. 国富论［M］. 郭大力，王亚楠，译. 北京：商务印书馆，1979：314.

四、知识产权虚无论和扩张论的片面性

笔者认为，知识产权虚无论和扩张论均是错误的，其根本错误在于没有正确认识知识产权的法律性质，知识产权虚无论和扩张论分别过分强调了知识产权权利性质中的法定性和自然权利色彩，割裂了知识产权法律性质的自然权利色彩与法定性的统一关系。

（一）知识产权虚无论的片面性：对知识产权法定性的过分强调

知识产权制度的价值之一是对智力劳动成果进行保护，它维护了人类的道德、情感和理想，维护了个体劳动所得的正当权益。因而，从这点上来看，知识产权虚无主义从理论上是站不住脚的，无论对何种劳动成果进行保护，在私有经济体制之下都是对个人私益的尊重，这种尊重不是可有可无的，而是从更深层次体现着人类尊重劳动的道德观念。尽管不能否认的是知识具有公共性，考虑知识产权的法定性是必要的，但是不能无限地强调和扩大知识产权法定性的影响，从而完全否定对创造者个人利益的保护。否定对创造者个人利益保护的结果必然是人类创造力的枯竭，最终会损害人类社会的长远利益。

应该说，社会公众对自身利益的密切考虑和正当呼吁是应当得以关注的，但是这种知识产权法是虚无的、可有可无的观点却会对整个知识产权法乃至社会的进步发展带来危害。笔者认为，自然权利观只是一种法律模式建立的某一方面的理由，而不能是全部，但是这种自然权利观却不能视而不见。它在一定程度上为判断法律制度的正义与否提供了价值标准，而知识产权虚无主义

则直接与这种价值标准相冲突。显然，在目前私有产权制度成为社会基本财产制度的情况下，个人追求自身私利的心理对其行为有决定性的影响，这也就是为什么康德说财产制度是实践理性所规定的需要。正是这种对个人劳动和私有财富的重视，才诞生了所有权私有制度，同样，知识在实践理性的需要方面与劳动所产生的有形物并没有本质区别。无视知识产权保护，否定知识产权制度在目前的价值，从自然权利观的角度考察是违背人类的善良道德的。因为在私有制之下，维持人类自身对其劳动成果的保有和对有形物、无形知识产品的所有权是人类追求自身利益满足的基础。一个最简单的例子是那些持知识产权虚无论调的人，设想当他们自己有作品或技术产品问世的时候，他们是愿意使其知识产品得到法律的保护还是愿意随便任何人不加许可的任意使用并从中牟利？毫无疑问，在私有制和人类社会财富并不充足的情况下，追逐利益是个体的本能反应，对自身劳动的维护则当然具有正当性。因此，知识产权怀疑论和虚无论的基础并不存在。

（二）知识产权扩张论的片面性：对知识产权自然权利性的过分推崇

从各国最近几十年的立法来看，知识产权处于不断的扩张之中，其理论上的重要支撑便是这种扩张论，其根源在于对自然权利过分的崇拜，把知识产权当成天赋的不可限制的权利。这种天赋之权的观念被某些利益集团所用，成为其知识产权扩张的理论依据。前文对于法定权利的内涵和功能的论述正是对这种不良论调进行规制的理论基础。知识产权过度扩张的恶果显而易见，它忽略知识的生产过程是一个连续的后人在前人知识累积基础上进行再创造的过程，使后续的创新逐步枯竭；它无视知识产权最终的目的在于实现社会科技、文化的整体进步，使知识产权最终惠及社会的理想丧失殆尽；它不尊重公众获得信息、言论自由的宪法性权利，使得这项制度成为强势群体谋取最大化商业利益的工具。知识产权法定权利的性质就决定了其不允许知识产权不顾及公共利益而任意扩大。单纯自然权利的观点是片面而没有力量的，它并不能为个人权利和公共利益之间找到平衡，其略带浪漫主义的乌托邦式幻想只会使个人的权利扩大得漫无边际，最终会损害社会整体的文明进步。而法定权利的观点出于利益最大化的考虑，对知识产权的扩张持谨慎的态度，它使个人权利和社会公益之间能够保持必要的平衡，维持知识产权对个人的激励作用，同时使知识产权私权设定模式的利益能够最大化。这种法定权利观也应成为知识产权法律制度具体构建的价值考量之一，知识产权法律制度在当下不可废除，但是也不可极度扩张，如何设计它的边界，使它可以发挥出最大的激励功效，法定权利观也许可以给出一个妥帖的答案。

（三）正确认识知识产权的法律性质，树立正确的知识产权保护观

在技术革命的冲击之下，法律制度领域没有什么比知识产权制度更具有争议性了。知识产权虚无主义和知识产权扩张主义就是两种走向极端的呼声，但是在普通民众甚至一些学者中又有广泛的市场。废除还是继续扩张，是我们需要认真思索的。笔者无力就这一问题给出终局性的答案，但是知识产权权利的自然性和法定性是毋庸置疑的，没有自然权利的色彩，私权的设立会变得没有依托，而没有法定权利，私权的运行又会变得飘忽不定。在知识产权权利的认识上首先应当明确，知识产权的确定是人类理性道德的选择，对于人自身的劳动成果，不赋予一定的权利保护而允许任何人利用是有违道德和良心要求的，人类内心的公平正

义理念不允许不劳而获。这是反对知识产权虚无论的基石，而在具体的知识产权制度构建中，我们又必须依据功利主义理论和实证主义理论，强调知识产权制度的“效益”、“实用”、“社会利益”和“社会目的”，反对知识产权过度的扩张。

五、结　　语

技术的发展不断冲击着现有的知识产权法律秩序，社会上出现了种种不利于正确认识知识产权的思潮，如果不加以澄清，则将对知识产权法律制度的具体构建和适用产生不利的影响。通过本章的分析，应当可以明确，知识产权权利既是自然权利，又是法定权利。作为一种在人类智力劳动成果之上设立的产权，知识产权意在保护人类的知识性劳动，具有自然权利的性质；同时知识产权的客体、保护范围、权利界定等皆有法律规定，体现了法定权利的性质。自然权利观念为知识产权的设立奠定了正当性基础，而法定权利观念使知识产权客体清晰、范围明确，有利于制度利益的最大化实现。“从权利来源论，它是一种自然权利，创造性活动是知识产权产生的源泉，从权利依据论，它是一种法定权利，法律规定是知识产权产生的依据。”[1] 理解知识产权权利性质的双重性，有利于我们以更加理性的方式面对知识产权制度，寻求其更加良性的发展轨迹。

---

[1] 吴汉东．知识产权本质的多维度解读［J］．中国法学，2006（5）：98．

第二章 云计算的兴起及其对著作权的影响与应对

一、引　言

近年来，随着信息技术的发展以及网络用户的增多，网络容量、数据处理和信息传递的规模急剧扩张，人们对计算能力的需求日益旺盛。然而，数据量的高速增长与数据处理能力的相对不足，成为制约网络发展的重大难题。如何有效地为激增的用户群体服务，成为人们不得不面对的一个问题。在这种形势下，云计算技术应运而生。

云计算是一种基于互联网的超级计算模式，它把存储于个人电脑、移动终端和其他设备上的大量信息和处理器资源集中在一起，协同工作，供用户使用。用户所需的应用程序并不需要运行在用户的个人电脑等终端设备上，而是运行在互联网的大规模服务器集群中。[1] 用户所处理的数据也并不存储在本地，而是保存在互联网的数据中心之中。这些数据中心的管理和维护则由提供云计算服务的企业负责。在任何时间和任何地点，用户

[1] 钱杨，代君，廖小艳. 面向信息资源管理的云计算性能分析［J］. 图书与情报，2009（4）：53－56.

都可以连接至互联网的终端设备，通过云计算技术实现随需随用。

基于传统网络技术和数字技术而兴起的云计算技术，又一次给作品的创作、传播和使用提供了新的方式和可能，改变了人类社会生产、传递和分享信息的方式，给著作权法带来新的挑战。“20 世纪的转换革命（Transforming Revolutions）之一就是发明了能够以数字形式获取文字、声音和图像的技术。”❶ 数字技术是指按一定的规则将连续变化的信号离散取样，并将离散的信号量化为“0”和“1”的数字形式，再对数字形式的信号进行后续处理，包括接收、存储和传输等。数字化技术的利用，极大地提高了人们处理信息的能力，改变了信息的存储方式，对作品的创作、存储和传播产生了巨大的影响，引发了著作权法领域的“数字革命”。在著作权法尚未走出数字技术所引发的“数字危机”之时，云计算技术已蓬勃兴起，其对著作权法制度带来的冲击正逐渐凸显。

云计算代表了信息技术发展的新阶段。在这个阶段，人们将逐渐告别自己购买设备，自主开发和管理的状态，转而采用云计算技术来获得更加高性价比和个性化的信息服务。❷ 我们的个人电脑将变成一种终端，我们所需求的软件和信息等各种资源将不再主要来自我们的电脑，而是直接通过互联网，从云端按需获取。社会公众对作品的利用不再依托于复制，复制不再是个人利用作品的前提，以往先对作品进行复制再进行利用的使用方式，将逐步被在云中直接体验作品的方式所取代。云计算技术具备了

---

❶ 保罗·戈斯汀．著作权之道：从古登堡到数字点播机［M］．金海军，译．北京：北京大学出版社，2008：163.

❷ 虚拟化与云计算小组．云计算实践之道：战略蓝图与技术架构［M］．北京：电子工业出版社，2011：1.

将所有的信息都部署于云端的优势，为社会公众获取作品提供更大的便利，社会公众获取作品的能力显著增强。云计算所引起的这一重大转变不仅显示了云计算的巨大优势，同时也意味着，社会公众将越来越倚重于由云计算所构筑的便捷高速的信息交流与分享机制。但是，云计算对于著作权法而言，是一把“双刃剑”。一方面，云计算将给作品的创作和传播带来巨大的便利；另一方面，它也将使著作权法继数字革命之后再次陷入困境。在云计算环境中，社会公众利用作品的行为将完全脱离著作权人的控制范围，著作权人与社会公众之间的利益斗争一触即发。

由于云计算给著作权法带来的冲击是全方位的，本章拟以著作权中最为传统和核心的权利——复制权为例，剖析云计算给著作权法带来的冲击。从著作权权利来看，在模拟技术时代，只有实际占有作品的载体才能切身体验作品的内容。尽管这一时期个人缺乏对作品进行复制的能力，但无论是通过购买还是通过复制获得作品的载体，在获得作品信息的过程中，始终少不了复制这一行为的发生。即便是到了人们已经拥有了超强复制和传播能力的数字时代，人们绝大多数利用作品的行为仍以对作品进行复制为前提。然而，在云计算时代，复制将不再成为人们利用作品之前所必须做出的行为。在云环境之中，海量的作品将存放于云端，公众可以随时随地按需对作品进行利用，直接获取作品，无须对作品先行下载或复制到本地的硬盘。这样，“直接体验”作品就很有可能替代下载等以复制作品为前提的作品利用方式，成为人们对作品的主要利用方式。那么，一直处于著作权法中基础地位的复制权是否将会不可避免地被边缘化？著作权人赖以生存的以控制“复制”为核心的作品保护模式是否会受到影响？现行著作权法能否跟上技术的脚步，在云计算技术的冲击之下作出某种调整？这些问题关系到著作权法的权利构建和制度设立，具有重大的意义，以下将对此展开讨论。

二、云计算与著作权保护的国内外研究现状

云计算的兴起，引发了信息生产、获取以及传播方式的重大变革。这一变革对于著作权制度提出诸多挑战，主要表现为：云计算环境中，无合意的集体作品难以从现行的著作权法中找到保护的依据；人们对作品的获取和使用不再以复制为前提，传统复制权面临失灵的困境；传统出租权适用范围的限定性使之无法发挥保障云环境下软件著作权人的合法权益等。这些问题的凸显，促使国内外学者、司法界和产业界等各方人士从各自的立场和角度出发，积极探索云计算环境下著作权制度面临的各种问题，并提出相应的对策。对此，本部分将主要综述国内外专家学者对与云计算有关的著作权问题的研究，为本章探讨云计算环境中的复制权问题提供参考。

（一）国外研究

1. 国外研究现状

国外对于云计算环境下著作权制度面临问题的研究已取得一定成果，这些成果主要集中在云计算环境中著作权的客体、对著作权权利体系的冲击、著作权的保护范围、著作权执法与著作权责任等方面。

首先，云计算环境中著作权的客体及其归属问题。克里斯·里德（Chris Reed）率先对该问题进行系统论述。克里斯·里德按照信息生成环境的不同，将云计算环境中的信息分为云外产生（或生成）的信息和云中产生（或生成）的信息两大类，并认为

云外产生（或生成）的信息，在被放入云中之前，已经有一个确定的所有权状态，因此，对于该类信息所涉及的实体财产权一般没有什么异议。对于云中产生（或生成）的信息，作者又将其细分为由用户产生（或生成）的信息和由服务商产生（或生成）的信息两大类。对于由用户使用云计算技术而生成的信息所有权（的确定），克里斯·里德认为，从某种程度上来说，将依赖于该信息的类型以及该信息产生的地点。在承认该信息构成作品的司法管辖区域内，该用户当然享有所有权和版权。对于由服务商基于其内部目的而生成的信息，它将归属于服务商。但是，如果服务商的云跨越了多个不同的司法管辖区域，同样会引发知识产权存在与否的不确定性。因此，克里斯·里德得出结论，认为云计算模式导致了一种混合所有权的产生，这种混合所有权由用户和服务商共有，而且就所有权权利的精确性质以及谁可以运用它们这两点上则不能很清晰地对其进行划分。但此时，合同将是形成一个合适的所有权体制的最有效的途径。[1]

其次，云计算对于著作权权利体系的冲击。美国亚太法学研究院孙远钊先生在其《初探“云计算”的著作权问题》一文中指出：“云计算”已经成为信息处理的主要模式，从云计算环境中产生的新型商业模式，将极大地冲击传统的著作权法体系。该文从最有代表性的美国有线电视公司（Cablevision）案入手，并通过对该案法院判决的评析，指出该案中所涉及的云计算对于现有著作权制度的挑战，诸如远程遥控数字录像系统中的缓冲信息是否构成对复制权的侵犯、回播传输是否侵犯公开表演权等。此外，该文认为，虽然该案的判决使“云计算”背后所产生的著作权问题获得了初步的解答，然而其中还是有许多悬而未决的问

---

[1] Information “Ownership” in the Cloud [EB/OL].（2018－03－12）[2021－05－20]. http://ssrn.com/abstract=1562461.

题，诸如间接侵权责任、网络服务提供者安全避风港的免责条款及其适用等，都还有待于进一步讨论。❶

再次，云计算环境中著作权的保护范围应止于何处。乔治·昂（George Jiang）认为，从云服务提供商的角度来说，其在自己的系统中运行应用程序具有明显的优势。第一，云服务提供商可以决定哪些内容可供使用并能够监控使用的数据。第二，云服务提供商还可以根据内容的不同而编写不同的接触内容口令，这样就可以加强对作品的控制。由此可见，云计算给我们带来希望的同时，也对我们构成威胁。一方面，云计算通过有效的控制措施可以带来额外的安全性，从而起到抑制侵权的效果，并能够有效帮助对于违反版权法行为的执法。另一方面，当云计算的这种有效控制措施对于作品的保护过于严格时，版权人就能够对其作品施加完全的控制力，这种保护效果要远超于版权甚至合同法所给予的保护。而这将取代版权法所设立的利益平衡原则和强制使用条款。如此一来，公众将永远不可能从事不构成侵权的使用作品的行为了。因此，在云计算时代，美国国会应当限制对于版权作品的保护范围，且必须通过给公众留有一定的合理使用和其他非侵权性使用版权作品的空间，才能解决现在的紧张局势。❷

最后，著作权执法与著作权责任。马克·亚伦·梅尔泽（Marc Aaron Melzer）指出，更广阔更便宜的高速上网宽带接口，促进了云计算的发展。同时，随着越来越多的用户使用云计算进行存储、传输、处理和共享内容，云计算已经对版权执法提出了一项新的挑战。马克·亚伦·梅尔泽认为，为了保护大部分版权人的利益而试图将更大的责任强加给互联网服务提供商，这在某

❶ 孙远钊．初探“云计算”的著作权问题［J］．科技与法律，2010（5）：13－18．

❷ Rain or Shine：Fair and Other Non－Infringing Uses in the Context of Cloud Computing，36 J. Legis. 395（2010）．

种程度上将瓦解既存的互联网生态系统，从而扼杀所有的进步。从长远来看，这种做法是不可能成功的。因此，当前大规模的改革显得既无必要，且更可能的是带来很多的害处，而不是带来改善。❶

2. 研究评述

目前国外相关研究成果对于云计算给著作权制度带来的挑战都有所涉及。在上述研究成果中，学者对云计算环境中著作权客体的重新界定、权利内容的边界划分、侵权与否的判定标准以及云环境中著作权责任承担方式等都进行了研究并提出富有建设性的观点，这些观点为后续云计算环境中著作权问题的深入探讨和研究指明了方向，具有一定的指导意义。然而，国外研究主要集中于对著作权制度在云环境中遭遇的挑战进行宏观的分析，没有对云计算环境中著作权法的具体制度进行研究，因而国外已有的研究成果大都缺乏实践的可操作性。从整体出发，对著作权制度在云环境中面临的挑战进行探索，固然具有全面概括和全局指导的意义，但不从微观的角度着手对著作权制度进行具体研究，无法实现著作权制度与制度具体方面的融会贯通，不能确保制度与制度的具体方面协调一致。

（二）国内研究

1. 研究现状

关于云计算对著作权可能造成的影响，国内学者褒贬不一。部分人士在看待云计算和著作权制度之间的关系问题上持乐观态度。欧阳钟辉先生对云计算技术给予高度的肯定。他在《云计算

❶ Copyright Enforcement in the Cloud，21 Fordham Intell. Prop. Media & Ent. L. J. 403 (2011).

与信息集成》一文中指出，“云计算”是一种全新的计算模式所驱动的计算环境，用户不再需要在计算机中安装大量套装软件，而是通过 Web 浏览器接入一种大范围的、按需定制的云服务。云计算完全可以支撑现代化的企业或个人所需的高度信息集成。[1] 新的互联网技术不仅是作品传播的加速器，也成为作品权益分配的新工具。版权这一历史悠久的保护人类文明薪火相传的法律制度将从这一数字革命中获得更大的激情和力量。在云计算法律问题上，高富平教授认为软件即服务并没有实质性地改变软件的可版权性及其应有的保护，而只是软件商业模式的变化。软件即服务不但没有对软件保护构成威胁，反而更加有利。[2]

然而，大多数学者对云计算这一新兴技术持谨慎的态度，在问题意识的引导下，他们首先想到的是这一技术可能会给著作权制度造成的冲击。如学者韩元牧、吴莉娟认为，由于数字技术的发展以及互联网的广泛应用，使得计算机软件开始由传统的单机型销售软件永久许可证的模式向软件的网络服务模式（以下简称“SaaS 模式”）转变。该模式的最大特点在于其突破传统软件基于某种载体的买卖模式而代之以计算机软件出租权为基础的无体物非交付的租赁模式。由此，这种模式的转换对传统著作权法中的出租权的含义提出挑战。随着 SaaS 产业的发展，未来的软件业将是以电子出租为一切价值的源泉，这种质的变化必然要求赋予软件出租权以新的含义。SaaS 模式打破了传统的以复制权为核心的软件许可模式，取而代之的将是以出租权为核心的软件出租模式。[3] 对此问题，还有的学者建议扩张出租权的适用范围[4]或

---

[1] 欧阳钟辉．云计算与信息集成［J］．泉州师范学院学报，2009（2）：38－43．

[2] 高富平．“云计算”的法律问题及其对策［J］．法学杂志，2012（6）：7－11．

[3] 韩元牧，吴莉娟．SaaS 法律问题研究［J］．网络法律评论，2009：107－118．

[4] 倪朱亮．SaaS 模式下的出租权制度研究［J］．电子知识产权，2012（4）：84－89．

者增设“电子出租权”[1]或“数字化作品出租权”[2]以对云服务提供商的行为进行合理控制。与此同时，郭小川、秦立平则注意到云计算技术对信息网络传播权这一专有权利提出的挑战。他们认为，在云计算时代，首先，所有资源以及获取服务的方式都集中于一点，使信息网络传播权主体易发生混同；其次，以云计算为基础的商业模式对信息网络传播权客体的可载性提出了挑战；最后，由于云计算采取的是多点 P2P 模式的传播模式，从而导致信息网络传播权概念中“公众”含义的模糊化。针对这些问题，郭小川、秦立平建议提高立法技术，明确相关的法律概念，同时，加强云计算时代的信息用户隐私权保护，并通过制定行业准入标准，妥善解决信息网络传播权的转移问题。[3]另外，梁志文首先对云环境下著作权保护及其责任问题进行了阐述。他认为，在云计算环境下，技术中立原则所强调的技术与商业模式或设备与服务之分界越来越模糊，技术提供者同时也是网络服务的提供者，且云计算传播作品的方式难以为版权人所享有的传统财产权所涵盖，因而需要重构技术提供者的版权责任规则。但是服务提供者承担直接责任的可能性较低；为鼓励作品创作之目的，有必要扩张出租权的适用范围，以保护版权人的合法利益。具体言之，对于云服务提供者的版权责任问题应以技术提供者服务或技术提供行为的可归责性为中心，回归侵权法上的过错责任原则，引入第三方责任规则，使云服务提供商承担合理风险，将促进技术提供者和权利人之间的合作。[4]此外，基于云计算形成的高度

---

[1] 宋雨轩. 探析云计算中的版权问题［J］. 互联网法律通讯，2011（3）：76.

[2] 张小林. 云计算中的著作权保护与制度创新［J］. 绿叶，2012（2）：83.

[3] 郭小川，秦立平. 浅谈云计算时代的信息网络传播权［J］. 法制与社会，2011（21）：272－273.

[4] 梁志文. 云计算、技术中立与版权责任［J］. 法学，2011（3）：84－95.

虚拟化和智能化的操作，唐春则提出了云计算模式中的虚拟实施和虚拟复制问题。❶ 同时，云时代的“临时复制”问题也引起不少学者的注意。其中有的学者认为，云中因缓冲而产生的临时复制，因其不符合传统复制概念中所要求的“载体要件”和“时间要件”，不应当把此种临时复制行为认定为对著作权人复制权的侵权。❷ 对此问题持有同样观点的学者还有张小林，她也主张不将云计算缓冲认定为著作权意义上的“复制”。❸ 然而，也有学者对此不以为然，认为作为缓冲信息存在的数据，在技术上是存在可以被其他用户或运营商采用技术手段进行复制的可能的。❹ 因此，临时复制构成复制行为，应该将其纳入复制权的范畴，而且随着云计算时代的到来，与临时复制相关的利益冲突将会日益增多，为保障数字网络的正常发展，著作权法有必要对临时复制问题予以规制，并可以参考美国和欧盟的做法，对临时复制行为采取“纳入加限制”的立法模式。❺ 甚至还有的学者认为，在云计算中不存在复制或临时复制的问题。❻

2. 研究评述

研究表明，云计算对著作权制度的冲击已经引起国内专家学者的高度重视，被纳入不少学者的研究范围之中，并产生一系列研究成果。与国外的研究相比较，国内的相关研究则主要从微观

---

❶ 唐春．基于云计算模式特点的知识产权保护新问题探讨［J］．电子知识产权，2011（12）：38－42.

❷ 宋雨轩．探析云计算中的版权问题［J］．互联网法律通讯，2011（3）：76.

❸ 张小林．云计算中的著作权保护与制度创新［J］．绿叶，2012（2）：83.

❹ 彭强，魏森．对云计算知识产权保护的思考［J］．电子知识产权，2011（12）：46.

❺ 蒋菲，杨德森，周琴秀，李威，苍渊博．云时代下临时复制法律问题探析（二）［J］．学理论，2012（17）：106－108.

❻ 刘迪．浅析云计算下的版权技术保护措施［J］．法制与经济（中旬刊），2012（5）：125－127.

方面入手，集中于对著作权制度在云环境中所面临的具体问题进行研究和分析，有利于对具体问题的及时发现和把握。然而，国内研究的不足之处则在于将研究的视野局限于著作权法制度的具体方面，并未为具体制度的研究寻求与之相适应的基本理论，指导具体制度研究的开展，这无疑也是一种遗憾。

综上，国内外已有不少学者对云计算环境中著作权制度面临的问题展开了研究，并取得一定的进展。但是，无论是国外还是国内，相关方面的研究主要处于一个发现问题和提出问题的阶段，对于解决问题的办法涉入不深，尚没有就著作权相关问题进行深入系统的分析和研究。本章则力图克服这一局限，以技术变迁为切入点，集中对技术发展中的复制权问题进行比较系统的研究。

三、云计算技术与服务模式

（一）云计算的界定

计算机技术实现了对信息的数字化处理，而网络技术则为人类构建了信息共享的环境。那么，何为“云计算”?“云计算”又将为人类的生活带来哪些变化？自谷歌公司于2007年首次提出“云计算”的概念以来，在亚马逊、微软、IBM等IT巨头和媒体的推动下，云计算这个名词开始频繁出现在公众视野之中。然而，要对云计算进行定义却并非易事。作为一个相对较新的概念，许多人士都从各自的角度出发，赋予云计算不同的内涵。

美国国家技术和标准研究院将云计算定义为：云计算是一种计算资源共享的模式，这些资源能够快速地被部署，只需要少量的管理工作。[1] 美国加州大学伯克利分校的一篇关于云计算的报告则指出，云计算既指在互联网上以服务形式提供的应用，也指在数据中心里提供这些服务的硬件和软件。[2] 中国云计算专家委员会认为，云计算最基本的概念是：整合、管理、调配分布在网络各处的计算资源，以统一的界面同时向大量用户提供服务。[3] 中国云计算专家刘鹏则将云计算定义为：云计算是一种商业计算模型，它将计算任务分布在大量计算机构成的资源池上，使用户能够按需获取计算力、存储空间和信息服务，这种资源池称为“云”。[4]

通过上述定义不难发现，虽然人们对云计算的概念有着不同的表述，但是对其内涵的界定基本一致。简言之，云计算就是一种把硬件和软件等资源作为服务通过网络提供给用户的计算模式。亦即，云计算的核心包括两个方面：一是计算资源；二是网络。可见，云计算技术仍是以传统网络技术和数字技术为基础，本质上是一种新型的网络技术。当然，云计算也有其特殊之处，与传统本地计算模式相比，它具备了将网络环境中分散的资源聚集到一起统一调度的优点。其实，云计算在网络时代早已出现，云计算的应用更是不胜枚举。日常生活中人们在使用个人计算机及互联网时的许多行为都会涉及云计算，典型的如百度等各类搜索工具、WEB 电子邮件、QQ 相册、在线存储等在线服务。

---

[1] 赵立威，方国伟. 让云触手可及：微软云计算实践指南［M］. 北京：电子工业出版社，2010：13.

[2] 朱近之. 智慧的云计算：物联网发展的基石［M］. 北京：电子工业出版社，2010：20.

[3] 张为民. 云计算：深刻改变未来［M］. 北京：科学出版社，2009：30.

[4] 刘鹏. 云计算［M］. 北京：电子工业出版社，2010：1.

（二）云计算的服务模式

因分类标准的不同，对云计算可以作出多种不同的分类。由于本节涉及的问题主要与云计算服务模式有关，因此，笔者仅从服务类型这一维度对云计算进行分类。根据美国国家技术和标准研究院对云计算所作出的分类，云计算主要分为基础设施即服务（infrastructure as a service，IaaS）、平台即服务（platform as a service，PaaS）、软件即服务（software as a service，SaaS）这三种服务模式。

基础设施即服务（IaaS）位于云计算三层服务中的最底层，该层主要提供基本的计算和存储能力，即把服务器和数据库等IT基础资源封装成服务通过网络提供给用户。以计算机能力的提供为例，其提供的基本资源就是服务器，包括CPU、内存、存储、操作系统及一些软件。平台即服务（PaaS）是指通过网络提供给用户应用程序开发环境，包括应用编程接口和运行平台等支持应用从创建到运行整个周期所需的各种软硬件资源和工具。在这种服务模式中，用户无须购买平台软件和底层硬件，只需利用PaaS平台，就能够创建、测试和部署应用程序。软件即服务（SaaS）是最常见的一种云计算服务，它指的是将软件功能封装成服务，通过网络提供给用户。在这种模式中，服务提供商通常会将应用软件部署在统一的服务器上，用户则通过浏览器使用互联网中的软件，软件的维护和管理则由服务提供商来负责。云计算的这三种服务模式分别处于不同的层次，且这些层次都是相对独立的，每个层次都可以独立对外提供服务，不需要其他层次为其提供必要的服务和支持。当然，上述三种服务模式的界限也并非绝对的，它们相互之间也可以有一定的依存关系。不同层次上的服务可能会出现相互覆盖的现象，云计算服务提供商也会根据用户的需求来灵活调整自己的服务。

根据上文对三种服务模式所作的界定，基础设施即服务（IaaS）主要是依靠软件将分散在各地的硬件资源集中起来通过网络提供给用户使用；平台即服务（PaaS）则主要为用户提供一种应用程序开发环境，这种平台本身就是一种大型的工具软件；软件即服务（SaaS）提供的则基本上都是具体的应用软件，用户基于浏览器即可使用远程服务器上的应用程序。由此可见，云计算实质上就是一种将硬件软件化、软件服务化的技术和业务模式。[1] 与传统的本地计算相比较，云计算最大的不同之处就体现在其将网络中的各种资源集中起来作为一种公共设施提供给用户，使人们能够像用水、用电一样使用网络中的丰富资源。随着云计算技术的发展，这种能力将日益增强，极有可能给传统网络环境下的信息获取模式带来一场新的变革。这场新的信息革命的出现，必然会对旨在保护信息作品的著作权制度产生深远的影响。

四、信息技术发展与著作权制度变迁

技术发展与著作权制度之间的密切关系早已是世所公认。著作权制度是科学技术的产物，并随着科学技术的不断发展而发展。[2] 考察著作权制度发展的历史，我们不难发现，著作权制度因技术而生，始终与技术相伴而行，相互影响，相互渗透。可以说，自著作权产生以来，历史上任何一次传播技术的进步，都引发著作权制度的重大变革。“我们如果对任何事物，对政治或其他各问题，追溯其原始而明白其发生的端绪，我们就可获得最明

[1] 祝小江．从云计算产业链探讨中国云计算商业模式［J］．经济视角，2011（27）：61－64．

[2] 李明德，许超．著作权法［M］．北京：法律出版社，2003：179．

朗的认识。”[1] 为了准确理解和把握云计算技术与著作权制度之间的关系，首先有必要探寻著作权制度的起源和发展。通过对历史上历次技术进步与著作权制度之间的互动的梳理，厘清著作权与技术发展之间的关系。

对著作权产生极大影响的第一项技术是印刷术。大约在1455年，谷登堡（Gutenberg）和他的合伙人福斯特在美因兹（Mainz）首次使用活字印刷术印出《圣经》，取得商业上的成功。[2] 印刷术的巨大优势由此显现出来。它使人类的复制技术向前迈进了一大步，大大降低了图书生产的价格，增加了普通人接触和购买书籍的机会，打破了精英集团对文化的垄断，使知识可以以更为方便快捷的方式广为传播。随后，印刷术的传播势不可挡。印刷术的推广和应用，直接影响和改变了手抄书时代的图书制作与销售结构，大量的书籍被复制印刷并出售给公众。印刷术开启了著作权领域的利益之门，使图书成为可以带来收益的商品，一个新的有利可图的行业——印刷业随之在欧洲大陆兴起。新兴的印刷商为了保障其投资及盈利，便积极寻求法律的支持。由此，现代著作权制度的前身——印刷特权便在印刷术的推动之下而产生。此后，历史上的历次技术变革在为人类生活和生产带来巨大便利的同时，都改变着作品的产生和传播方式，促进著作权制度的发展和演进。这一规律在20世纪之后表现得最为明显。尤其是随着第三次技术革命的推动，技术的进步日新月异，摄影术、自动钢琴、留声机、唱片等录音技术、电影技术、录像技

[1] 亚里士多德. 政治学［M］. 吴寿彭，译. 北京：商务印书馆，1965：4. 转引自何贵忠. 版权与表达自由法理、制度与司法［M］. 北京：人民出版社，2011：130.

[2] 弗雷德里克·巴比耶. 书籍的历史［M］. 刘阳，译. 桂林：广西师范大学出版社，2005：98－99. 转引自易健雄. 技术发展与版权扩张［M］. 北京：法律出版社，2009：7.

术、无线电通信技术、广播电视技术、静电复印技术、家庭录像机、电子计算机技术、互联网等新技术不断涌现。面对新技术的挑战，著作权法只能通过不断修改完善自身以适应新技术的发展。由此，在技术进步的推动之下，著作权制度为适应技术的发展而不断变迁，实现了从主体到保护对象乃至权利内容的大幅更改：著作权的主体由最初仅限于有血有肉的自然人作者扩张到了通过法律拟制的法人主体；著作权的保护对象随之由最初的文字作品延伸到摄影作品、音乐作品、录音录像作品、电影作品、广播电视节目、计算机软件等新的作品类别；著作权的权利类型也从最初单一的复制权发展成为复制权、表演权、发行权、出租权、广播权、改编权、信息网络传播权等多种权能的组合。

有学者认为，"从世界上第一部著作权法《安娜女王法》到现代各国的著作权法和著作权国际公约的演变看，著作权法的历史是一部逐渐扩张的历史"[1]。这部扩张史与技术的发展和不同主体间利益的斗争有着千丝万缕的联系，"技术发展是著作权扩张的导火线，利益斗争则是著作权扩张的原动力"[2]。因此，我们可将技术发展导致的著作权制度变迁的规律总结为：人类对生活和生产便利性的持续性追求，促使人们不断研发出各种新技术，而新兴技术的广泛应用在为人类带来便利的同时也不断向著作权法发出挑战。技术的进步总会带来新的作品产生、传播和利用的方式，产生新的商业模式和新的利益主体，新旧利益集团必然为利益展开激烈的斗争，原有的利益平衡必然被打破。为了保护新技术条件下作者的权益，扭转利益失衡的状态，立法者唯有修法以确保法律制度跟进技术发展的步伐，由此，著作权制度在技术的催促之下不断变迁，著作权领域的利益平衡得以暂时性的

[1] 冯晓青．著作权扩张及其缘由透视［J］．政法论坛，2006（6）：74－88．

[2] 易健雄．技术发展与版权扩张［M］．北京：法律出版社，2009：5．

恢复。

著作权法与技术之间的互动一直存在，历次技术进步的推动与新旧利益集团之间利益的相互较量、博弈和妥协才得以促成著作权法的产生和发展。我国著作权法的历次修正就印证了这一点。我国自 1990 年颁布《中华人民共和国著作权法》（以下简称《著作权法》）以来，该法共经历了三次修正，随着技术的不断发展，关于该法的第四次修正亦是可以预见的。考察该法历次修正的原因，无一不与技术的发展导致法律的滞后有关。1990 年《著作权法》实施后的 10 年间，随着我国经济社会的迅猛发展，特别是以网络技术为代表的高新技术的兴起和应用，我国著作权保护面临的现实环境发生了重大的变化。同时，为了推进我国加入世界贸易组织的进程，妥善解决我国著作权法与国际接轨的问题，我国于 2001 年首次修正著作权法。2010 年 2 月 26 日，为进一步完善我国著作权法律制度，并履行世界贸易组织关于中美知识产权争端案裁决的现实需要，我国进行了第二次著作权法修正。2020 年，我国进行了第三次著作权法修正，与前两次著作权法修正主要是来自技术发展和国际压力等外因的推动相比，2020 年的著作权法第三次修正则主要是在技术发展的推动之下，基于我国自身的经济、文化和科技的繁荣发展等内因的考虑。

五、云计算的兴起对著作权法的影响

正如前文所言，著作权自其产生之日起即与技术的发展齐头并进，彼此间互动频繁。自 20 世纪 90 年代进入网络时代以来，网络技术的发展给作品的传播方式带来了变革，使作品从以有形物质载体进行传播转变为以无形的数字形态进行传播，给全世界带来了前所未有的网络著作权保护难题。就在传统的网络著作权难题悬而未决之时，以网络为基础的云计算技术，让著作权法受到了更强烈的冲击，使网络著作权的问题变得更加复杂。科学技术迅猛发展、社会环境不断变化的动态性，与著作权法相对稳定性之间的矛盾十分突出，著作权法律制度遇到了严峻挑战。[1]

云计算是一种把硬件和软件等资源作为服务通过网络提供给用户的计算模式。信息的处理在互联网上，即在“云”中实现，其真正的含义便是“云 =（因特网）+ 计算机 =（信息的计算处理）”。[2] 因此，云计算中的“云”是以因特网作为前提的。在云计算环境中，几十万台甚至上百万台个人计算机、服务器连接成“云”，对这些资源进行统一管理和调度，通过“云计算”，一台笔记本电脑甚至一部手机都可以利用网络服务来实现超级存储和超级计算，并且“云”中的资源在使用者看来是可以无限扩展、随时获取的。[3] 在信息技术发展的新阶段，云计算带我们进入划时代的信息变革之中。由单个公司生产和运营的私人计算机系统，正在被中央数据处理工厂通过公共网格—互联网提供的服务所取代。电脑应用正在变成一种公用事业，而决定我们工作和生活方式的经济等正在被再一次改写。[4] 与传统本地计算模式相比，云计算技术改变了人们使用计算机的思维方式，创造了空前的计算能力；云计算的各种服务模式为信息服务创造了一种全新的模式——人们将逐渐告别自己购买软硬件等设备，自主开发和管理计算机的阶段，转而采用云计算技术来获得个性化和更加高性价比的信息服务。在未来，虽然人们的生活、学习和工作等将

---

[1] 国家版权局. 关于《著作权法》（修改草案）的简要说明［EB/OL］.（2019－08－11）［2021－03－15］. http：//www.law－lib.com/fzdt/newshtml/fzjd/20120331202211.htm.

[2] 八子知礼. 你不可不知的“云计算”［M］. 北京：科学出版社，2010：6.

[3] 陈亮. 谁的云计算［J］. 互联网周刊，2007（23）：70－71.

[4] 卡尔. IT 不再重要［M］. 闫鲜宁，译. 北京：中信出版社，2008：5.

仍然依赖于计算机，但是其利用个人计算机的方式将发生重大转变。人们将不再依赖于个人计算机中的软件和数据，而是越来越多地基于互联网从云中获取所需的数据和软件；人们需要完成的信息处理任务将不再主要依靠个人计算机来完成，而是更多地通过互联网将其交由云中的大型数据中心来处理。云计算技术及其服务模式给人类生活甚至是思维方式带来的这一重大变化，给我们学习、工作和生活的方方面面造成深远的影响，它给社会、政治、经济和文化等各个方面带来新的发展机遇和挑战。同样，正如历次技术变革对著作权法造成的冲击一般，云计算技术的出现也在著作权法领域引起轰动，对著作权法律制度提出诸多的挑战。

第一，云计算使信息的产生、获取和传播方式发生重大转变，直接影响知识产权的创造和保护，对既有的著作权法律制度构成极大的挑战。在云计算环境下，云计算技术的应用使普通用户拥有了生产工具，无合意共同创作的集体作品随处可见，作品的创作主体不再局限于某个人单独创作或者某几个人合意共同创作，任何一个互联网用户都可能成为潜在的合作创作者。然而，此类新型集体作品却不为传统著作权法所涵盖。现有著作权法对于该类作品的主体和权利归属应如何确定，其权利应如何行使，还未能作出有针对性的回应。

第二，处于著作权核心地位的传统复制权在云计算环境下也面临失灵的困境。借助于云计算，人们对作品的获取和利用不再以复制为前提，任何人都可以依据自身的喜好随时随地在云中直接享用“知识大餐”，此时，著作权人所拥有的复制权无法充分发挥保障云环境下著作权人的合法权益，大量受著作权法保护的作品被频繁地非授权性使用，著作权人的合法权益遭受重大损失。由此，云计算技术对现有著作权权利体系也提出严峻挑战。

第三，云计算对著作权临时复制问题提出新的挑战。在网络时代，临时复制的问题就已经凸显。在云计算的环境下，临时复制的问题将更为严重。公众从云中获取各种资源、信息的行为，很多是一种临时复制行为，这些行为是否属于著作权法允许的行为，如何对这些行为定性，就成为亟待解决的难题。

第四，云计算对网络环境中的避风港规则提出新的要求。在网络环境中，有所谓网络服务提供商不需要承担间接侵权责任的避风港规则。具言之，网络服务提供商只要尽到了一定的注意义务，在得到作品权利人的通知后，迅速删去其提供的相关作品，就无须承担著作权侵权责任。云计算的出现对这一规则的运用提出了新的要求。在云环境中，云服务商的服务涉及大量享有著作权的作品。那么，云服务商为其行为可能要承担哪些著作权责任？如何判断云服务商在什么情况下可以援用避风港规则而不需要承担著作权责任？这些都是亟待解决的问题。

上述问题的出现表明，云计算的兴起和应用，对著作权领域既有的利益平衡格局产生了深刻的影响。一方面，云计算给人们营造了便利的知识共享平台，而知识的共享与著作权的保护之间又存在相互抵制的关系；另一方面，云计算的各种服务模式使用户可以对各种信息资源从“间接占有”到“直接体验”，可能架空著作权人以复制权为核心的权利体系，使其利益无法得到有效保障。而且，随着云计算给信息生产、传播和获取方式带来的重大转变，网络环境下出现了各种新的商业模式，这种新的模式在很大程度上将影响云计算版权产业的利益流向。因此，云计算的发展必然会打破著作权领域现有的利益格局。在新技术的冲击之下，著作权领域相关法律理念和制度的革新迫在眉睫。

如同20世纪末互联网的迅猛发展与普及给著作权制度带来了世界性的难题一样，云计算技术的兴起与发展也对著作权保护提出了新的要求。下文将以著作权中传统和核心的权利——复制权为例，详细阐释云计算对著作权复制权的影响以及著作权法的应对之策，以期能对云环境下著作权法的完善有所帮助。

六、云计算对著作权复制权的冲击

当前，云计算作为传播技术领域新近发展的技术，已悄悄走进我们的生活，悄然改变着我们对作品的利用方式。云计算技术带来的作品利用方式方面的转变，必然会对现有的著作权权利体系提出挑战。那么，云计算究竟会对现有的著作权权利体系产生哪些影响？是否有必要再次扩充现有著作权的控制范围，是否需要创设云环境下的新的专有权利？这些问题都有待我们进一步探讨。由于云计算的应用尚处于初级阶段，它对著作权可能产生的影响尚未全部显露，我们一时也不可能对著作权各项权能所受到的影响进行详细的论述。而作为著作权的核心，复制权在一定程度上决定了著作权制度的产生和发展，集中代表了著作权的权利内容，影响着著作权权利类别的划分，其本身也深受技术发展的影响。因此，基于复制权在著作权法中的基础地位，下文将以复制权为主要对象，阐述著作权权利内容在云环境中所遭遇的困境。

（一）云计算之前的复制权

复制权是著作权法赋予著作权人众多权利中的一项，但该项权利又有其特殊性。首先，从历史的角度来看，复制权是著作权中最为古老的权利。正是对作品的复制需要给予保护的需求，才催生了现有的著作权制度。其次，复制是对作品最初始、最基本，也是最普遍和最重要的利用方式，其他一切对作品的使用方式都必须以复制为前提。最后，从保护效果上来讲，复制权是著作权人保护其作品的第一道屏障，通过对他人复制作品的控制，著作权人的合法权益就可以得到有效的保护。正是基于上述特点，复制权从产生至今一直居于著作财产权中的核心地位，成为著作权人享有的诸项权利当中最为重要的权利。

考察复制权成长的历史可知，昔日内容较为单一的复制权，如今包括的含义已较为丰富。究其原因，在于科学技术的每一次进步，或多或少都会带来复制方式的变革，从而给复制注入新的内涵，使之得以伴随科技发展的脚步日渐丰盈。下文拟将复制权放在对其影响较深的几个技术背景之下进行研究，它们分别是印刷出版技术，以录音、录像、复印技术为代表的电子技术，数字网络技术和云计算技术。

1. 印刷出版时期的“准复制权”

著作权法的保护对象是作品，但这一制度并没有因为人类创作出第一部作品而产生，而是在活字印刷技术得以广泛应用之后才逐渐发展建立起来。可见现代著作权制度与作品的传播与复制技术有着非常密切的关系。[1] 在印刷技术发明之前，书籍的复制只能靠手工抄写。抄写是复制最原始的形式，它未能在第一时间催生出具有传奇色彩的复制权。其原因在于抄写需要付出大量的人力和时间。在复制一部书籍需要付出高昂成本且当时社会识字率很低的背景下，私人对作品的复制难以成为常态。到了 1455 年，印刷术的发明与应用极大地降低了复制作品的成本和难度，使人们对作品的复制变得更为容易，书籍一时成为可以给作者或印刷商带来利益的商品。书籍产生的利益立刻吸引了一大批印刷出版商，大批量地复制书籍并将其投放市场成为潮流。然而，印

[1] 郭禾. 信息技术对著作权制度的影响［J］. 著作权，1996（3）：29－34.

刷出版业的繁荣在使出版物丰富的同时，也引发了各种矛盾[1]，印刷者对复制书籍的控制再也无法像控制手抄本那样容易，利益的冲突在所难免，此时便产生了由法律给予保护的需要。但是这一需要并没有促使现代意义的复制权产生，而是先经历了印刷特权这样一个“准复制权”时期。

印刷特权的创制，不仅在一定程度上缓解了当时因利益冲突而引发的各种矛盾，更为重要的是它也引起了人们对于复制这一行为的关注和思考。可以说，印刷特权是最早对复制行为实行控制的权能，从本质上来讲，它就是一种复制权。与现代意义上的复制权相比，这一“准复制权”具备以下几个特点。一是复制方式的单一性。这一时期，由于受技术条件的限制，复制的形式仅限于抄写和印刷，而抄写因其成本的高昂而对作品的权利人不构成威胁，因此，即便抄写是最原始的复制手段，但它并不是第一个被纳入权利控制当中的复制方式。与抄写相比，印刷术则极大地提高了复制书籍的效率，这就使印刷商与印刷商之间、印刷商与作者之间产生了利益冲突，由此，将印刷行为纳入权利的控制之下成为必然。印刷行为也据此成为第一个被“准复制权”所规制的对象。二是效力的有效性。在印刷技术条件下，能对相关权利人的利益产生威胁的复制手段仅限于印刷，而作品的发行和传播又都是以复制为前提的，一切文学艺术作品的使用方式都是对作品的复制及延伸。因此，对印刷行为的控制也就意味着控制了作品可能产生的一切利益，可以说，这一时期，“版权即复

[1] 这些矛盾首先表现为本国印刷者与外国印刷者之间的利益矛盾；其次体现在印刷出版业的繁荣不仅使出版物丰富起来了，而且为一些“宗教异端思想、煽动叛乱的言论”的流传创造了更为便捷有利的条件，这直接威胁到统治者的利益。

制之权”[1]。三是权利主体的不同性。印刷特权的授予主要是基于印刷商之间的矛盾，因此，享有这种权利的主体是印刷商，而不是实际的作者。四是受威胁程度的微弱性。由于印刷机对于个人来说，成本实在高昂，因而个人使用者对作品的复制依然局限于抄写这一方式，与现在的复制权受到的威胁主要来自广大用户的现实相比，这一时期复制权受到的威胁是极少的，至少公众的私人抄写的复制行为对其没有任何威胁。

2. 电子技术时期的复制权

在各种模拟技术兴起之前的几百年间，对作品进行复制最有效的方式仅限于印刷。但 19 世纪以来，复制技术得到了长足的发展：留声机、摄影技术、录音录像技术、电影放映技术以及无线电广播技术和静电复印技术等新的传播技术不断涌现，它们不仅提高了复制的速度和质量，而且拓宽了复制的渠道，增添了多种新的复制方式。与此同时，这些新传播技术的兴起与发展，也给著作权保护带来了难题，它使以印刷技术为基础的著作权制度步入有史以来第一个重大变革的新时期。这一时期的复制权经受着各种技术带来的考验。

自动钢琴的出现率先动摇了人们的复制观念。利用钢琴卷[2]，音乐就会自动演奏，自动钢琴一经上世即受到大众的欢迎，钢琴卷十分畅销，成为当时主流的娱乐工具。然而，自动钢琴的广泛应用，使作曲家、出版商等相关权利人的收入急剧下降，他们随即寻求司法保护。钢琴卷对音乐作品的这种机械录制是否属于对音乐作品的复制，是否侵犯了著作权人的复制权？一

[1] 张今. 版权法中私人复制问题研究——从印刷机到互联网［M］. 北京：中国政法大学出版社，2009：45.

[2] 钢琴卷也称为“机械钢琴”（play - piano）、“音乐卷”（music roll），是一种把乐曲用打孔的方式记录下来的纸卷，钢琴因此可以自动演奏乐曲。

连串的疑问促使人们重新审视复制权。对此，1909 年通过的《美国版权法》明确规定，音乐作品版权人有权禁止他人擅自以机械方式复制其作品。至此，印刷不再是唯一有效的复制方式，“机械录制”从此进入复制这一行列，成为复制的新形式。不久后，复制技术又有了新的发展。静电复印技术的推广、磁带录音机的大量投放、家用录像机的面世，都对复制权这一相对古老的权利类型构成了冲击。静电复印技术的出现首先对复制权提出了挑战。利用复印机，人们首次可以轻而易举地获得某一作品的全部或者部分。而在此之前，人们获得作品的主要方式只能是购买，即便只需要作品的一部分也需要购买整部作品，或者是向图书馆或朋友借阅。显而易见，复印机极大地提高了个人的复制能力，私人复制行为逐渐兴起，并开始影响到相关权利人的利益。随后，电影技术、录音录像技术的发展，让复制权受到了更强烈的冲击。一方面，电影技术、录音录像技术给文字和艺术作品带来了新的利用方式；另一方面，随着电子技术的发展，录音录像设备大批上市，这些设备使消费者可以将版权作品固定，而在此之前，这些作品只能由版权人提供给公众。❶ 由此，技术的进步使私人复制行为日益普遍，作品的市场销售受到影响，版权人的经济利益受到威胁。原先可以忽略不计的私人复制行为被这些新兴的复制技术放大到版权人难以容忍的地步。❷

综上，这一时期的复制权呈现出以下特点。一是复制方式的多样化。复印机、家庭录音录像设备等新技术的应用，使文字作

❶ 彭学龙. 技术发展与法律变迁中的复制权［J］. 科技与法律，2006（1）：26－32；Jane C. Ginsburg. From Having Copies to Experiencing works：the Development of an Access Right in U. S. Copyright Law［EB/OL］.（2020－06－12）［2021－05－20］. http//papers. ssm. com//paper. taf? abstmct—id＝222493.

❷ 易健雄. 技术发展与版权扩张［M］. 北京：法律出版社，2009：135.

品可以很容易地被复制，复制方式日益增多。二是复制权效力范围进一步扩张。随着复制形式的增多，“复制”这一概念的内涵也日渐丰富。原来局限于印刷的复制概念被录音录像技术带来的机械复制所打破。复制内涵的扩张，也就意味着复制权效力范围的扩张。三是复制技术的发展引发了许多新问题。技术的发展无疑为信息传播提供了更为便利的条件，但与此同时，新技术的应用也打乱了原有的著作权市场秩序和利益均衡，带来许多问题。典型的就是复制方式的增多及其带来的复制成本的降低，赋予了私人比以往更强的复制能力，“私人复制”行为的合法性问题初露端倪，引起人们的广泛关注。

3. 数字网络技术时期的复制权

继电子技术之后，数字技术和互联网技术的兴起又带领人类跨入数字网络时代。可以说，在20世纪的科技革命中，人类在信息传播领域取得的最伟大的两项进步非数字技术和网络技术莫属。其中，数字技术可以将文字、声音和影像等转换为数字形式加以存储和传播；互联网的建立则让全球变得互联互通，任何被数字化的信息都能够通过互联网进行传播。由此，这两项技术的融合便具备了以往任何一种传播媒介都无法比拟的优势：数字技术将越来越多的信息——文字、数据、图片、声音和影像变成二进制代码上传到互联网上，通过互联网将全世界的计算机连接在一起，任何一个计算机用户只需轻点一下鼠标就能获得以往无法想象的海量信息，从学术论文、时事新闻到音乐影视等，应有尽有。不言而喻，身处数字网络环境中的人们，无时无处不在享受着传播方式的革命带来的便利。[1]

[1] 张今. 版权法中私人复制问题研究——从印刷机到互联网［M］. 北京：中国政法大学出版社，2009：62.

然而，事物都具有两面性。数字网络技术在给人类带来便利的同时，也给著作权法带来新的挑战。数字网络技术对著作权法的影响首先就表现在复制行为上。一方面，复制是使用作品的前提，绝大多数关于作品的利用方式都离不开复制；另一方面，以数字技术和网络技术建立起来的信息传输系统从根本上改变了作品的复制和传播方式。因此，作为著作权核心内容的复制权自然首当其冲受到新技术的冲击。首先，在数字环境下，几乎所有著作权法认可的作品形式都能够被数字化，且数字化的作品无论经过多少次复制，其复制件在质量上都能保持与原作一样，[1]“原件”一词对于数字化作品而言几乎失去了意义。其次，数字化技术赋予了每个人以往只能由出版商独有的复制能力，且复制的成本几乎为零。在数字环境中，每一个普通的用户甚至都可以成为传统意义上的出版商和发行商。[2] 当数字化作品被存储在硬盘和光盘等计算机存储介质上后，任何人都可以通过相当简单的操作，对其进行无限次数的复制。[3] 最后，借助于互联网技术，任何被数字化的作品在几秒钟内就可以从世界的这一边传送到世界的另一边，互联网传播之高速性足以令人惊叹。

毋庸置疑，数字网络技术所具备的上述优势对于用户而言无疑是好消息。然而，著作权人却感到了威胁。原因主要在于：数字技术带来的史上最为简便快捷的复制方式，赋予了我们每一个人超强的复制能力，极大地方便了复制行为，不管是合法复制还是非法复制，几乎每个人都成为作品的潜在复制者，[4] 这导致私

---

[1] 熊琦. 论“接触权”：著作财产权类型化的不足与克服［J］. 法律科学（西北政法大学学报），2008（5）：90.

[2] 彭学龙. 论著作权语境下的获取权［J］. 法商研究，2010（4）：119.

[3] 王迁. 网络环境中的著作权保护研究［M］. 北京：法律出版社，2011：1.

[4] 彭学龙. “复制”版权之反思与重构［J］. 知识产权，2005（2）：24.

人复制行为日益增多，广泛的复制又使作品的市场销售受到冲击，著作权人的经济利益急剧减少。同时，数字网络环境下复制和传播的易操作性、低成本性以及隐蔽性，使复制权的效力大打折扣，著作权人的利益自然无法得到有效的保障，作者的创作积极性备受打击。相应地，著作权人也就希望修订著作权法以确保完全控制作品的每一份复制件。[1] 与之相关的法律问题——私人复制行为的性质问题则再次引起热议。此外，在数字网络环境下，当我们在线阅读文字作品、观看影视作品或者浏览网页时，被浏览的网上作品在计算机的自动控制下会进入计算机内存，从而在计算机内存中形成对该作品全部或片段的临时存储，一旦关闭计算机电源或计算机运行新的指令，内存中暂时储存的信息就会消失。这种临时存储，有别于能够使作品稳定地、长久地固定在物质载体上的传统复制，因此被称为“临时复制”。[2] 临时复制虽然是短暂的、附带的，但它是在线传输必不可少的一环，有其自身存在的价值。而著作权人正是看中了这一点，他们试图将复制权的效力及于临时复制，以扩大自身的权利范围。由此，数字网络技术又对复制权提出了一个新的难题——如何对临时复制行为进行定性。

（二）云计算时代的复制权

由前文的论述可知，印刷时代、电子时代、数字网络技术时代技术的发展和进步，都对著作权复制权构成了挑战，这些技术的出现，成为著作权复制权变革的契机。与以前这些技术的发展与著作权复制权之间的关系类似，云计算技术的出现，也对著作权复制权提出了挑战。下文将首先了解云计算的基本原理和特

---

[1] 彭学龙．“复制”版权之反思与重构［J］．知识产权，2005（2）：24．

[2] 王迁．网络环境中的著作权保护研究［M］．北京：法律出版社，2011：11．

征，继而论述云计算技术对著作权复制权的冲击。

1. 云计算的基本原理与特征

云计算是一种把硬件和软件等计算资源集中起来作为服务通过网络提供给用户的计算模式。它的基本原理是使计算分布在大量的分布式计算机上，而非本地计算机中，然后通过互联网连接的大量远程计算机来完成对数据的处理。据此，云计算具有资源虚拟化、操作网络化、计算服务化、管理智能化等特点。具体来说，云计算具有以下几项特征。

第一，虚拟化。“虚拟化”是云计算中的一项关键性技术，简单来讲，它就是指利用软件来模拟硬件从而提高使用效率的技术。在云计算模式下，用户所请求的资源来自“云”，而不是固定的有形实体。应用在“云”中某处运行，但实际上用户无须了解应用运行的具体位置，只需要一台笔记本电脑或一个手机，就可以通过网络来获取各种能力超强的服务。[1]

第二，基于网络提供服务。云计算是建立在网络基础之上的，它以网络的存在为保障。云中的一切资源都是基于互联网而直接获取和使用的。在云计算时代，在任何能够接入网络的地点，用户即可随时使用各种终端通过浏览器从云中获取应用服务。

第三，资源的超大规模性。云计算系统具有庞大的规模，而且它处在互联网之中，海量的资源被它集中和整合，因此它提供给用户的将是一个无限可扩展的资源池。

第四，按需自助服务。如上所述，“云”是一个巨大的资源池，用户可以根据自己的需要来调用云中的资源。因此，云计算给予了用户更好的个人体验。

---

[1] 刘鹏. 云计算［M］. 北京：电子工业出版社，2010：2.

第五，廉价性。云计算的一个重要理念就是要把闲散的计算资源集中起来利用，如此一来，在云计算时代，用户不再需要高配置的电脑，也不再需要购买、安装和升级电脑上的各种应用软件，只需通过网络浏览器，就可以方便快捷地获取和使用各种资源，从而大大降低了用户在设备方面的成本。

综上，云计算以网络为基础，以计算资源为内容，以服务为核心，以云为形态，为人类创作和传播信息构建了一条新的途径。未来的互联网世界将会是以“云”[1]+“端”[2]组合的形式而存在。[3]每一个用户在任何能够连接到网络的地方使用个人电脑、手机等各种形式的“端”即可方便快捷地访问“云”中的数据、应用等资源以及直接获取自己所需的内容。当前，云计算作为一项新的信息传播技术，正使信息的创作和传播方式发生革命性的变化，从根本上改变人们信息获取的方式。但是，云计算在为人们获取信息带来极大便利的同时，也引发著作权方面的棘手问题，这突出体现在云计算对著作权中的核心权利——复制权的影响。

2. 云计算对复制权效力的挑战

如前所述，推陈出新的技术总是不断降低人们接触和使用作品的成本，给著作权人维护其权益带来困难。数字网络技术的应用赋予了公众超强的复制能力，一时间网络成为用户复制的天堂，复制权成为网络著作权保护的焦点。如今，云计算技术作为建立在数字网络技术基础之上的新型信息传播技术，无可避免地对复制权提出挑战，冲击了著作权人以复制权为核心的权利体系。

---

[1] 所谓“云”，是指集成的远程信息处理和信息存储服务。

[2] 所谓“端”，是指计算机、智能手机等网络接入设备。

[3] 高富平.“云计算”的法律问题及其对策［J］. 法学杂志，2012（6）：7.

（1）从复制到直接使用：软件作品在云环境中应用方式的转变。

作为数字网络技术的创新与发展，云计算首先对复制权的效力和地位提出挑战，这一挑战完全是因为云计算服务模式的创新性所引起的。对此，我们可以结合云计算的服务模式来分析复制权在云计算环境中的效力和地位问题。

上文已对云计算的服务模式做出了分类，即云计算具体可分为基础设施即服务（IaaS）、平台即服务（PaaS）和软件即服务（SaaS）这三种服务模式。这些服务模式要么其本身就是一种大型的工具软件，要么为用户提供可以直接使用的软件产品。可见，软件在云计算各大服务模式中占据着基础地位，云计算的各类服务模式实质上就是一种将硬件软件化、软件服务化的技术和业务模式。而且，云计算最常见和最成功的例子也是软件即服务。因此，这里选取 SaaS 服务模式为例，分析云计算对复制权地位的挑战。

SaaS 是网络技术兴起之后的一种新颖的软件分销方式。详言之，它是一种基于互联网提供软件的营销模式。SaaS 供应商将应用软件统一部署在服务器上，客户可以根据实际需要，通过网络向从事该种营销的服务商购买所需的应用软件服务，按定购的服务多少和时间长短向服务商支付费用，并通过互联网获得服务商提供的服务。用户不需要购买软件，而改成向营销的服务商租用软件来进行企业的经营管理活动，并且，用户不再需要对软件进行日常维护，营销的服务商会对软件进行管理和维护。由此可知，在 SaaS 服务模式下，用户只需通过互联网向服务商提交服务的请求和支付费用，就可直接使用自己所需的软件，而不必事先购买并安装相应软件。而在以前，我们对软件的使用则必须经历由购买到安装再到使用这样一个复杂的过程。

从商业的角度来说，SaaS 服务模式的兴起和广泛应用无疑会给服务商和用户带来双赢的局面。但是，从著作权法的角度来看，这一新的软件服务模式对著作权法中的核心权利——复制权的地位提出很大的挑战。在传统的软件使用过程中，先行下载或复制软件然后再安装是使用任何软件的必要步骤和前提。也就是说，在软件作品的传统交付和使用模式下，总会涉及复制软件作品这一环节，对软件作品的复制行为必然是落入复制权这一专有权利的控制范围之中的。基于此，在传统的著作权保护模式中，复制权也就成为保护软件作品的一项最重要的权利。可以说，只要能够有效地保护软件著作权人所享有的复制权，就能维护软件著作权人的著作权。然而，SaaS 服务模式的兴起彻底改变了软件作品的传统交付和使用方式，也对软件著作权人以复制权为核心的著作权保护模式造成巨大的冲击。SaaS 服务模式实现了软件作品从传统的复制安装到现今的即时使用这样一个重大的转变，这一转变最大的特点就是用户对软件的使用不再需要复制安装即可直接使用。无须复制也就意味着在对软件作品的使用过程中不会再涉及对软件作品的复制，而没有复制行为的发生，复制权也就因没有了需要被规制的对象而无法再发挥其对软件作品的保护作用，失去了它存在的基础和意义。由此，以往作为软件著作权人赖以维护其利益的重要权利——复制权，而今在云计算所带来的新的服务模式的冲击之下面临失灵的困境。由于 SaaS 服务模式为所有的软件使用者创造出了一个方便简单、性价比高的软件应用平台，无论是对企业用户还是对普通用户而言，它都具有极强的吸引力。随之而来的将是越来越多的用户会选择从网络来按需获取软件应用的服务方式来取代传统的自主安装管理软件的应用模式，这一趋势的大发展，无疑只会加重复制权在云环境中的危机，让复制权面临更加尴尬的局面。

（2）从间接占有到直接体验：终端用户在云环境中作品使用方式的转变。

与本地计算相比，云计算最大的不同就在于它通过网络来提供服务，实现了软件程序运行等工作量由本地计算机承担转而向由云计算中的计算机群来完成的全面转移。也正是这一转移，使云计算模式下的著作权保护与传统本地计算模式下的著作权保护产生了巨大的差异。

在云计算模式下，各种作品、软件和应用等信息资源都是由云服务提供商事先将其存储于云端的，用户对这些资源的利用仅需通过网络就可直接从云端调用，这一直接调用的过程也就意味着用户在使用部署于云端中的各种信息资源时不必先行对所需的信息资源进行复制。换言之，从把所有的信息资源部署于云端到最终用户对云端各项资源的利用，整个过程之中，实际会涉及复制行为的只有云服务提供商。此时，有的人肯定会有疑问：网络最主要的主体是用户，网络环境中用户的私人复制行为也大量发生，难道在云计算的模式下用户就不会对作品进行复制了吗？答案是肯定的，但这并不是说用户不能复制了，而是说云计算所带来的资源获取的方式使用户无须对作品进行复制了。根据上述云计算的特征，在云计算模式下，云中的作品、软件等资源都是可供用户直接使用的，用户完全可以按照自己的需求直接调用云中的各项资源，而不必事先将其复制或存储在本地计算机上，所有对作品的使用行为都即时发生在云中。同时，云计算能够为用户提供如此个性化定制的服务是以更强的技术控制措施为保障的。云计算的这种商业模式就决定了云服务提供商必然会对其所提供的资源施以更严格的访问控制措施。因此，这也从技术方面降低了私人复制的可能性。与此相反，在本地计算模式下，用户对上述一切资源的利用一般都以本地个人计算机中事先存储有这一资源为前提，事先存储也就意味着事先复制，这也就是说，在本地计算模式下，先行复制一般是利用一切信息资源的必要要件。

由此可见，云计算的应用带来了新的作品利用方式，它实现了作品利用方式从传统的间接占有载体向直接体验内容的重大转变。而且，这一重大转变不可避免地对著作权人所享有的核心权利——复制权产生重要的影响。一方面，从某种程度上说，云计算模式下直接体验作品的作品利用方式客观上减少了用户复制行为的发生，从而有利于缓解云计算前时代的私人复制问题，有利于著作权的保护；另一方面，它也意味着复制权在云环境下成为一种可能被架空的权利。因为著作权人所享有的每一项专有权利都控制着一类特定行为。如复制权控制着复制行为、表演权控制着表演行为等。[1] 当某一项专有权利所控制的行为不常发生时，也就意味着该项权利可能已无关紧要。

七、云计算时代的临时复制

（一）临时复制问题的出现

1. 传统复制权与复制的概念及其特征

临时复制问题是计算机技术发展的产物。它最初是因应计算机软件在计算机内部存储器中的临时存储而进入著作权法的视野，但是真正让临时复制问题复杂化的则是其后蓬勃发展起来的网络技术，[2] 目前的云计算技术则更进一步地将这一问题推向了风口浪尖。随着云计算用户的日益增多，云计算环境中与临时复

[1] 王迁．知识产权法教程［M］．北京：中国人民大学出版社，2007：256.
[2] 罗胜华．网络临时复制问题法律研究［J］．知识产权，2004（4）：19.

制问题相关的利益冲突也在不断攀升，近年来美国联邦最高法院判定的 Cablevision 案，就是一个典型的关于云计算环境中临时复制问题的案例，关于作品临时复制问题的重要性由此可见一斑。为了实现著作权法的目的和保障云计算技术的正常发展，我们亟待对临时复制进行法律上的定性，而要对临时复制作出准确的定性，首先需要对复制权有一个清晰的认识。

我国 2001 年《著作权法》第 10 条第 5 项规定："复制权，即以印刷、复印、拓印、录音、录像、翻录、翻拍等方式将作品制作一份或者多份的权利。"❶ 很明显，我国著作权法并未对"复制"下一个明确的定义，而仅是列举了一些较为常见的作品复制方式以阐明复制的表现形式，而其中的一个"等"字则更加意味深长，这似乎表明我国著作权法中的复制权涵盖了一切形式的复制行为，而不论其是固定的或是临时的，还是有形的或无形的复制。关于复制和复制权的概念，《美国版权法》对此作出了较多的规定。其中，《美国版权法》第 106 条规定："版权人享有将作品复制成复制件的专有权利。"第 101 条又将"复制件"定义为"作品以现在已知的或以后发展的方法固定于其中的物体，通过该物体可直接地或者借助于机器或装置感知、复制或者用其他方式传播该作品"。在国际公约上，最早旨在保护文学艺术作品的《保护文学和艺术作品伯尔尼公约》（以下简称《伯尔尼公约》）第 9 条第 1 款也对复制权作出了概括性的规定，即"受本公约保护的文学艺术作品的作者，享有授权以任何方式和采取任何形式复制这些作品的专有权"。

尽管各个国家对传统复制权的定义各有不同，但在复制的概

❶ 2020 年《著作权法》第 10 条第 5 项对复制权作了一定的修改，增加了数字化的方式，该条规定：复制权，即以印刷、复印、拓印、录音、录像、翻录、翻拍、数字化等方式将作品制作一份或者多份的权利。

念上基本大同小异，归纳起来，著作权法意义上的复制应具备以下特征：第一，作品内容的再现性。即作品的内容必须以某种能够感知的形式再次显示出来，至于这种再现是作品内容的全部还是部分再现，则无关紧要。第二，再现载体的有形性。它指的是对作品的再现必须是固定在有形的物质载体之上，而且再现时间不能是转瞬即逝，而应相对稳定和持久。第三，再现内容的非创造性。[1] 也就是说，再现出来的作品内容的表达形式要与被再现作品的表达形式基本相同，换言之，对作品的再现是由一种机械性的复制而产生的，复制过程之中应不包含任何智力创造。

2. 临时复制的产生及其特征

临时复制的产生是由计算机技术和网络传输技术的工作原理所决定的。首先，由于计算机的中央处理器只能对计算机的内部存储器中的数据进行运算，这就决定了计算机在运行的时候，需要首先将计算机程序与相关数据载入内部存储器中，以供中央处理器运算，从而不可避免地暂时性地形成相关数据全部或部分的复制件。其次，网络传输的原理在于其采用的是一种“包交换”的技术。在这种“包交换”的技术环境下，信息会被分割成一些小的单元信息进行网络传输，即信息包的方式，并标记了这些信息原来的顺序。信息包被分别通过不同的路径和时间在网络上发送。此时，信息包经过的每一个计算机都会产生一份暂时性复制件，再按照一定的路径将信息包传送给下一个路由，直到该信息包到达目的地，到达目的地后，信息包将在接收端按照原来标记的顺序被重组。[2]

根据 1995 年发布的《美国知识产权和国家信息基础设施》

---

[1] 吴汉东. 著作权合理使用制度研究［M］. 北京：中国政法大学出版社，1996：168.

[2] 薛虹. 网络时代的知识产权法［M］. 北京：法律出版社，2000：135.

报告，网络中以下情况会产生复制件：（1）当作品在计算机中的磁盘、只读存储器或随机存储器中，只要存储超过极短的时间，就会形成复制件；（2）当一位终端用户的计算机被用于调取存储在其他计算机，如 BBS 或互联网主机中的文件时，至少对于从屏幕上被浏览的那部分而言，在用户的计算机中形成了复制件。如果没有这种向用户计算机 RAM 或缓存器中的复制，屏幕上也不会有内容显示。[1] 报告中规定的以上两种情况都属于典型的临时复制情形。其中第一种情形即为内存中的“临时复制”；第二种情形实则为网络环境中最常见的“浏览”行为，也就是说，浏览行为的发生必然会导致在浏览者的计算机中产生被浏览信息的临时复制件。由此可见，“临时复制”在网络环境中无处不在，日常生活中人们在计算机上和网络中的对各类信息所进行的各种操作过程实际上都是一个对各种信息不断进行临时复制的过程。

基于上述分析，临时复制具有以下特征。一是技术上的不可避免性。亦即，临时复制完全是由计算机和网络传输技术自身的工作原理所决定的，它是网络传输中的一个必不可少的环节。二是产生上的自动性。即临时复制件的产生完全是由计算机系统自动完成的。三是复制件存在时间上的暂时性。由于计算机内部存储器容量的限制，这种发生在计算机内部存储器中的存储是一种动态存储，具有随机性、临时性，一旦计算机将程序执行完毕或者切断计算机电源，数据就会从内部存储器中清除，不复存在。四是复制件形式上的不完整性和存在范围上的广泛性。导致临时复制产生的“包交换”技术原理就决定了计算机内存中形成的临时复制件并不是完整的复制件，而是作品或信息的片段，有时

[1] 王迁．网络环境中的著作权保护研究［M］．北京：法律出版社，2011：15－16.

甚至只是涉及几个字节的信息。尽管如此，临时复制却广泛存在于网络环境之中。五是复制主体的广泛性。从技术方面来讲，由于计算机必须首先将作品信息调入内存中加以暂时存储，再将作品从内存中调出，才能在显示器屏幕上加以显示或进行其他处理。因此，可以说每一个网络用户使用者实际上都是进行临时复制的主体。

（二）云计算环境中的临时复制问题

随着网络技术的推广，临时复制现象在网络环境中变得更为普遍。其中最为典型的就是“浏览”行为。当我们通过网络对互联网中的数字化作品进行浏览时，我们的计算机会自动将该被浏览的作品先行调入内存，在内存中形成该作品的“临时复制件”，然后再通过计算机屏幕显示出来。当我们运行新的指令或调取新的信息或关闭计算机时，内存中原有的该作品的“临时复制件”就会自动消失。同时，浏览行为还可以产生另一种临时复制：用户多次浏览同一个网站或网页的信息时，一些辅助上网的功能性软件将随机地在硬盘中划出特定区域作为系统的缓存区，将被浏览的网上作品存入缓存区中，形成临时性的作品的复制件。用户以后登录同一网站或者浏览同一作品时，上网软件将直接从硬盘的缓存区中调取，以加快速度。[1]

显然，临时复制是计算机网络环境中特有的一个问题，而云计算的一个重要特征便是通过网络来提供服务。同时，云计算的核心在于将原本要在客户端完成的信息处理任务传送至云端实现，并将运算后的数据传送回客户端显示。因此，在云计算的应用过程中必然会涉及大量的数据传送。[2] 而从技术的角度来讲，

---

[1] 王迁．网络环境中的著作权保护研究［M］．北京：法律出版社，2011：13－14.

[2] 宋雨轩．探析云计算中的版权问题［J］．互联网法律通讯，2011（3）：3.

在大规模数据传送的过程中，不可避免地会存在许多缓冲操作，缓冲的结果则是对正在运行的信息形成临时复制件。由此可见，临时复制问题同样存在于云计算环境中。而且，由于云计算能够提供给用户更好的个人体验及其超高的性价比，越来越多的用户将成为云计算的应用者。可以毫不夸张地说，未来几乎每个人都会拥有一个属于自己的云计算系统。从这个角度而言，最终用户才是云计算应用最多和最重要的主体。此外，更多的用户将选择云计算技术支持之下的以浏览等直接获取和直接体验作品的使用方式代替以往复制或下载作品的使用方式。这也就意味着，随着云计算用户的日益增多，云计算环境下的临时复制行为将比以往多得多。人们基于网络在云计算模式下获取数字信息资源的过程其实就是一个不断进行临时复制的过程。

以目前云计算应用最为成功的 SaaS 服务模式为例。在 SaaS 服务模式中，软件服务商与用户之间的交易完全是通过网络来完成的。这也就意味着，SaaS 服务模式中无论是软件服务商提供软件服务的行为还是用户获取和使用软件的行为都是一种网络行为。而网络行为的独特之处就在于其不可避免地会涉及临时复制。在 SaaS 服务模式下，软件是以服务的形式提供给用户的，也就是说，用户获得的仅是对软件的使用这种服务，而没有真正获得软件作品本身或其复制件。因而，在 SaaS 服务模式下，用户获取软件服务的整个过程中，个人用户不需要购买软件复制品，也无须制成永久性的软件复制件，就完全可以享受到该软件带来的功用。显然，用户在 SaaS 服务模式下对软件的使用已不再受复制权的控制。虽然在 SaaS 服务模式下用户所获得的仅是对软件的使用，而不是软件作品本身或其复制件，但是用户在运行软件的过程中却总是不可避免地会产生临时复制。因为任何软件在运行的过程中，都会在计算机的自动控制下进入计算机内存，从而在计算机内存中形成对该软件作品全部或部分的临时性复制件。由此可见，SaaS 服务模式的运作过程实际上就是一个不断对软件作品进行临时复制的过程。

云计算作为一种远程的信息服务，从本质上而言，仍然是信息技术和网络技术的应用。因而在网络时代已经产生的相关著作权问题，诸如临时复制问题同样存续于云计算时代。可以说，云计算基于网络来提供服务的这一重要特征，就决定了每一个用户在云计算环境下对数字作品的任何一种应用方式实质上都是一种对相关作品进行临时复制的过程。可见，在云计算环境中，临时复制必然广泛存在，其数量之多难以估量。正是因为云环境中几乎用户的每一个操作行为都有可能涉及临时复制，使得临时复制问题在云计算时代变得更加突出。随着云计算技术的不断升级和专业化，临时复制问题也变得更加复杂。关于应否将临时复制纳入复制权的控制范围，虽然早在数字网络时代即已引起众多的讨论和研究，但到目前为止，尚未有定论形成。因此，在云计算时代，对于临时复制问题的定性已刻不容缓。

八、云计算环境中复制权立法完善

正如前文所言，传播技术的每一次进步都对著作权人享有的核心权利——复制权造成了冲击。复制权则在坚持传统价值取向的同时，通过自身的不断调整来迎接和应对新技术所带来的挑战。在绝大多数时间里，复制权与技术进步能够和谐共处，共同促进著作权制度价值目标的实现。

纵观技术变迁中的复制权，我们不难发现，技术进步给复制权带来的难题主要集中在以下三个方面。一是复制权的地位（或效力）问题。通常来说，社会是不断前进的，科技的发展日新月异，技术的每一次革新都会带来新的复制方式，使原有的复制权的内涵无法涵盖现有的新的复制方式，这难免就对复制权的效力问题提出了挑战。二是私人复制问题。私人复制的问题自古有之，但是技术的每一次进步在拓宽了著作权人作品传播途径的同时，也增强了公众的复制能力，尤其是数字网络技术的诞生，彻底地消除了普通公众与专业印刷出版者之间的界限。随着私人复制能力的不断提高，私人复制行为日益增多，直接对著作权人的利益构成严重威胁。在这种情况下，原本可以忽略不计的私人复制行为已经超出了著作权人所能容忍的限度，私人复制也由此成为维持著作权领域利益平衡所必须要解决的难题。三是临时复制问题。临时复制是由计算机的功能所决定的，是伴随着计算机操作而自发产生的一种附带现象。临时复制因其是计算机在线传输的一个重要环节和普遍现象而备受著作权人的关注。讨论应否将临时复制纳入复制权控制范围的意义在于：如果将在内存中形成的临时复制件界定为著作权法意义上的复制件，那么也就意味着著作权人的权利触角得以再一次延伸。著作权人自然希望修改著作权法以确保完全控制作品的每一份复制件。

上述问题是复制权在技术发展过程中所面临的问题的集中体现。从某种程度上来说，这些问题之间具有共通性和继受性，即上述问题都与技术的进步密切相关。如今，技术发展已经跨入云计算的新时代，复制权在云计算这一技术背景之下并未产生新的问题，而只是在前技术阶段已产生的问题的进一步延续。基于复制权在著作权权利体系当中所占据的重要地位，各国都对这一权利给予高度关注，并且积极地对复制权的上述问题进行广泛的研究和探讨，形成一系列的具体规则。但是，这些规则是否适用于当前云计算的发展，还有待于进一步探讨。对此，下文将在对已有规则进行归纳总结的基础上，结合云计算技术的特点，探索云计算环境下复制权相关问题的解决之道，以期为我国著作权法相关制度的完善提供参考。

（一）云计算环境中复制权的效力变迁与定位

1. 云计算与复制权的效力变迁

作为著作权权利体系当中最为古老的权利，复制权自其产生伊始就居于著作权财产权中的核心地位，始终是著作权人所享有的最为重要的权利。究其原因，主要在于在传统技术环境中，复制不仅是作品由作者走向大众的第一道门槛，而且是对作品最初始、最主要的一种利用方式，是对作品进行其他利用的重要前提。显而易见，在前数字时代，只有通过有形物质载体才能对作品进行利用，而对作品有形物质载体的获得则以复制为前提，这表明复制行为是其他作品利用行为的先决条件。由于这一时期复制成本的高昂阻却了大规模私人复制的发生，控制了复制在很大程度上就能够控制对作品的传播。正因如此，传统著作权制度是以复制权为核心进行构建的，除了复制权之外，其他著作权财产权实际上都是由复制权延伸而得来。长期以来，以复制权为核心建构起来的著作权财产权体系对于著作权的保护一直发挥着举足轻重的作用，较好实现了著作权人和社会公众之间的利益平衡。

然而，随着传播技术的不断进步，复制和传播方式不断更新，个人复制和传播作品的门槛大大降低，个人的复制传播能力得到了大幅拓展。尤其是数字技术和互联网的出现与迅速普及，建立在二者基础之上的信息传输系统为作品提供了全新的复制和传播方式。人们对作品的使用不再依托于有形物质载体，而是更多的使用电子设备阅读数字化的作品。一部作品一旦被转化为数字形式，人们就能瞬时对其进行无限次且质量完美的复制。借助于互联网技术，任何一个计算机用户只需轻点一下鼠标就能获得以往无法想象的海量信息。用户也只需轻点一下鼠标即可将其获取的任何信息传送到世界各个地方。在这种情况下，越来越多的复制行为不构成侵权，抑或构成侵权，但是著作权人无法追究其责任。事实上，从模拟技术到数字技术，复制的技术特点和经济属性都发生了根本变化。[1] 复制权不再占有显赫的地位，其存在的合理性受到越来越多的质疑。

时至今日，当前代表着传播技术领域新发展方向的云计算技术逐步兴起并日渐融入人们的日常生活。云计算技术既吸收了数字技术带来的复制优势，又充分利用了互联网传播的高速性能，其自身还具备了云集网络中海量信息的集成功能。最值得强调的是，云计算技术从根本上改变了作品的利用方式。在云计算环境中，所有的信息资源都被储存在“云”这个巨大的资源共享池中并由云计算服务商集中提供，人们可以直接从云中获取自己所需的任何信息，而无须进行复制、下载等操作。在云计算技术的支撑下，作品的利用方式实现了从传统的间接占有载体向直接体验内容的重大转变，人们对作品的欣赏、阅读和使用不再以复制和占有作品的有形物质载体为条件。据此，与传统传播技术支撑下的复制权相比，复制权在云计算环境中的效力发生了如下变迁：（1）复制不再是利用作品的主要方式；（2）控制复制不再是实现著作权保护和获取经济利益的有效途径。

2. 云计算环境中复制权的定位

传统的著作权法是建立在复制权基础之上的。数字网络技术的出现使建立在传统技术基础之上的以复制权为核心的著作权保护机制开始受到质疑。当旨在促进全球信息资源共享的云计算技术不断发展之时，全球资源的共享性与著作权的专有性之间的矛

[1] 彭学龙．“复制”版权之反思与重构［J］．知识产权，2005（2）：23．

盾日益凸显，知识共享与著作权保护之间的冲突愈演愈烈。随着传播技术的发展，传统以复制权为核心的著作权制度受到很大的冲击。为了使著作权法更好地适应云计算技术的发展，首先需要明确云计算环境下复制权在著作权法中的地位问题。

对于复制权地位的界定，我国有学者认为，信息技术的发展逐渐改变了复制与传播的关系。一方面，复制权的控制能力被削弱；另一方面，复制不再以传播为唯一目的，这使许多复制行为获得自身独立的价值。当与传播没有关系的复制行为大量出现时，复制权就陷入了维权不力或保护过度的困境。该学者又指出，应对复制权困境的思路是取消复制权，并且认为取消复制权并不会实质性地损害作者的利益，反而是保障低收入群体的文化权利及充分实现作品价值和促进文化发展的必要手段。[1] 与之相反，另一位学者对于新时期复制权的准确定位则提出不同的看法。该学者认为，虽然在模拟环境下复制权也只是达到保护著作权目的的手段，在数字网络环境下控制复制不再是保护著作权的有效机制。但他同时又认为在模拟世界传统复制权依然能够有效运行。[2]

上述第一种观点不免过于激进，笔者不敢苟同。原因在于，建构在以复制权为基础的传统著作权制度已有数百年的历史。在这几百年间，技术发展的脚步从未停止，但复制权始终处于著作权法的核心地位，并一直有效发挥着保护著作权的重要作用。这足以表明，复制权对于著作权制度的重要性及其存在的合理性。而今，虽然技术的进步已经催生出数字技术这样一种新型的复制方式，且这一复制方式日渐变得难以为传统复制权所控制，但这

---

[1] 陈琛. 论作品复制权的取消：来自美国著作权法实践的启示［J］. 学术论坛，2011（5）：57－61.

[2] 彭学龙. “复制”版权之反思与重构［J］. 知识产权，2005（2）：24－26.

并不意味着传统复制权已无用武之地。值得强调的是，以数字化技术为支撑的数字化作品并没有也不可能完全取代依赖于纸张等传统硬拷贝技术而存在的作品。这也就意味着，传统复制权所规制的对象依然存在。此时，若突然取消已存续上百年的复制权，未免过于武断或为时尚早。

根据美国知识产权与新兴信息基础设施委员会对复制权所作的分析可知，在传统技术环境中，控制复制之所以能一直取得良好的效果，主要在于：其一，复制是一种有意的明显、外在的行为，任何人都不可能在无意识状态下复制一整本书；其二，复制作品是发行作品的前提，在销售图书之前，必须先制造出图书。基于此，在传统有形物理世界中，复制具有预兆侵权的功能，是其他作品利用行为的先决条件，控制复制就能有效控制他人利用作品的行为；并且，由于复制并不是阅读等日常作品使用行为的前提，故控制复制并不会妨碍人们对作品的正常使用。[1] 基于上述原因，复制权得以确立其在著作权法中的基础地位。然而，在云计算时代，情势已然变更，复制的上述特点已不复存在。一方面，网上信息传输建立在复制的基础之上，只有通过复制，人们才能获得并传播作品，复制已成为人们接触、阅读作品在技术上不可或缺的一部分，控制复制将会导致妨碍社会公众正常获得、使用作品的严重后果；另一方面，由于数字复制不仅操作简单快捷，而且质量完美，最重要的是成本几乎为零，从而导致随意复制并传播作品的行为多如牛毛，而这种未经许可复制的行为通常是难以被发现的，即便被发现，囿于昂贵的诉讼成本，著作权人一般也只得视而不见。由此可见，在新的技术环境下，复制权更多地流于形式，控制复制已不再是一种有效的权利保护机制。

---

[1] 彭学龙. “复制”版权之反思与重构 [J]. 知识产权，2005 (2)：26.

在这样的背景下，若仍然不加区分地固守复制权在著作权法中的基础地位，不断扩张复制权的控制范围，那么复制权最终将沦为著作权人追求私人利益最大化的工具，社会公众正常获取作品的权利也必然会受到侵害。这显然与著作权法鼓励创作，促进文化繁荣的目的背道而驰。而走向另一个极端，取消复制权，又必将导致有形物理世界中的著作权得不到应有的保护。原因就在于，在现今的技术背景下，尽管科技已经发达到让我们掌握了顷刻间可以进行无限次复制和广泛传播的数字网络技术，但是作品的有形复制件及其所占据的市场仍将长期存在。仍有许多人青睐于拥有作品复制件，因为人们欣赏作品的乐趣在很大程度上取决于占有和直接触摸作品的有形载体，特别是装帧精美的图书。[1]因此，在有形的物理世界中，传统复制权仍有存在的必要。

实质上，从某种意义上来说，新的传播技术其本身并没有扩大复制权的范围或延伸复制权的触角创造条件，而只是在保有控制复制的原有程度及基础之上扩大控制传播行为之传播权作用的范围及强度。[2]有鉴于此，对于当前复制权所面临的困境，笔者建议，应当从技术的角度出发，区分不同的技术环境，构建分别以复制权和传播权为核心的权利体系。具体来说，基于上述分析，在以硬拷贝技术支持的有形物理世界中，传统复制权赖以产生的技术土壤及其所规制的对象仍然存在。因此，有形物理世界中著作权的保护仍将主要依赖于以复制权为核心而构建起来的权利体系，复制权在有形物理世界中仍然将处于基础地位。而在以数字技术为支撑的云计算环境中，由于传播比复制更加重要，且复制成为技术上的必需，控制复制要么会产生诸如妨碍社会公众正常获取作品的不利后果，要么因控制成本过高而无法发挥其实

[1][2] 张玉敏，李杨．“个人使用”的著作权法定位及政策选择［J］．西南民族大学学报（人文社会科学版），2011（1）：78．

际作用从而使之流于形式。因此，适宜弱化复制权在云计算环境中的基础地位，建立以信息网络传播权为中心的网络著作权保护机制。

（二）云计算环境中临时复制问题的解决之道

1. 临时复制性质的界定

如前文所述，云计算技术带来了新的作品利用方式，实现了作品利用方式从传统的间接占有载体向直接体验内容的重大转变。诸如在线浏览等直接利用作品的方式已成为主流，而临时复制则是这种作品利用方式的必要技术前提，这也就意味着云计算技术已经使临时复制成为作品利用的主要方式。基于此，法律能否对临时复制加以有效控制在云计算技术风靡全球的今天显得尤为重要。由于临时复制与传统复制权最为相似，国际上通行的做法便是将其与复制权联系起来。然而，对于究竟应否将临时复制纳入复制权的控制范围，国内外学界则意见不一。

有学者认为，传统复制行为是在人的意志控制之下自觉地、有意识地复制作品的行为。与之截然不同的是，内存中“临时复制”现象的产生，并不以行为人的意志为转移，只是一种附带的客观技术现象，同时内存中被临时存储的作品也没有“独立”的经济价值。因此，不应将临时复制作为著作权法意义上的复制行为而纳入复制权的调整范围。[1] 也有的学者对此不以为然，认为尽管此种“临时复制件”存在的时间十分短暂，但作品恰在这短暂时间里得以显示并被用户观看和欣赏，这种一次性复制就

[1] 王迁．网络环境中的著作权保护研究［M］．北京：法律出版社，2011：48－65.

是以计算机本身为载体的，应同样视为著作权法意义上的复制件。[1]

对此，笔者认为，应当将临时复制纳入复制权的控制范围之内，理由如下。首先，临时复制其实是在人的意识指导之下发生的。原因在于，对作品进行网络化使用的指令是由用户发出的，用户在向计算机发出这一指令时，行为人自己是知晓的，且其目的是清晰的，即浏览、阅读或欣赏网络环境中的作品。由于计算机和网络传输的技术原理关系，临时复制成为行为人达到其目的的一个必要环节，尽管大部分用户在“浏览、欣赏”网上作品的时候并不知道[2]计算机在执行自己的指令时还在内存中发生了“临时复制”，但这并不能否认临时复制是在行为人所发出的指令之下而发生的这一客观事实。其次，虽然临时复制以其在内存中存在时间的短暂性而得名，但是时间的长短从来都是相对的而不是绝对的，事实上，作品恰好在这短暂的时间里可以供用户浏览、阅读或欣赏等，而且实际上通过特殊的技术手段，用户甚至都可以直接使用内存中形成的作品临时复制件或者将其转化为永久性的复制件。如此看来，时间存续上的短暂性并不足以否定临时复制件的实用性及其价值。那些仅以临时复制存在时间的短暂性为由而认为传统复制权难以涵盖临时复制的观点略显偏颇。最后，临时复制完全符合传统著作权法意义上复制的特征。第一，

---

[1] 何建华，刘志良．临时复制模糊界定引发网络著作权争议［N/OL］．（2019－08－12）［2021－12－26］．http：//money.163.com/07/0728/08/3KFNOIQS002524SM.html.

[2] 行为人不知道内存中的临时复制的主要原因是绝大多数的网络用户并不具备计算机技术和网络技术方面的相关知识（或者说缺乏相应的技术背景）。如果说每一个用户在使用计算机之前都接受过良好的技术培训，那么对于内存中的临时复制应该就会人尽皆知了。因此，行为人不知道临时复制的存在不代表临时复制不是在人的意识控制之下发生的，恰恰是用户有意识的指令才使临时复制得以产生。

临时复制是一种对作品内容的再现。虽然“包交换”技术原理决定了计算机内存中形成的临时复制件并不是作品的完整复制件，而只是作品的片段，但是每一个作品片段其实都是作品内容的组成部分，因此，作品片段的临时复制也就是对作品内容的再现，而无数个作品片段的临时复制组合起来就等同于作品的完整再现。并且如果没有这种再现，计算机根本无法完成传输过程，更加不可能将作品显示在显示器屏幕上供用户浏览使用。第二，临时复制所再现内容的载体也是有形的。一般来说，对于上传、下载等网络环境中常见的永久性复制属于复制权的调整范围已无异议。亦即，网络环境中的永久性复制符合著作权法意义上的复制的特征，网络环境中永久性复制件的载体是有形的。而无论是永久性复制还是临时复制，其复制件都存储于计算机的磁盘、只读存储器（ROM）或随机存储器（RAM）中。可见，临时复制件的载体也具备有形性的特征。第三，临时复制所再现的内容不具有创造性。根据上述技术原理，临时复制完全是计算机在正常的运行和网络传输过程中自动发生的技术过程，临时复制件的产生完全是对作品内容进行机械性复制的结果，因此无任何创造性可言。

就此而论，临时复制完全具备了传统著作权法意义上复制的各项特征，因而临时复制构成复制本身是一种无可争议的事实。实际上，临时复制是否构成复制这是一个事实判断问题，而临时复制是否应排除在复制权之外则是一个价值判断问题。这应当是我们看待临时复制这一问题所应持有的基本立场。[1]

2. 临时复制的立法选择：“纳入加限制”

临时复制的问题早在20世纪90年代就已经出现，但是，由

---

[1] 虞正春. 论复制权［D］. 上海：华东政法大学，2005：20.

于我国在这一问题上始终保持着谨慎的态度，我国现今的著作权法对于这一问题仍然处于模棱两可的状态。然而，随着云计算时代的到来，以网络为支撑的数字化传输成为主要的作品利用方式。这不仅给作品的传播带来便利，同时也使临时复制这一著作权难题变得更加复杂和多样，与临时复制有关的利益冲突也与日俱增。因此，为了保障我国著作权产业和新技术的正常发展，妥善地解决临时复制这一问题就显得至关重要。

目前对于临时复制，国际上的做法有两种。一种是国际组织以及一些发达国家十余年来探索所取得的成果，即将临时复制纳入复制权中控制，同时又将一部分临时复制行为排除在外。作为判例法国家，美国率先通过判例对于作品的“临时复制”问题作出阐释。美国法院早在 1984 年 苹果电脑公司诉国际方程式公司案（Apple Computer，Inc. v. Formula Int'l Inc.），1988 年沃特公司诉奎德软件有限公司案（Vault Corp. v. Quaid Software Ltd.），以及 1993 年的 MAI 系统公司诉皮克电脑案（MAI Systems Co. v . Peak Computer）等案件的判决中就确立了“将软件由储存媒介载入计算机内存的行为，就是对该软件的复制”的思想，从而明确了“临时复制”属于复制权的调控范围。[1] 20 世纪 90 年代，美国又专门成立了一个由政府内的专家组成的小组——知识产权信息基础设施工作组，特别对临时复制这一问题进行研究。该工作组经过两年的研究之后便公布了一份名为《知识产权和国家信息基础设施》的报告。该份报告断言：“内存中的作品复制件可以利用机器或设施被感知、复制和传播，因此，将版权作品置于计算机的内存中是对该作品的复制，建议将包括暂时复制在内的所有复制方式纳入复制权的控制范围。”然

[1] 曾玲. 国际互联网环境下作品的“临时复制”问题研究［D］. 北京：中国政法大学，2010：21.

而，在各利益相关方的博弈之下，该份报告最终被美国国会否决。此后，美国又于1998年颁布《美国数字千年版权法》，虽然没有直接将临时复制纳入复制权的范围，但是该法预设了一个前见的判断——网络环境中的所有复制都属于美国版权法上的复制，从而间接将临时复制纳入复制权的控制范围。与此同时，《美国数字千年版权法》也对此种复制权利作出相应的限制，规定了部分免责情形。对于临时复制这一问题，与美国持有同样观点的还有欧盟。早在1990年，欧共体颁布的《计算机程序指令》即规定“以任何方式、任何形式进行的永久或临时性的复制”均为受指令控制的复制行为。欧盟于1996年通过的《数据库指令》则针对数据库的复制也使用了相同的措辞。[1] 2001年，欧盟颁布的《关于协调信息社会版权和相关权的指令》（以下简称《欧盟版权指令》）的第2条则再一次强调“临时复制是一种复制行为，应受复制权的控制”。该条规定：“成员国应规定（权利人享有）授权或禁止直接地或间接地、临时地或永久地通过任何方法和以任何形式全部或部分复制的专有权。”很明显，欧盟赋予了权利人最为宽泛的权利。如此宽泛的权利当然是需要受到限制的。为此，《欧盟版权指令》第5条则又针对第2条作了一些“限制与例外”的规定，从而使一部分“临时复制”得以通过此种“限制与例外”获得免责。与美国和欧盟的做法相反，有些国家则是极力反对对临时复制进行规制。作为发达国家的澳大利亚长期反对将内存中的临时复制纳入复制权的控制范围。该国于1997年公布的《版权改革和数字议程》报告就明确反对将复制权延伸至电子传输的技术过程中发生的临时性或附带性复制。此后，澳大利亚为了实施其与美国签订的《自由贸易协

---

[1] 王迁．网络环境中的著作权保护研究［M］．北京：法律出版社，2011：24.

定》，又于2004年对其版权法作出修改。根据这一修改，“在诸如计算机、光盘播放机内存中形成的具有临时性质的电子复制件”均被纳入“复制”的范围内。[1] 在美国强大的政治和经济压力之下，澳大利亚也由先前的反对转变为认定网络传输中的临时性复制属于版权法上的复制。同样，《澳大利亚版权法》也对这一修改作出了与之相应的限制性规定，将部分临时复制排除在复制权之外。由上可见，对于临时复制，不同国家存在不同的做法。上述两种做法都有其合理性和可取性，都是相关国家通过对各自国情的考量而作出的一种选择。具体到我国，尽管我国尚未从立法上对临时复制这一问题作出明确的界定，但在司法实践[2]中实际上已经承认临时复制属于复制权的控制范围。对此，笔者建议我国应借鉴美国和欧盟等国家和地区所采取的“纳入加限制”这一立法模式，对临时复制进行规制。

（1）“纳入加限制”立法模式的合理性。

“纳入加限制”的立法模式是指：针对著作权领域的临时复制，首先以成文法形式承认其属于著作权法意义上的复制，与此同时，又通过一些类似于合理使用等著作权限制制度的设计来限制临时复制受著作权法保护的范围。“纳入加限制”的立法模式是国际上一些立法者应对科技发展所作出的合理设计，这对于我国云计算时代亟须解决的临时复制问题而言具有重要的借鉴意义，其合理性主要体现在以下几个方面。

首先，基于上文对临时复制的法律性质所作的分析可知，临时复制实质上是复制的一种形式，只不过与永久的复制形式相比，它具有临时性这一特殊性而已，除此之外，临时复制与永久性复制并无其他区别。既然临时复制是复制的一种方式，且任何

---

[1] 王迁. 网络环境中的著作权保护研究［M］. 北京：法律出版社，2011：34.

[2] 尹光义. 论作品临时复制的法律规制［D］. 石家庄：河北经贸大学，2012：13.

复制方式都是受到复制权这一专有权利控制的。那么，临时复制从原则上应该纳入复制权的控制范围。

其次，将临时复制纳入复制权的控制范围是技术发展的现实要求。现今，作品的主要利用方式已经随着云计算技术的发展逐渐从占有载体转变为直接体验内容等数字化传输，而对作品进行数字化传输的一个必然结果便是会形成大量被使用作品的临时复制件。当云计算技术带领人类步入这样一个充斥着临时复制的云计算时代，著作权人是否享有控制临时复制的能力就显得相当重要，若不赋予著作权人此种控制权，作品创作者的经济利益必然会受到在线用户的严重威胁。反之，如若对临时复制给予一种全盘保护，则势必又会影响作品的正常流通和公众对信息获取的权利。因此，将临时复制纳入复制权的控制范围是必要的，同时又要对其受保护的范围进行合理的限制。

最后，对临时复制采用“纳入加限制”的立法模式是对利益平衡原则的具体体现。众所周知，著作权人与社会公众之间的利益冲突，始终是著作权领域中的矛盾，如何有效协调二者之间的利益关系以尽量使之处于一个平衡的状态是著作权法的永恒追求。临时复制问题作为著作权领域的难题，对其进行调整必然需要合乎利益平衡原则的要求。“纳入加限制”的立法模式，一方面通过将临时复制纳入复制权的控制范围，为著作权人有效地维护其经济利益提供了强有力的保护手段；另一方面又通过对临时复制受著作权法保护的范围进行限制，保障了公众在一定范围内利用作品的自由。由此观之，针对临时复制问题的此种“纳入加限制”的制度设计可以有效地平衡著作权人与社会公众之间的利益，完全符合利益平衡原则的要求。

综上，“纳入”充分凸显了需将临时复制纳入法律控制的必要性，而“限制”则全面彰显了这一制度设计的合理性。由此，将临时复制纳入复制权的控制之中不仅合乎情理，而且也是当今技术发展对著作权法提出的新要求。而与此同时又对其受保护的范围作出适当的限制，则是著作权法中利益平衡这一重要原则的具体体现。对此，我国的著作权法也应与时俱进，在临时复制问题上亦可以借鉴“纳入加限制”这种立法模式以因应之，以便跟上科技发展的脚步和国际社会的发展趋势。

（2）“纳入加限制”立法模式的制度设计。

根据前文对云计算之前复制权的分析可见，著作权是技术发展的产物，每一次技术的进步必然会打破著作权领域原有的利益平衡。著作权法只得通过不断修改完善自身才能适应新技术的发展。对于复制权也不例外。随着技术的发展，复制权的内涵不断发生变化。现今，随着云计算这一新技术的全面推进，人类获取信息的方式发生了翻天覆地的改变，直接从云端调取信息的方式很有可能在将来成为人类获取信息的主要方式。在云计算环境中，对信息的调取不可避免地都会对被调取信息进行临时复制。也就是说，将来我们对作品的利用将主要依赖于临时复制这一形式。然而，目前我国的立法尚未对临时复制作出相应规定，导致实践中的许多涉及临时复制问题的案例难以得到合理解决。对此，回顾以往技术革命与著作权变迁之间的经验，我们不难得知，唯有顺势变革现今的著作权法才能促进我国著作权制度跟上技术发展的脚步。综观其他国家在临时复制这一问题上所持有的态度，“纳入加限制”的立法模式是当今国际上关于临时复制立法的风向标。为此，我国应该积极地借鉴此种立法模式，根据我国的自身实际来具体地设计这一制度。

对于具体借鉴“纳入加限制”这一立法模式以使之为我国的司法实践服务，我国许多学者已作出多种探索。其中，学者罗胜华为此提出三种较为具体的立法建议，它们分别是：第一种规范方式是提议将临时复制规定在我国《著作权法》（2001 年修正）第 10 条有关复制权的定义中，同时在第 22 条中将那些短暂的、过渡性的临时复制规定为合理使用；第二种建议是对第 10 条复制权的定义进行限缩界定，将上述不具有独立经济价值的“临时复制”排除在复制权控制范围之外；第三种规范方式则是建议直接在《著作权法》中规定“不具有独立经济价值的临时复制不构成著作权侵害”。[1] 上述立法建议可以说是思虑周全，提议中肯，但是也存在需要商榷的地方。笔者认为，对于云计算时代临时复制的问题，我国在引进、吸收、同化“纳入加限制”这一立法模式时，应以利益平衡为总的指导原则，结合我国的国情以及已有的立法作出如下修改。

第一，将“对临时复制进行规制”的立法精神贯彻于我国《著作权法》第 10 条中。

根据上文对于临时复制与复制权的关系以及各国关于临时复制立法及实践的分析与比较，临时复制本身属于传统著作权法意义上的一种复制方式已无疑义。将临时复制纳入复制权的控制范围之中不仅是技术发展推动法律变革的应有之义，也是国际社会立法当中的一种主流呼声。尽管我国仍是一个发展中国家，但是发展中国家并不意味着较低的保护标准。在当今世界一体化潮流的引导下，各国知识产权立法已经进入一个统一标准的新阶段，发展中国家要想实现本国著作权产业跨越式的发展，更应主动适时地与国际接轨，提高本国的著作权保护水平，以便为创作者提供充分的利益诱因，以此激励创作者不断进行新的创作。为此，变革我国的著作权制度，将临时复制纳入复制权的控制范围，不仅能够进一步完善我国著作权法，而且也将为我国著作权制度更

---

[1] 罗胜华. 网络临时复制问题法律研究［J］. 知识产权，2004（4）：24.

好地适应和融入技术发展的潮流创造条件。

具体到应该如何将临时复制纳入著作权法的控制范围之中，笔者认为，鉴于科技的日新月异，作品的利用方式也必然会不断推陈出新，如果针对每一种新型的作品利用方式都单独设计专门的条款来进行规定，日后不但会出现各条款之间重叠与无法协调的难题，还将导致立法成本的骤然攀升。由此，应在整合已有立法资源的基础上对临时复制进行规制。通过前文的分析可知，临时复制与复制权的关系密切，且我国《著作权法》第10条在对复制权进行定义的时候采用的是“不完全列举+等”的方式，这种开放式的定义方式实际上就为临时复制的纳入开启了方便之门。有鉴于此，笔者建议，我国可以采用以下两种方式来规制临时复制。第一种方式是通过借鉴《伯尔尼公约》中关于复制权的定义，以立法解释的形式对我国《著作权法》第10条中的“等”字进行扩大解释，将其解释为“以任何方式和采取任何形式复制”，从而赋予复制权强大的包容性，使之能够涵盖临时复制。此种方式的好处在于：相较于法律修改，立法解释的成本相对来说要低一些。第二种方式则可以直接将临时复制作为复制的一种方式列举在我国《著作权法》第10条关于复制权的定义之中。

第二，在“三步检验法”规范下，通过合理使用制度进行必要限制。

基于著作权法领域中的利益平衡原则，有权利必有限制，这是著作权立法的显著特点。如前文所述，著作权人与社会公众之间的利益冲突，始终是著作权领域中的一对矛盾，如何有效地协调二者之间的利益以尽量使之处于一个平衡的状态是著作权法的永恒追求。著作权人与社会公众之间的利益冲突同样存在于临时复制问题之上。一方面，随着网络技术和云计算技术的发展，在云计算环境中，网络用户以任何一种方式对作品的利用实际上都是一次对该作品进行临时复制的过程，若不赋予著作权人对临时复制的控制权利，作品创作者的经济利益必然会受到在线用户的严重威胁。另一方面，如若对临时复制给予绝对保护，则势必又会影响作品的正常流通和妨碍公众对信息的获取。在我们已然认可临时复制应受法律保护之时，为防止利益的天平过度向著作权人倾斜，对临时复制进行相应的限制是非常必要的。最切实可行的做法便是完善我国的合理使用制度。原因在于，“合理使用制度自创设之初就是为了平衡著作权人和社会大众的利益，也是迄今为止被公认的最为有效的平衡制度”。[1]

在国际上，“三步检验法”[2] 是《伯尔尼公约》、《与贸易有关的知识产权协议》（以下简称 TRIPS 协议）和《世界知识产权组织版权条约》专门设计的在对著作权利作出限制和例外规定时应当遵循的总的判断标准。作为《伯尔尼公约》、TRIPS 协议和《世界知识产权组织版权条约》的成员方，我国已将这一标准转化为国内立法[3]。就此而言，要对临时复制设定例外规定，必须在遵循“三步检验法”的前提下进行。与此同时，《欧盟版权指令》在肯定临时复制应受保护的基础上也在其第 5 条对临时复制

[1] 刘春霖，张力伟. 暂时复制与合理使用的冲突研究［J］. 现代商贸工业，2008（13）：274.

[2] 《伯尔尼公约》第 9 条第 2 款规定：“各成员国在对权利规定例外和限制时，必须（1）只适用于特定情形；（2）与作品的正常利用不相冲突；（3）以及不能不合理地损害权利人合法权益。”

[3] 2002 年《著作权法实施条例》第 21 条明确规定：依照著作权法有关规定，使用可以不经著作权人许可的已经发表的作品的，不得影响该作品的正常使用，也不得不合理地损害著作权人的合法利益。2020 年《著作权法》第 24 条第 1 款规定：在下列情况下使用作品，可以不经著作权人许可，不向其支付报酬，但应当指明作者姓名或者名称、作品名称，并且不得影响该作品的正常使用，也不得不合理地损害著作权人的合法权益。

作出了专门的例外规定，即临时复制行为，如果是转瞬即逝或附带性的，以及是技术过程中必要的、不可分割的组成部分，而且其唯一目的是：（a）使作品或其他客体在网络中通过中间网络服务提供者在第三方之间传输成为可能，或（b）使作品或其他客体的合法使用成为可能，并且该行为没有独立的经济意义，应不受复制权的控制。❶此条限制规定主要是基于临时复制所具有的技术性这一特殊性质而作出的，值得我国借鉴。此外，《美国版权法》为判断合理使用规定了四个可供参考的因素，它们分别是使用的目的和性质、被使用作品的性质、被使用部分的数量和质量以及对作品市场的潜在影响。可以说，上述四个因素是一种较好的对著作权人和社会公众利益的权衡机制。因此，我国在考虑对临时复制作出相应限制时可以上述四个要素作为衡量的标准。笔者认为，我国著作权法可以在坚持"三步检验法"这一大前提下，以使用的目的和性质、被使用作品的性质、被使用部分的数量和质量以及对作品市场的潜在影响为考量因素，将《欧盟版权指令》第5条的内容移植到我国现行《著作权法》第24条第1款中来，以此对临时复制进行必要的限制。

第三，建立针对临时复制的默示许可制度以及补偿金制度。

默示行为是一种与明示行为相对的意思表示方式，它是指行为人没有以明示的方式进行意思表示，而是通过其实施的某种行为，使他人根据常识、交易习惯或相互默契，推断当事人的某种意思表示，从而使法律行为成立。❷随着网络技术的日益普及，著作权环境发生了翻天覆地的变化，大量作品未经授权即被使用的情形随处可见。为解决海量作品的授权问题，默示许可制度被

❶ 王迁．网络环境中的著作权保护研究［M］．北京：法律出版社，2011：26.

❷ 朱海娇．规范默示许可能否解决海量作品授权之困？［N/OL］．［2021－12－20］．http：//www. sipo. gov. cn/yl/2012/201201/t20120130_642936. html.

引入著作权制度中。比如在互联网空间中，对于博客的复制转载，就已经形成了只要作者没有明确作出不得复制转载的声明，在通常情况下都可以自由复制转载的惯例。从某种程度上来说，默示许可制度对于当前网络环境中存在的作品授权问题而言，未尝不是一种有益的尝试。类似地，当临时复制被纳入著作权人的全面控制之下，云计算环境中大量利用作品的行为则很有可能面临一种动辄就是侵权的局面。一方面，在云计算环境中，绝大部分利用作品的行为都依赖于临时复制；另一方面，出于高昂谈判成本以及其他方面的考虑，使用者在使用作品之前不可能一一得到著作权人的授权。在此种情况下，构建针对临时复制问题的默示许可制度，可以从根本上扭转这一局面，促进作品无障碍的传播和使用。具体来说，只要作者主动将其作品上传至公共的共享网站上，且没有以明示的方式作出未经授权不得使用的声明或者没有对其作品采取任何的技术保护措施，应当推定作者默许了他人可以对其作品进行非营利性的合理使用，这其中当然包括对作品的临时复制。

默示许可制度的建立，不仅促进了作品的高效传播和流通，更重要的是极大地便利了公众对作品的使用。但与此同时，随着云计算技术的不断推广和普及，在未来，人们对一切信息的获取将主要通过网络从云中直接调用。到那时，人们对一切信息的使用过程实际上都是一个对信息不断进行临时复制的过程。毫无疑问，临时复制行为的日益普遍，将影响作品的市场销售，再加上默示许可制度的适用，著作权人的利益有可能受到损害。对此，著作权补偿金制度为我们缓和这一矛盾提供了思路。鉴于此，在构建旨在限制临时复制的默示许可制度的同时，建立相应的维护著作权人经济利益的补偿金机制就显得尤为必要。

毋庸置疑，无论是国外还是国内，在著作权补偿金制度上均作出了有益的探索，这就为临时复制补偿金制度的运用提供了可供遵循的模板。具体来说，在默示许可的前提下，版权作品的临时复制成为不经授权的合法行为，与此同时，我们通过对复制设备的制造商及销售商、云服务提供商收取临时复制税以给予著作权人公平报酬。由此，社会公众和著作权人各得其所——社会公众日后将可以畅通无阻放心地使用版权作品；著作权人则因便捷地获得创作作品应有的回报，可以激发其创作热情，最终推动著作权法促进社会主义文化和科学事业发展与繁荣核心目标的实现。

九、结　　语

回溯历史，技术的每一次进步都引起了著作权制度的积极回应。在云计算技术风靡全球的今天，新环境下的复制权问题也吸引了国内外著作权法学研究者的眼球。在传统技术背景下，作品的复制件是作品从作者的单独掌控之下走向社会的桥梁，是整个社会大规模利用作品，实现作品内在价值的起点。[1] 而今，在云计算环境中，对作品的利用模式已从占有“作品复制件”向直接体验作品转变。这一转变意味着人们不再依赖于作品的有形复制件，而对数字复制件的过度控制又将使复制权背上侵害社会公众正常获取作品权利的恶名。至此，复制权的基础地位受到诸多质疑，其效力被极大削弱。在数字网络环境中，控制传播比控制复制显得更加重要、更加有效。我们应当从技术的角度出发，区分不同的技术环境，构建分别以复制权为核心的有形著作权保护机制和以信息网络传播权为中心的网络著作权保护机制。此外，随着云计算时代的到来，以网络为支撑的数字化传输成为最主要

---

[1] 王迁. 网络环境中的著作权保护研究［M］. 北京：法律出版社，2011：59.

的一种作品利用方式。这也就意味着，未来人们对作品的使用将主要依赖于临时复制。临时复制的重要作用由此可见一斑。对于临时复制问题，学界一直争论不休，我国的立法也处于缺失状态。为了保障著作权产业和新技术的正常发展，妥善地解决临时复制这一问题刻不容缓。对此，笔者认为临时复制实质上是一种复制，应当将临时复制纳入复制权的范围，同时又以合理使用、默示许可制度的综合运用对其作出一定的限制。

历史的经验告诉我们：因科技发展所造成的与著作权的对立，著作权人一开始总是紧守着著作权绝对至上的观念不放，最终则不得不采取妥协方式，拥抱并善用科技，另寻可行的商业模式；而日后也都证明，其妥协策略是最佳的选择。[1] 如果把云计算技术推广应用将带来的经济利益和文化利益比作一座冰山，那么云计算技术当前所创造的价值只不过是其冰山一角。如果法律为了保护著作权人的利益而一味地遏制技术的发展，那么将得不偿失，而这也不是老百姓所愿意看到的。法律在很大程度上要遵从老百姓的正义感，法律要基本遵从人们的道德意识，这一普遍信仰具有相当重要的社会和经济价值。如果人们失去了这一信仰，在作稍重要的决定之前不得不去查找相关的法律或去咨询律师，势必损耗大量的时间和精力。那么大家在未来类似的情境下就不太敢信任自己的道德判断了。[2] 因此，在云计算这一新技术对著作权法又一次造成冲击的时候，法律应做的不是想方设法遏制技术的发展，而是应思考如何让现行的法律制度追赶上技术发展的脚步，以应对技术带来的种种严峻挑战。

[1] 沈仁干．数字技术与著作权观念、规范与实例［M］．北京：法律出版社，2004：355.

[2] 威廉·W. 费舍尔．说话算数：技术、法律以及娱乐的未来［M］．上海：上海三联书店，2008：3.

第三章　云计算环境下图书馆著作权保护：机遇、挑战与未来展望

一、引　　言

随着信息技术的发展，云计算技术应运而生。云计算是一种基于互联网的超级计算模式，即把存储于个人计算机、移动终端和其他设备上的大量信息和处理器资源集中在一起，协同工作，供用户使用。借助云计算技术，人们获取作品的方式将被彻底改变。在云时代，用户只需借助一个终端设备即可在任何时间和地点实现对各类作品、信息的随需随用。云计算技术自其产生开始就受到人们的关注，作为与传播技术密切相关的图书馆，云计算技术的兴起无疑将给图书馆的工作带来新的发展机遇和挑战。虽然从现阶段来看，由于暂时性的技术瓶颈，借助云计算技术提供作品的方式在图书馆界所占的比例较低，但从长远来看，云计算技术将如同网络技术一样在图书馆界实现普及化，并对图书馆的运作和整个人类的社会生活产生深远影响。为此，有必要对云计算时代图书馆面临的挑战和所涉及的相关法律问题进行研究，以使我国未来云计算环境下的图书馆相关法律制度更为完善，推动图书馆事业的建设。

二、云计算环境下图书馆面临的机遇

云计算实现了 Web 2.0 以来传播技术领域的又一次重大飞跃，代表了当前信息技术发展的新阶段。它以网络为基础，以计算资源为内容，以服务为核心，以云为形态，为人类信息的创制和传播信息构建了一条新的途径。云计算的重要用途之一就是以用户为中心，为用户提供信息整合、共享和存储等交互式服务，它的这一特点与图书馆的职能不谋而合。2009 年，国际图书馆界率先开启云计算大门的联机计算机图书馆中心（Online Computer Library Center，Inc.，OCLC）宣布创建首个基于 WorldCat 数目数据的“Web 规模协作型图书馆管理服务”便是典型例证。因此，将云计算所具备的巨大技术优势广泛应用于图书馆的建设与服务指日可待。详言之，云计算将从以下几个方面为图书馆事业的发展提供动力。

（一）全面的信息资源整合与共享：提升图书馆的服务能力

图书馆是收集、加工、整理、保存和传播知识的重要机构，信息资源是其提供服务的物质保障，能否高效地配置和利用这些资源直接影响图书馆的服务能力。目前，图书馆资源建设中普遍存在的诸如“纸质资源和数字资源不能相互补充”“数字资源相互独立、重复建设概率高”“信息资源共享有局限性”“数据库无法发挥最大化经济效益”等问题，[1] 严重制约了图书馆服务能力的提升。与此同时，随着社会信息化的不断深入，信息资源数量日益庞大，增长速度突飞猛进，形式更加多样，人们也普遍感

---

[1] 卢晓娟. 云计算与未来图书馆数字信息资源建设［J］. 四川图书馆学报，2009（2）.

受到了信息资源利用的不便，不再满足于检索出来的文献线索和繁多的原始文献，而是希望得到经过分析加工后的综合性的甚至包含知识内容的增值信息产品。

云计算的兴起使上述问题迎刃而解。云计算的核心价值就是整合与共享。它所采用的虚拟化技术、分布式计算、效用计算等，能够有效整合现实生活中的海量资源，扩大资源共享的范围，为用户提供一个无限可扩展的庞大资源池。也就是说，借助于云计算，图书馆能够提供一整套工具，实现检索、采集、分析、加工和提供的无缝连接，实现各种服务方式之间的有机结合，并将分布式存储的数据资源与一站式的检索界面结合起来，通过对信息资源进行整合，能为读者提供统一的入口，实现一站式服务。[1] 从一定意义上说，全国乃至全世界的图书馆可共同构筑一朵“图书馆信息资源云”，各个图书馆的信息资源凭借这朵“云”实现资源的整合与共享。[2] 如此一来，在云计算环境下，图书馆正在经历着由“信息存储地”到“信息空间”的转变。这一重大转变的实现，不仅能为图书馆自身的发展构建一个新的平台，而且图书馆的服务能力将得到史无前例的提高，读者则可以在这一“信息空间”中得到一个一致且连贯的“一步到位”的终极体验。

（二）超强的计算能力和存储空间：改变图书馆的服务模式

为读者服务永远是图书馆工作的出发点和归宿。然而，囿于馆藏资源、技术条件和存储空间的限制，传统图书馆的一切工作

---

[1] 赵杰.“云计算”环境下图书馆信息资源共建共享模式初探［J］. 情报杂志，2010（2）.

[2] 孔凡娟. 云计算带给图书馆的影响与思考［J］. 图书与情报，2010（2）.

和服务都是围绕馆藏资源开展的，“读者第一”的服务原则并没有得到有效体现。在传统的服务模式下，图书馆通常是事先将采购好的纸质资源和数字资源置于图书馆馆舍内，通过接待到馆读者借阅图书，以及依赖局域网控制等技术手段向本馆读者提供在线阅览、远程传输等方式来开展服务。在这种模式下，图书馆的服务场所和服务空间是固定的，服务范围和服务对象是狭窄的，服务内容和服务功能是有限的。面对各层次、各种需求的用户，传统图书馆永远只能提供一种统一的固定服务，因而读者个性化的需求无法得到满足。

云计算的产生，为图书馆服务模式的革新提供了新型技术基础。云计算以互联网技术为基础，将成千上万台终端连在一起，具有超大规模性，因而具有超强的计算能力，并提供了无限的存储空间。在云计算技术的支持下，图书馆可以突破现有物理图书馆和数字图书馆的局限，跨越时空的界限，将图书馆的服务延伸到图书馆的围墙以外，真正从用户的需求出发，使任何用户可以在任何时间和地点利用图书馆的资源。由此可见，未来云计算环境下，图书馆的工作重心将逐渐从以馆藏为中心向以用户为中心转移。以用户为中心集多种服务方式于一体的多元化服务模式将成为未来图书馆读者服务的基本模式。

（三）随需调用的海量软硬件设施：降低图书馆的运行成本

众所周知，图书馆向来对信息资源、软硬件设备都有较大需求，为了跟上信息技术发展的脚步，图书馆往往需要随着信息技术的发展不断更新其硬件设备，对其软件系统定期进行维护。为此，图书馆将花费巨大的成本。而云计算的应用将彻底改变这一状况。云计算是在当前硬件性能不断提升而 CPU 计算资源浪费严重的背景下产生的，它的一个重要设计理念就是要把闲散的计算资源集中起来利用。在云计算的基础架构中，海量的软硬件设备以及承载的数据资源得以整合和池化，从而形成一个包容性很强的大资源池。云计算时代，用户不再需要高配置的计算机，也不再需要购买、安装和升级计算机上的各种应用软件，只需使用网络通过浏览器，就可以方便快捷地获取和使用各种资源。换言之，未来图书馆将逐渐告别自己购买设备，自主开发和管理的状态，转而采用云计算技术来获得更加高性价比和个性化的信息服务。随着云计算在图书馆领域的广泛应用，图书馆所需的各种信息资源、软硬件设施和服务平台都可以按需从云端直接调用，且这些基础设施的维护和升级等都将交由“云”来完成。如此一来，日后图书馆的建设运行成本将大幅降低。

三、云计算环境下图书馆面临的挑战

技术从来都是一把“双刃剑”。尽管云计算技术为图书馆事业的发展提供了良好的机遇，图书馆界也对该项技术跃跃欲试，但由于云计算技术给人们带来了一个完全不同于以往的作品创作、传播和利用的环境，技术本身尚处于研究探索阶段，存在诸多风险，使现有法律制度呈现滞后状态，图书馆界目前出于运营成本和风险的考虑，还没有大规模利用云计算技术。笔者认为，当前制约云计算技术在图书馆界广泛应用的两项最大的难题是信息安全问题和著作权问题。

（一）云计算环境下的信息安全问题

众所周知，图书馆是以各种文献资料为物质基础开展业务活动的，妥善保存好这些珍贵的文献资源是其重要的职能。近年来，随着数字技术和网络技术的迅猛发展，图书馆保存的资源不再局限于手写和印刷的纸质文献，以数字化形式存在的其他各种载体形式的资源也成为图书馆的重要保存对象。在这种情势下，存储空间问题成为制约图书馆发展的重要难题。云计算的出现将使这一难题迎刃而解。借助云计算，图书馆可以将其保存的现有资源从本地存储逐步迁移到云端存储，从而突破存储空间的限制，极大地降低图书馆的建设成本。与此同时，云端存储的信息安全问题也日渐凸显。

从技术的角度来讲，制约云计算技术在图书馆领域广泛应用的最大瓶颈应属信息安全问题。传统计算的本质特征在于计算和存储均在本地完成，用户需在本地安装相关的硬件和软件，用户的一切数据资料都存储在本地，自我掌控，自行保管。而云计算则不同，它是一种基于互联网的超级计算模式，其强调的是以网络来提供服务，使用户的一切需求和操作都在网络中完成。其本质特征在于实现软硬件设施的随需在线调用，数据资料的云端存储。在实际运作中，云计算由第三方服务商提供计算与存储等资源，并负责运行和维护，用户只需通过某种符合标准的终端工具（比如浏览器）接入系统，即可获得所需的服务。[1] 因此，图书馆一旦应用云计算，就意味着图书馆的一切信息资料将高高挂在“云”端，依赖于云计算服务提供者进行管理和保存，图书馆自身不再拥有对这些信息的绝对控制力。此时，信息存放的安全与否、服务能否连续不断地提供等信息安全问题，就成为图书馆最为关注的问题。

虽然云计算从技术上采用了数据多副本容错、计算节点同构可互换等措施来保障服务的高可靠性，且云服务提供商会对数据进行统一管理、分配资源、均衡负载、部署软件、控制安全以及

---

[1] 孙坦，黄国彬．基于云服务的图书馆建设与服务策略［J］．图书馆建设，2009（9）．

进行可靠的安全实时监测，以便提供更好的安全性，从而使用户的信息安全得到最大限度的保证。❶ 但近年来频发的云服务安全事件，典型的案例如2013年美国大型零售商Target顾客银行卡信息泄露事件、2014年大批微软客户遭遇大范围Azure服务中断事件等，却不断地向世人提出警示，当前被大肆吹嘘的云服务仍面临着信息安全问题的严峻考验。用户在体验云服务的过程中，一旦发生诸如此类的信息安全事件，其带来的后果将是毁灭性的。而图书馆作为一个视信息为生命的公益服务机构，信息安全问题显得更为重要。而今，信息安全问题仍是云服务中最为薄弱的一环，因此，它对云计算在图书馆领域的广泛应用提出了严峻的挑战。

（二）云计算环境下的著作权保护问题

图书馆是收集、整理、保存和传播知识的重要机构。要充分实现图书馆“为读者找书，为书找读者”这一宗旨，不仅需要强大的技术支撑，同时还需要著作权法作为法律保障。从知识产权的角度讲，图书馆各种文献资料都具有其特定的知识产权法律状态。它们有的可能不在知识产权法的保护范围之内，有的正在受到知识产权法的保护，享有知识产权，有的曾经享有知识产权而如今已经进入公有领域。图书馆服务中，时时处处都可能涉及一些知识产权客体的使用、传播和处分问题。❷ 这在图书馆的云服务中也不例外。云计算使图书馆管理、保存、传播和使用作品的方式发生了重大变化。在云计算环境下，图书馆中作品的管理与保存体现出数字化的特征；作品的传播和利用呈现出集中化和

❶ 王长全，艾雰. 云计算时代的数字图书馆信息安全思考［J］. 图书馆建设，2010（1）.

❷ 吴永臻. 图书馆服务中的知识产权问题［J］. 中国图书馆学报，1996（4）.

非复制性使用等特点，由此而引发许多著作权的新问题，对云计算在图书馆领域的广泛应用提出挑战。

1. 云计算环境下图书馆资源的数字化问题

如前文所述，云计算是基于互联网提供服务的，而网络上的各种资源都是以数字化的形式呈现的。图书馆若采用云计算来开展服务，其首要前提就是要将其馆藏资源进行数字化。基于数字化的低成本、海量存储、永续无损等特性，资源数字化也将成为实现图书馆保存人类文化遗产这一功能的重要途径。尽管信息资源的数字化能够极大地满足广大读者对信息的需求，但隐藏在文献资源数字化背后的则是不容忽视的著作权问题。

数字化作为一种对作品进行复制的新型技术手段❶，在其产生之初就已纳入著作权人的控制范围。因而，对作品进行数字化，若不符合《著作权法》的规定，则可能陷入侵犯著作权人复制权的困境。在云计算时代，图书馆应用云计算的第一步就是要对其馆藏资源进行数字化，既包括对“公有领域”作品的数字化，也包括对享有著作权的作品的数字化。这里，对处于“公有领域”的作品，图书馆自然有权对其进行包括数字化在内的任何操作，但就仍处于著作权法保护范围之内的作品而言，图书馆的数字化则要受到著作权人专有权利的控制。尽管基于图书馆公益性的法律地位，我国2020年《著作权法》第24条第8项❷以

---

❶ 中华人民共和国国家版权局 发布的《关于制作数字化制品的著作权规定》（国权〔1999〕45号）第2条明确规定，将已有作品制成数字化作品，不论已有作品以何种形式表现和固定，都属于《中华人民共和国著作权法》所称的复制行为。

❷ 2001年《著作权法》第22条第8项规定，图书馆、档案馆、纪念馆、博物馆、美术馆等为陈列或者保存版本的需要，可以复制本馆收藏的作品。2020年《著作权法》第24条第8项规定，图书馆、档案馆、纪念馆、博物馆、美术馆、文化馆等为陈列或者保存版本的需要，可以复制本馆收藏的作品。

及《信息网络传播权保护条例》第7条[1]分别赋予了图书馆对本馆收藏的作品进行数字化的“权利”，但这一“权利”的行使有着非常严苛的条件。首先，图书馆以数字化形式复制作品的目的仅限于为陈列或者保存版本的需要；其次，为陈列或者保存版本需要以数字化形式复制的作品，应当是已经损毁或者濒临损毁、丢失或者失窃，或者其存储格式已经过时，并且在市场上无法购买或者只能以明显高于标定的价格购买的作品。而在云计算环境下，图书馆以数字化形式复制作品的直接目的应当是通过网络向读者提供作品，且作品的范围应尽可能大，不受前述条件的限制。这显然与著作权法规定的上述条件相违背。如此一来，图书馆馆藏资源数字化所面临的著作权问题为云计算在图书馆领域的应用设置了法律障碍。

2. 云计算环境下图书馆资源共享与著作权人利益的冲突

云计算作为一项新的传播技术，正深刻地改变着图书馆的服务方式。在传统的服务模式下，图书馆一般是通过接待到馆读者或借阅图书，或依赖局域网控制等技术手段向本馆读者提供在线阅览、远程传输等方式来开展服务。在这种模式下，图书馆的服务场所和服务空间是固定的，服务范围和服务对象是狭窄的，服务内容和服务功能是有限的，因而对著作权人的利益尚未构成威胁。

然而，在云计算技术的支持下，图书馆的信息资源将事先部

---

[1] 《信息网络传播权保护条例》第7条规定，图书馆、档案馆、纪念馆、博物馆、美术馆等可以不经著作权人许可，通过信息网络向本馆馆舍内服务对象提供本馆收藏的合法出版的数字作品和依法为陈列或者保存版本的需要以数字化形式复制的作品，不向其支付报酬，但不得直接或者间接获得经济利益。当事人另有约定的除外。前款规定的为陈列或者保存版本需要以数字化形式复制的作品，应当是已经损毁或者濒临损毁、丢失或者失窃，或者其存储格式已经过时，并且在市场上无法购买或者只能以明显高于标定的价格购买的作品。

署于云端，使之传播和利用呈现出集中化、非复制性使用等特点。同时，基于图书馆处于公共信息资源的地位，每一位读者均无须付费，即可随时随地通过访问云中的图书馆而获取各类信息资源。由此，图书馆将突破现有物理图书馆和数字图书馆的局限，跨越时空的界限，将图书馆的服务延伸到图书馆的围墙以外，使任何用户都可以在任何时间和地点利用图书馆的资源。此外，借助飞速的网络技术，每一个进入云中图书馆的用户不仅可以成为作品的使用者，而且可以瞬间成为作品的传播者。云计算带来的图书馆信息资源传播方式的转变，使著作权人的利益有可能受到损害。著作权法赋予著作权人对作品的一系列专有权利，在云计算环境下将变得“脆弱不堪”，权利人所享有的许可使用并获得报酬的权利也将变成一种“期待利益”。[1] 随着云计算的介入，图书馆主导知识获取的局面即将形成，而传统图书馆时代著作权人、图书馆以及读者之间的利益均衡无疑也将被打破。图书馆信息资源共享与著作权保护之间的冲突将进一步加剧。

四、云计算环境下图书馆的未来展望

作为与传播技术结合最为紧密的领域，图书馆一直紧跟新技术的步伐，并能敏锐地发现新技术的优势及问题。云计算所具备的诸如超强的计算能力和存储空间、全面的信息资源整合与共享等优势，对于图书馆而言具有极强的吸引力。可以说，在不久的将来，云计算在图书馆领域的应用将是必然的选择。与此同时，云计算环境下图书馆所面临的信息安全问题和著作权问题却不容忽视。为此，要在云计算环境中构建未来的数字图书馆，则必须

[1] 颉艳萍，王红．云计算环境下的图书馆与著作权保护［J］．图书情报工作，2011（17）．

采取一定的措施，解决其所存在的问题。

（一）完善著作权合理使用规则，为图书馆向“云端”迈进扫除法律障碍

如上文所述，图书馆馆藏资源的数字化以及图书馆资源共享与著作权人利益之间冲突等著作权问题，严重制约着图书馆向“云端”迈进的步伐。审视当前我国《著作权法》为图书馆所设定的合理使用条款，不难发现，其规定的适用条件极为严苛，适用范围狭窄，远不能满足云计算环境下图书馆对作品的数字化需求。因此，有必要对我国关于图书馆合理使用的条款作进一步修改完善。在法律条文的具体设计上，应当适当放宽图书馆数字化作品合理使用的条件，允许图书馆基于陈列、保存版本、实现信息流通和促进文化发展的需要而可以对作品进行数字化的合理使用。首先，应允许图书馆将其馆藏作品数字化，并在馆内提供给读者利用。其次，应允许图书馆制作公开馆藏作品的全文检索数据库，使利用者可以通过网络获得作品的摘要，但为了保护著作权人的著作权，不得提供全文下载。对于利用人而言，此举可以增加搜寻文献的便利性与完整性，对于著作权人而言，则能够增加作品被利用的机会。[1] 唯有如此，才能为推进云计算在图书馆领域的应用提供法律保障。

（二）完善信息安全技术，增强图书馆自身的安全防范能力

从技术的角度讲，信息安全问题仍然是云计算技术最为薄弱的一环。究其原因，这一方面源自技术发展本身的限制；另一方面更多的则是来自人为的风险。为此，云计算服务提供者应积极

---

[1] 熊琦. 网络授权使用与合理使用的冲突与竞合［J］. 科技与法律，2006（2）.

推进云计算及安全标准的制定，以求增强互操作性和安全性，不断加强对保障数据安全的技术进行研究和完善，采用目前最为先进的虚拟化海量存储技术[1]来管理和存储数据资源，以应对信息灭失风险，同时加强基础设施建设，以应对信息服务中断风险。在资源存储环节上，图书馆应有区别地选择资源存储的位置。一方面，可以将馆藏资源部署在云存储服务提供商的服务器中，以降低图书馆人力与财力资源的投入。另一方面，对于馆藏重要资源，图书馆则必须自行备份，以防止由不可抗力等因素而造成的关键数据不可恢复情形发生。对此，图书馆需要制定清晰的关键数据认定规则，并及时更新备份数据。[2] 此外，作为云服务的接受者，图书馆及其工作人员自身也应加强信息安全意识，加强安全监视，采用数字加密、数字权利管理系统（DRM）等技术保护措施对作品进行保护。与此同时，图书馆还可以将私有云和公共云通过设立不同的权限加以区分，并采用统一认证的方式控制用户对云中资源的访问，以达到保护云中的数据，防止用户过度或非法使用信息的目的。

（三）以合同为纽带，以技术措施为工具，建立合理的著作权利益分配机制

平衡是现代著作权法的基本精神。著作权法所体现、所追求的目标之一就是利益平衡。[3] 史上历次新技术的运用无一不打破著作权领域的利益平衡，迫使著作权法不断修正自身以追上技术

---

[1] 王迪，薛巍，舒继武，沈美明．海量存储网络中的虚拟盘副本容错技术［J］．计算机研究与发展，2006（10）．

[2] 孙坦，黄国彬．基于云服务的图书馆建设与服务策略［J］．图书馆建设，2009（9）．

[3] 吴汉东．著作权合理使用制度研究［M］．北京：中国人民大学出版社，2013：211．

发展的脚步。此次云计算技术的诞生也不例外，云中“数字化”的基本特征使传统著作权保护的地域性限制荡然无存，它与图书馆的结合，更是使便捷、快速、个性化的作品数字化复制和传递成为可能，著作权领域的利益平衡再次被打破，权利人面临着难以保护其作品权利的困境。云计算从开始就是作为一种商业解决方案应用的，其核心是产业分工，必然导致利益链条结构的重组和权益分配机制与模式的创新。[1] 在面临云计算技术冲击的情况下，著作权法实际上处于滞后的状态，还未能形成有效的利益协调机制。在这种情况下，如何在促进作品传播的同时保护好著作权人的著作权，就成为云计算技术大面积推广运用的关键。由于目前的著作权法尚未回应新兴技术，以立法的方式重构利益分配机制还需要一个过程，因此，目前图书馆和著作权人在面对云计算技术时要更多的倚重于合同法和技术保护措施的采用。图书馆和著作权人通过合同约定好双方的权利义务关系，明确图书馆使用著作权人作品的方式和使用程度，这样图书馆就能够实现云计算环境下对作品的有效利用，避免法律风险，著作权人也能够实现作品传播推广的目标。通过技术保护措施的采用，图书馆能够有效地防止作品被未经授权的人获取，著作权人也能够在云计算环境下控制作品的传播，获得市场利润。因此，只有有效利用合同法和技术保护措施，各方通力合作，才是云计算环境下共赢的最佳方案。为此，以合同为纽带，以技术措施为工具，促进著作权人、图书馆与云计算服务商的三方合作，建立新技术环境下的著作权利益分配机制，既能有效地维护各方的利益，也能加强彼此之间的约束。

---

[1] 秦珂．云计算、图书馆和著作权［J］．河南图书馆学刊，2013（12）．

五、结　　语

随着云计算的发展，图书馆正处于大变革的时期。云计算具备提升图书馆资源建设与服务提供能力的优势，对图书馆未来的发展将会起到重要的推动作用。与此同时，为了更好地建设云计算环境下的图书馆，诸如信息安全与著作权等问题仍亟须解决。唯有突破此技术瓶颈和法律难题，未来的图书馆才能真正以“云” + “端”组合的形式而存在，促进作品的广泛传播，造福于人类社会文化进步。应对云计算环境下图书馆所面临的挑战，一方面，需要加强图书馆与著作权人、云服务提供商的交流与合作，通过合同法明确约定主体之间的权利义务关系，避免法律风险；另一方面，更为重要的是要促进技术与法律的结合，通过有效的法律制度设计兼顾著作权人与社会公众的利益，促进云计算技术的进一步运用。

第四章　谷歌数字图书馆的合理使用分析与启示

一、引　　言

2004年，谷歌公司积极与出版商洽谈合作事宜，并于10月在德国法兰克福书展中公布了谷歌出版（Google Print）计划。至12月，谷歌公司进一步公布了备受瞩目的谷歌图书馆（Google Library）子计划，试图与哈佛、纽约、牛津、密歇根及史丹佛等世界五所著名大学的公共图书馆合作扫描馆藏图书，以建立全世界最大的数字图书馆。谷歌数字图书馆的建设，不仅有助于再现、保存和传承几千年来被尘封在书本等物理载体中的人类文明精华，而且为读者提供了共享人类知识宝藏的捷径，其重要性不言而喻。然而，随着谷歌数字图书馆规模及所涵盖藏书范围的扩大，扫描图书所涉及的版权问题日益凸显，谷歌数字图书馆一时成为众矢之的，备受争议，谷歌公司也因此屡陷版权诉讼的泥潭。

谷歌数字图书馆争议之焦点在于其扫描图书的行为是否合法？对此问题的分析，对于推进谷歌数字图书馆建设乃至明确整个图书馆业未来的发展方向具有重要意义。有鉴于此，笔者拟从对与谷歌数字图书馆争议相类似判例的分析着手，梳理司法实务中已有关于合理使用判例的见解，以此为基础对谷歌数字图书馆所涉合理使用之问题进行全面客观的分析，以期从中得到启示，为我国著作权法的完善以及图书馆事业的发展提供参考。

二、谷歌数字图书馆的运作原理

谷歌数字图书馆基于数字技术和网络技术的发展与融合，使用光学字符识别技术，将图书通过扫描转化成机器可读的文本，并存储在其服务器中供用户进行关键词检索。谷歌的搜索引擎会根据用户的检索词显示出相关书本的书单结果，在点击某一搜索结果之后网页就会显示该书的相关信息。在该网页中还有链接可以让用户转到销售该书的网上书店或藏有该书的图书馆，但在该网页中不存在任何广告。值得注意的是，谷歌公司并没有向用户提供整本书的阅读或下载，它还使用了严格的技术措施来防止用户浏览书本的其他内容。[1]

谷歌数字图书馆所涵盖的图书主要有三个来源途径。“谷歌图书伙伴计划”（Google Partnership Program）是其第一个主要来源，即通过与出版商洽谈合作获得图书授权；第二个主要来源是与世界著名大学的公共图书馆合作的“谷歌图书计划”（Google Library Project）；第三个图书来源则是指拥有作品著作权的个别作者自行与谷歌合作，向其提供图书。

谷歌数字图书馆对图书内容的显示方式因所涉图书有无获得授权而有差异。大致可以分为以下四种显示方式：一是对年代久远，超出著作权保护期的图书，因其已落入公共领域而提供全文

[1] 阮开欣．美国版权法新发展：谷歌数字图书馆构成合理使用——评作家协会诉谷歌公司案判决［J］．中国版权，2014（1）：58.

显示；二是对仍在著作权保护期之内，但因获得著作权人授权而可以在线显示图书的部分或全部内容；三是对于尚未获得著作权人授权或者无法联系到著作权人的版权图书，则只显示诸如书名、作者、出版社等版权信息及与查询关键词相关的片段信息；四是对作者已明确表明不允许谷歌扫描检索的图书，则仅显示与图书有关的版权信息。

三、谷歌数字图书馆计划引起的版权争议

2004 年，谷歌公司对外宣布了一项计划，名为谷歌图书搜索计划（Google Book Search Project）[1]，计划通过扫描各大图书馆以及公众的图书，拟建立世界上最大的数字图书馆。这一行为引发巨大的法律争议，其中关键在于谷歌的行为是否符合合理使用原则。谷歌方面称，实施数字图书馆项目是出于公益考虑，希望能拓展人类知识的疆界，并不打算用它来赚钱。尽管谷歌数字图书馆计划的初衷值得肯定，但随着谷歌数字图书馆所涵盖的藏书范围越来越大，其扫描图书涉及的版权问题也日益凸显，以致该项计划的实施产生了巨大的争议。

反对谷歌数字图书馆计划的美国作家协会认为谷歌的做法“是明白且厚颜无耻地违反著作权法。除了作者，也就是这些著

---

[1] Amended Settlement Agreement, The Authors Guild, Inc, Association of American Publishers, Inc, et al, v. Google Inc.,（No. 05 CV. 8136（DC)), art. 1. 64. “Google Book Search,” or “GBS,” means the program（s）pursuant to which Google, having Digitized works obtained pursuant to the Google Partner Program, the GLP or other means authorized by the Book's Rights holder or the Registry（or having obtained works in Digitized form through such programs or other means authorized by the Book's Rights holder or the Registry), transmits Online（a）information about such works and（b）portions of, and in some cases all of, the Digitized works, whatever such program（s）may be called by Google from time to time.

作权的合法所有人之外，谷歌或任何人都无权决定他们的作品能否和如何被复制”[1]。德国权利人团体更认为“Google 将他们的出版作品数字化，形同剽窃和仿冒”。更有甚者，法国政府直接出面抨击，指责“Google 数字图书馆计划不仅不符合知识产权法，而且对文化多样性构成威胁”。当然，尽管反对之声不绝于耳，谷歌数字图书馆计划也不乏推崇者。密西根大学图书馆代表就认为“这项计划能让百万的绝版书籍重见天日”。德国汉堡地方法院也认为：“Google 的片段（Snippet View）显示方式看不出来对著作权有任何侵害，法院也不认为片段的搜寻结果可以把一本书完整拼凑起来。”2005 年，美国作家协会（AG）与美国出版商协会（AAP）率先对谷歌提起集体诉讼，指控谷歌未经授权扫描整本图书侵犯了作家的版权。2006 年，法国作家协会（SGDL）等团体以“谷歌在其网站中使作品可读而获取广告收入，未向作者和出版社支付报酬”为由起诉谷歌侵犯版权。同样，在中国，谷歌公司的行为也遭到了中国版权相关协会和作者的强烈反对。但是，对于是否侵权，谷歌公司始终坚持其行为不构成侵权。2009 年 9 月 27 日，中国文字著作权协会公布《致广大著作权人通知书》，公布了美国作家协会和美国出版商协会与谷歌达成的初步和解协议，提醒广大作者查看自己的作品是否被收入谷歌数字图书馆，为维护自身合法权益做准备。2009 年 11 月 2 日，谷歌与中国文字著作权协会举行首次会谈，开始建立正常的沟通渠道。在该次会谈中，谷歌图书搜索战略合作部亚太区首席代表埃瑞克·哈特曼承认“图书馆扫描计划未经包括中国作家在内的任何人授权”，但并不承认其行为构成侵权。2009 年 11 月 20 日，谷歌与中国文字著作权协会举行第二次会谈，并取得

---

[1] 美国作家协会控告 Google 侵犯著作权［EB/OL］.（2020－01－05）［2021－03－20］. http：//www. ok315. cn/list_news. asp？ id＝7514.

一定进展，主要成果为谷歌方面同意提供其所收录的中国图书清单，但是，在是否侵权这一核心问题上，双方仍然存在分歧。

在版权纠纷面前，谷歌同意进行和解，但是坚持认为其行为构成合理使用，不存在侵权。2008 年，经过三年的协商与谈判，众多作者和出版商以及美国作家协会与美国出版商协会就谷歌未经授权即对图书进行数字化一案同谷歌公司达成初步和解协议。根据该和解协议，谷歌同意支付 1.25 亿美元以化解悬而未决的索赔案，同时设立独立的版权登记机构，负责分配数字图书馆的销售收入和广告盈余，以回馈相关的作者和出版商。据此，被侵害的版权人如果同意和解，则可向谷歌要求现金赔偿，对每本图书谷歌将至少赔偿 60 美元，同时，对于其后续使用，谷歌将拿出销售收入的 63% 作为使用费支付给版权人，但这以权利人主动提交权利声明为前提，权利人可选择让其继续使用或者要求其删除图书；如果不同意和解，相关权利人则可以提起诉讼以维护自己的权利。

尽管谷歌提出了和解协议，但是，有待解决的问题是，谷歌的这一行为是否符合版权法上的合理使用原则。毫无疑问，假如谷歌的行为符合合理使用原则，那么这种和解协议不过是谷歌给予版权商的一种补偿，带有抚慰的性质，谷歌的行为是合法的，但为了息事宁人，补偿一部分钱给版权商。而假如谷歌的行为不符合合理使用原则，该和解协议即便合法，谷歌公司也不能够继续未经授权地扫描他人整本图书。可见，谷歌公司的行为是否符合版权法合理使用原则是问题的关键。

透过众说纷纭的各方意见，谷歌数字图书馆计划引发版权争议的焦点在于：谷歌公司自行扫描他人图书并将其纳入谷歌数字图书馆，以供用户检索、在线浏览阅读或下载的行为是否侵犯了版权人的利益，该行为是否构成版权法上的合理使用，假如该行为构成版权合理使用，则其就不构成侵权；如果该行为不构成版权合理使用，则就是一种版权侵权行为。基于上文所述，依据谷歌数字图书馆扫描图书的类型可知：对于第一类已超出著作权保护期的图书，因其已落入公共领域，谷歌数字图书馆无论以何种方式对该类图书进行利用，都不可能引发版权争议；对于第二类仍在著作权保护期之内的图书，谷歌公司因已获得著作权人授权，因而其扫描并提供该类图书的行为自然也不存在争议。由此可见，谷歌数字图书馆计划所引发的版权争议主要集中在第三类图书，即尚未获得著作权人授权或者无法联系到著作权人的版权图书。

那么，谷歌未经著作权人许可，擅自扫描并片段显示第三类图书内容的行为是否构成著作权侵权行为？谷歌能否援引版权合理使用制度进行抗辩呢？为此，理解合理使用制度内涵及其判断标准就至关重要。

四、谷歌数字图书馆的推崇者与敌视者：合理使用之争

谷歌数字图书馆是以数字化格式存储，可用计算机访问的图书馆。其优点在于便于读者迅速地查找到自己想要的图书资料。然而，就是这个似乎即将能为全世界读者带来福音的图书馆，自其产生之日起便备受争议，引发了旷日持久的版权之争。针对谷歌数字图书馆计划，国内外人士意见不一，立场各异，概括而言可分两派：一派为全力支持谷歌数字图书馆计划者；另一派为极力反对谷歌数字图书馆计划者。同时，综览各界人士对谷歌数字图书馆的观点，不难发现，他们之间的争辩主要集中于谷歌数字图书馆是否构成合理使用。

出版商认为，谷歌不征得作者本人和出版商的同意就将图书

扫描并通过互联网向用户提供，构成了对著作权的侵犯，指责谷歌“盗窃”全球文化成果，想“垄断”数字图书市场。其指出，谷歌公益性的外衣不能掩盖其商业模式，“此图书馆非彼图书馆”❶。此项目可为谷歌带来巨大经济利益。相比之下，那些拥有作品版权的人只能从该计划中分得很少一杯羹或什么都得不到。谷歌数字图书馆置版权人利益于不顾，大量复制版权作品，之前未经许可，这种全文复制范围过大，超出了版权法合理使用所许可的范围，作为检索回应的片段可能对作品市场造成影响，亦使作者失去加入其他类似计划的机会，不属于合理使用。❷

然而，支持谷歌图书馆者却提出了针锋相对的观点。其认为谷歌数字图书馆计划旨在将书籍数字化后建立全文索引上传于网络，对信息进行编译后，索引数据库则可将信息引至信息源。这不仅打破了图书查找时的时间地域限制，加快了人们获取图书等文字资料的速度，而且有利于图书的保存，由此，图书等文字资料的保存年限得以无限延长。就合理使用而言，许多学者主要是依据现行《美国版权法》第 107 条的合理使用条款及已有案例来进行分析的。其中支持者认为谷歌扫描与复制行为与凯丽诉艾瑞巴软件案（Kelly v. Arriba Soft Corp）中艾瑞巴软件（Arriba Soft）搜索引擎使用凯丽（Kelly）摄影师照片的行为性质相同，对图书数字副本的使用不会替代原始作品，不对原始作品价值与市场造成伤害，并认为谷歌数字图书馆有益于文化进步，有益于提高

❶ 默多克联手微软维权，数字图书馆让谷歌四面楚歌［EB/OL］.（2020 - 06 - 05）［2021 - 05 - 20］. http://www.chinanews.com/it/it - itxw/news/2009/11 - 24/1981195.shtml.

❷ Lichtm an D. Copyright as in formation policy: Google Book Search from a law and economics perspective［EB/OL］.（2021 - 01 - 05）［2021 - 09 - 20］. http://papers.ssrn.com/sol3/papers.cfm? ab stract_ id = 1472167.

作者与出版商的名誉与声誉。[1]

可见，谷歌数字图书馆引发了巨大的争议。合理使用问题本来就是版权法中最为难以理解和判断的问题，而谷歌数字图书馆这类因科技发展而引发的事件，在合理使用的判断上则更显困难。支持者和反对者都依据合理使用原则，作出有利于自己的解释。但是，依据的理由并不充分，很大程度上是基于个人感情和直觉的判断。那么，究竟如何去判断谷歌数字图书馆行为的性质呢？笔者认为，解决问题之道还在于回到合理使用原则的基本精神和判断标准上，以合理使用原则逐个分析谷歌数字图书馆的行为，方能得出理性和正确的结论。

五、版权合理使用原则的内涵及其判例研究

合理使用是各国版权法的通行制度，也是版权理论与实务研究中的一个最易引起争议而又难以为人理解的规则。在探究谷歌能否援引合理使用制度进行抗辩之前，对美国版权法上的合理使用规则予以充分认识尤为必要。

版权之所以被设计为一种权利制度，其实质在于给作者提供创作的诱因，使作者获得制度上的奖赏以刺激其创作，最终目的则是使社会智慧成果更加丰富，增进整个社会的福祉。由此，版权的过度保护，则会扼杀而非增进人类的创作和智慧成果的增加。为了避免过度保护以致产生“独占所产生的剥削”这种不良后果，合理使用制度应需求而生，成为限制版权独占控制的重要机制之一，其目的在于为他人的创作或利用作品提供自由空间，以兼顾公共利益及私人利益。基于美国特有的“法官造法”

[1] Band J. The Google Print Library Project：Fair or Foul？［J］. Journal of Internet Law，2005，9（4）：11－13.

机制，其合理使用的内涵主要是在诸多判例见解的基础上形成的。为此，为准确把握美国合理使用的判断标准，需要对美国司法实务中适用合理使用制度的判例进行整理与剖析。

《美国版权法》第107条规定了四个判断合理使用的参酌要素：（1）利用行为的目的和性质；（2）被利用作品的性质；（3）被利用部分的质量及其在整个作品中所占的比例；（4）利用行为对被使用作品潜在市场或价值的影响，[1] 这被认为是判断合理使用是否成立的主要标准。但是，以上四要素并非判定合理使用的唯一标准。实际上，在美国司法实务中，法院都尽可能避免僵化套用以上四个要素来审理案件。通过对近年来美国坎贝尔（Campbell）案[2]、凯丽（Kelly）案[3]、菲尔德（Field）案[4]以及珀费克特10（Perfect10）案[5]这几个关于搜索行为合理使用判决文书的整理与分析，法院在运用以上四个要素对案件进行分析时，基本上遵循了以下思路：（1）对于合理使用的判定不限于以上四个要素的判断；（2）不预设以上四个要素的权重，而是在个案分析基础上，综合所有要素并依据著作权法立法目的来做整体衡量；（3）被诉侵权人对他人作品的商业性使用仅是一个在判断上不利于构成合理使用的要素，而不能仅因被诉侵权人对作品的使用是商业性使用即认定其不构成合理使用；（4）被诉侵权人对他人作品的全文复制也仅仅是不利于合理使用的认定，其并未完全排除合理使用的适用；（5）在具体判定合理使用时引进“转化性使用”这一概念来辅助判断，所谓“转化性使

---

[1] U. S. Copyright Act，17 U. S. C. §107.

[2] Campbell v. Acuff－Rose Music，Inc.，510 U. S. 569（1994）.

[3] Kelly v. Arriba Soft Corp.，336 F. 3d 811（9th Cir. 2003）.

[4] Blak A. Field v. Google Inc.，412 F. Supp. 2d 1106（2006）.

[5] Perfect10，Inc. v. Amazon. com，Inc.，487 F. 3d 701（9th Cir. 2007）.

用”，主要是指对他人作品的使用如果是以更进一步的目的或新的性质，加入了新的东西，改变产生了新的表达方式、新的意义或新的讯息，那么该使用则被认定为具备转化性。对他人作品的使用越是具备转化性，则对其不利的其他合理使用判断要素（诸如商业性使用）也就越无关紧要。[1] 实质上，“转化性使用”似乎已成为美国法院判定合理使用最为重要的判断要素。与本书研究的谷歌数字图书馆案有较高关联度的菲尔德案便是典型例证。

在菲尔德案中，被告谷歌利用谷歌机器人（Googlebot）软件预先将网络中网页上的内容予以复制并暂存于其数据库中，以提高网络搜索引擎的检索速度。当用户发出搜索指令后，谷歌则在其自有的数据库中先行搜索，尔后向用户提供搜索结果，此时其搜索结果页面会显示出两个链接，一个链接可连接至用户欲搜索内容的原始页面，另一个链接则可连接到谷歌预先予以存储的数据库之中。2004 年，原告布莱克（Blak）向法院提起诉讼，主张谷歌预先复制并暂存其发布在网页上的 51 篇小说侵害了其复制权与传播权。法院受理该案后，对以上四个要素逐一予以分析，并在做了整体衡量的基础上认为，谷歌所提供的搜索引擎服务，因其具备了让用户得以获取网络资讯的新功能而具备了高度的转换性，即使谷歌对原告网页上的内容进行了全部复制与存储，但由于此种全部复制与存储为实现上述转化性功能所必须，且谷歌搜索引擎服务旨在为用户提供搜索结果信息，而无意于取

---

[1] “Although such transformative use is not absolutely necessary for a finding of fair use, the goal of copyright, to promote science and the arts, is generally furthered by the creation of transformative works. Such works thus lie at the heart of the fair use doctrine's guarantee of breathing space within the confines of copyright, and the more transformative the new work, the less will be the significance of other factors, like commercialism, that may weigh against a finding of fair use.” Campbell v. Acuff – Rose Music, Inc. 510 U. S. 569 (1994), at 579.

代原始网页，不会损害原告作品的销售市场，因而认定谷歌构成合理使用。可以说，菲尔德案的判决结果等同于确立了搜索行业的显示特定搜索结果的复制行为具备合理使用的法律特权。[1]

六、谷歌数字图书馆的合理使用分析

根据上文所述谷歌数字图书馆的实施方案，谷歌数字图书馆计划所引发的争议与菲尔德案极为相似。那么，谷歌数字图书馆的行为是否构成版权法上的合理使用呢？我们可以依据上述案例的裁判思路，对谷歌数字图书馆的行为进行合理使用的分析。

（1）使用行为的目的和性质。与菲尔德案中谷歌为提高搜索引擎的检索速度而全部复制网页内容的行为相类似，谷歌数字图书馆则是事先将实体图书馆中的藏书进行数字化并存储在服务器中以供用户检索查询。从使用目的上来看，谷歌数字图书馆扫描并显示作品的目的在于建立一个信息搜索平台，而完全有别于提供原作的阅读目的。因为谷歌数字图书馆仅是以片段信息的方式显示该计划中受争议的第三类作品，此种显示方式提供的作品内容极不完整，远达不到使公众能够阅读原作的目的。相反，谷歌数字图书馆对作品的使用能够帮助公众了解图书相关信息、图书存放的具体位置以及购买途径，便利了图书信息的流通，降低了公众购买相关图书的交易成本，完全符合菲尔德案中关于转化性使用的定义。就此而言，谷歌数字图书馆对作品的使用具备高度的转化性，因而对于这一要素的判断有利于其构成合理使用。

（2）被使用作品的性质。如前所述，谷歌数字图书馆所涵盖的图书主要来源于世界著名大学的公共图书馆或出版社。由此

---

[1] Jonathan Band, "Google and Fair Use" 3 J. Bus. & Tech. L. 1, 2 (2008), at 10

而知，这些作品都已公开出版、发行。然而，能典藏在著名图书馆或由出版社公开出版发行的图书，应该不同于电话簿、地图之类的事实性作品，而或多或少具备一定的独创性。由此，这一要素稍不利于谷歌数字图书馆构成合理使用。

（3）被使用部分的质量及其在整个作品中所占的比例。通常来说，复制他人作品的内容越多，则构成合理使用的可能性越小。但正如前文总结美国法院的裁判思路所揭示的，全文复制只是不利于合理使用的认定，其并未完全排除合理使用的成立。根据坎贝尔案中法官的见解，如果一种使用行为具备高度的转化性，则不能够仅仅关注于所使用的质量以及比例，而应当考察使用的质量和比例是否为转化性使用所必需。[1] 从搜索引擎的运作原理来讲，谷歌必须将整本著作数字化并存储在其服务器中，才能识别亿万用户提交的关键词，进而提供检索结果，否则，如果仅是扫描并存储著作的部分内容，则会导致搜索引擎功能的失效。由此可见，对于图书的全文扫描实乃谷歌数字图书馆为实现搜索这一功能所必需。因此，谷歌数字图书馆对于图书的全文复制，并不必然排除合理使用的成立。

（4）使用行为对被使用作品潜在市场或价值的影响。一般来说，对这一要素的判断，就是要分析谷歌数字图书馆的存在是否存在取代原作销售市场的可能性，这种可能性越大，则越不利于其构成合理使用。如前所述，构建谷歌数字图书馆的目的在于建立一个方便公众检索图书信息的信息搜索平台，它仅作为一个信息检索工具而存在，并不具有供公众全文阅读作品的功能。谷歌所提供的检索结果可能会包含图书的片段信息，但这种片段信息的显示是随机的，它会随着用户检索关键字的不同而随时更

---

[1] 姚鹤徽．谷歌数字图书馆的著作权合理使用问题研究［J］．图书馆工作与研究，2015（1）：47．

换，仅会显示作品极为有限的片段内容，因而不足以也不可能取代原作的销售市场。相反，谷歌数字图书馆会在其检索结果页面提供原作的存储位置、购买途径等信息，从而有利于公众购买作品，降低交易成本，增加作品的销售机会。

综上，通过对谷歌数字图书馆进行四要素的检验分析可知，以上四要素中仅有一项要素不利于谷歌，而由于谷歌数字图书馆对他人作品的使用产生了新的功能，因而具有高度的转化性，能产生巨大的公共利益，符合著作权法促进科学艺术发展的目的。据此，谷歌数字图书馆计划应被认定为合理使用。2013 年 11 月 14 日，纽约南部地区联邦法院对作家协会诉谷歌公司案所作出的裁定就体现了上述观点。在该裁定中，丹尼（Danny Chin）法官表示，谷歌数字图书馆提供基本的搜索工具，具备显著的转化性，不仅有利于图书的保存，而且还能为公众带来极大的便利。此外，谷歌并不直接销售扫描的图书，也没有向用户提供书籍的完整版，不会取代原作的销售市场，相反，谷歌数字图书馆具有帮助读者寻找新书，为作者带来新的收入的作用。因而谷歌数字图书馆计划构成版权法下的合理使用。[1] 尽管此项裁定并不能保证谷歌在与作家协会的较量中最终胜出，但是这一裁定预示着谷歌诉讼案正朝着好的方向发展。[2]

七、谷歌数字图书馆对我国著作权法完善的启示

虽然谷歌数字图书馆在美国已经取得了阶段性的胜利，但由

---

[1] Author's Guild, Inc. v. Google Inc. 2013 WL 6017130（S. D. N. Y. ）.

[2] 法庭认定 Google 图书扫描属于合理使用［EB/OL］.（2020－11－05）［2021－09－20］. http：//copyright. las. ac. cn/news/6cd55ead8ba45b9agoogle56fe4e66626b63cf5c5e4e8e540874064f7f7528.

于中美两国有着不同的法律环境，谷歌数字图书馆所引发的版权争议如果发生在中国，则可能会得到不同的法律结果。具言之，美国是以开放式的立法确立了合理使用的判断标准，弹性空间较大，因而对于合理使用的认定具有灵活性；而我国2001年著作权法关于合理使用的规定采取的是“列举式+穷尽式”的方法，能够援引合理使用进行抗辩的情形仅限于2001年《著作权法》第22条所列举的12种情形，以及《信息网络传播权保护条例》规定的几种情形。即便我国在2020年对著作权法进行了修正，然而2020年《著作权法》第24条依然是封闭性质的条款，只有在第24条所列举的情形，才有可能运用三步检测法以及认定为合理使用行为。因此，依照我国《著作权法》有关合理使用的规定，谷歌数字图书馆显然不能构成合理使用。我国2020年《著作权法》第24条第8项规定，“图书馆、档案馆、纪念馆、博物馆、美术馆、文化馆等为陈列或者保存版本的需要，复制本馆收藏的作品”属于合理使用。谷歌数字图书馆虽具有陈列或保存版本的需要，但由于其所复制的是其他图书馆馆藏作品，因而不属于该项规定的情形，不能构成合理使用。再者，《信息网络传播权保护条例》第7条关于图书馆合理使用情形的规定[1]，对谷歌数字图书馆也不适用，因为谷歌所扫描的图书并非全都是已经损毁或者濒临损毁、丢失或者失窃，或者其存储格式已经过时，并且在市场上无法购买或者只能以明显高于标定的价格购买

[1] 《信息网络传播权保护条例》第7条规定：“图书馆、档案馆、纪念馆、博物馆、美术馆等可以不经著作权人许可，通过信息网络向本馆馆舍内服务对象提供本馆收藏的合法出版的数字作品和依法为陈列或者保存版本的需要以数字化形式复制的作品，不向其支付报酬，但不得直接或者间接获得经济利益。当事人另有约定的除外。前款规定的为陈列或者保存版本需要以数字化形式复制的作品，应当是已经损毁或者濒临损毁、丢失或者失窃，或者其存储格式已经过时，并且在市场上无法购买或者只能以明显高于标定的价格购买的作品。”

的作品。据此，谷歌公司构建数字图书馆的行为在我国极有可能被认定为侵权行为。

其实，谷歌数字图书馆未来在我国可能遭遇的尴尬，也从另一个侧面反映了我国著作权立法的僵化和缺陷。与技术不断更新发展的速度相比，我国著作权立法明显具有滞后性，以致我国著作权法在搜索引擎领域仍为空白状态，而这将非常不利于我国数字图书馆事业的发展。数字技术和网络技术已经引领我们步入电子阅读时代。当我们渐渐习惯利用搜索引擎作为知识发现的门户并使之成为我们获取信息的主要渠道时，我们面临着新的问题：网络信息具有不确定性，搜索引擎带给我们的信息鱼龙混杂，真实性和权威性远不及报刊图书，而谷歌数字图书馆计划的实施将极大地改善互联网上信息的质量和数量，这些来源于世界著名大学图书馆和出版社的资源是系统化、结构化的信息源，可信的程度高，这个计划的实施能真正实现阮冈纳赞“为人找书，为书找人”的理想。[1] 因此，谷歌数字图书馆计划的影响将是深远的，数字图书馆的建设也必将是未来图书馆发展的方向。

2009 年 9 月，欧盟在布鲁塞尔提出的联合声明中就强调了加快图书馆数字化进程的重要性，认为一国的图书馆数字化进程太慢，那么该国的文化将在未来深受其害。图书馆数字化进程事关新一代文化发展的基础。[2] 然而，与其他国家为筹建数字图书馆而大刀阔斧地进行改革相比，我国构建数字图书馆的行动稍显拘束。一方面，著作权是数字图书馆建设过程中不可逾越的壁垒。先授权后使用的著作权规则，以及我国著作权法对图书馆适用合理使用规定较为严苛的条件，严重阻碍了数字图书馆建设的

---

[1] 肖冬梅. 谷歌数字图书馆计划之版权壁垒透视［J］. 图书馆论坛，2011（6）：287.

[2] 赵怀忠. 谷歌“侵权门”事件解析［J］. 当代传播，2010（5）：56.

进程。另一方面，我国著作权法明显滞后于技术发展的脚步，缺乏对搜索引擎领域合理使用条款的规定，从而不能为数字图书馆的建设提供足够的法律保障。

为此，即便我国著作权法已经进行了第三次修正，然而在合理使用的适用问题上还应积极探索适宜数字图书馆生存发展的法律规则，为我国数字图书馆的建设扫除法律障碍。具体来说，合理使用作为对著作权侵权的一种抗辩，可以为数字图书馆提供最坚实有效的法律保障。在这方面，美国关于合理使用四要素的规定值得我们借鉴。我国不妨在《著作权法》中引入美国关于合理使用判断的四要素，作为合理使用判断的原则性条款。即在第 24 条增设第二款，规定除第一款所列情形外，对于作品的利用行为是否构成合理使用，可以以下事实作为考量因素：（1）利用行为的目的和性质；（2）被利用作品的性质；（3）被利用部分的质量及其在整个作品中所占的比例；（4）利用行为对被使用作品潜在市场或价值的影响。这样便可使我国对于版权合理使用的判断更具弹性和灵活性，也能进一步增强我国《著作权法》应对技术挑战的能力。此外，为适应我国关于合理使用“列举式”的立法模式，可以考虑为数字图书馆的建设单独设置一种合理使用情形。即在第 24 条增设一项规定：我国图书馆为构建检索型数字图书馆，扫描他人作品并存放在其服务器中，仅向公众提供作品的版权权利信息和作品目录、摘要、与搜索关键字有关的少部分作品内容预览信息的，属于合理使用。

八、谷歌数字图书馆版权纠纷的解决之道——合作共赢

谷歌数字图书馆侵权事实已定，如何解决这一纠纷显得尤为

重要。为此，谷歌方推出了谷歌数字图书馆和解协议，但未能尽如人意，甚至更进一步地激化了各方的矛盾。

纵览谷歌数字图书馆和解协议，其最具争议的条款当属关于现金赔偿的规定。根据该和解协议，未经其同意而其作品已被谷歌扫描收录了的版权人如果同意和解，则可向谷歌要求现金赔偿，对每本图书谷歌将至少赔偿60美元，同时，对于其后续使用，谷歌将拿出销售收入的63%作为使用费支付给版权人。对此，有的人认为，“60美元”是不是太便宜了？关于这个问题，我们先来算一笔账。该案发生时，据统计，全球书目数据库里列出并被收藏的有3200万册图书，分布在全球2.5万家图书馆内，要对这些装订好的书本进行逐页人工扫描所需耗费的精力可想而知；另外，有人曾按照一本300页的图书数字化需要耗费30美元计算，完成这个项目可能需要耗费近10亿美元，这同样是令人震惊的数字。由此，60美元的赔偿额确实比较低，但如果要求更高的赔偿额，谷歌将支付不起，其他公司就更加没有如此雄厚的实力来实现这个伟大的计划了，那么结果就是数字图书馆计划不得不终止，全世界读者满怀的期望落空。

谷歌数字图书馆虽涉嫌侵权，但与其执着于无意义的争辩和批评，不如寻求令各方都能满意的解决方案。对于谷歌方推出的和解协议，虽显霸道，却也不至于没有任何商量的余地，各方不妨心平气和地好好协商。对于备受争议的现金赔偿标准，我们可以根据被收录作品的长短、质量及其市场价值以重新确定一个版权人能接受、谷歌能承受的标准。这对于促进和解可谓至关重要。

综上，与一直深陷于维权成本高、赔偿数额低的诉讼之中相比，和解未必不是另一种解决纠纷的最佳方式。正如美国知名作家、美国作家协会前主席斯科特·杜罗所言，以协商的形式解决谷歌和作家的版权争议，这有助于保护文字创作者利益并推动知识的传播。尽管他强烈反对谷歌最初（未获准许便扫描书籍）的做法，但他相信双方能通过理性的协商解决问题，这将能带来长远的利好，不光是知识产权的保护，也有助于文化传播。❶ 我国清华大学网络行为研究所副所长李旭也表示，“希望谷歌公司和中国作家之间能够达成和解，前者能够获得后者的补充授权，后者能够得到前者的合理补偿，这对纠纷本身而言是最经济、最完美的解决方式”❷。

九、结　　语

谷歌数字图书馆虽然是一项造福人类的伟大计划，但各国的法律绝不允许被践踏，对作者与出版商的版权的保护，也绝不容忽视。诚如微软公司前董事长比尔·盖茨所强调的，“要在某一个国家经营业务，就必须遵守这个国家的法律”❸。谷歌先前未经授权收录扫描图书的行为侵犯了作者和出版商的权利，理应受到法律的制裁。但是正如有的专家所建议的：“这也不必动辄上升到民族尊严的宏大层面，坐下来与谷歌心平气和地谈一谈：利益的问题，不妨彼此协商；法律问题，不妨通过法律途径解决，

---

❶ 美国作协前主席：谷歌版权之争应协商解决［EB/OL］.（2019－05－12）［2022－05－20］. http：//www. zikeys. com/shop/article！ content. action？ id = f1ab0ec917c64ce9ab4a89b5b27b04ab.

❷ 专家：谷歌侵权不容置疑，和解是最经济解决方式［EB/OL］.（2010－01－13）［2022－06－21］. https：//www. chinanews. com. cn/cul/news/2010/01－13/2069590.shtml.

❸ 比尔·盖茨谈谷歌事件：经营就要遵守这个国家法律［EB/OL］.（2013－12－13）［2022－07－20］. https：//www. docin. com/p－43376109. html.

最终在尊重各方利益的基础上继续推动数字图书馆计划。”[1]

众所周知，著作权法通常要调整作品的创作者、传播者和使用者之间的利益关系。保护作品创作者的利益，同时兼顾作品传播者和使用者的利益，从而达到一种利益平衡的状态，是著作权法自始至终所追求的价值目标。谷歌数字图书馆计划工程浩大，所涉利益主体甚多。其中，分别作为作品创作者、传输者、使用者的作者、谷歌公司以及用户的利益最为关键。如何使此三者之间的利益达到一个平衡的状态，是谷歌数字图书馆事件的起因，也是当前我们亟须解决的一个难题。笔者认为，唯有谷歌公司与作者之间达成和解，谷歌数字图书馆这样一个造福人类的伟大计划才能得以存续并发挥其应有的价值。

---

[1] 谷歌侵权中国作家消消气，不必上升到民族尊严［EB/OL］.（2009 - 10 - 23）［2022 - 07 - 20］. http：//culture. ifeng. com/1/detail _ 2009 _ 10/23/305866 _ 0. shtml.

第五章　慕课环境下图书馆面临的著作权挑战与应对

一、引　　言

作为云计算技术广泛应用的产物之一，慕课（Massive Open Online Course，MOOCs）这一概念始于2008年，由加拿大学者戴夫·科米尔（Dave Cormier）率先提出，其含义为大规模开放在线课程。此后随着国外Udaci - ty（udacity. com）、Coursera（coursera. org）以及Edx（edx-online. org）这三大享誉全球的慕课平台的创建，全世界掀起了一股慕课热潮。2013年，我国一些知名高校陆续加入慕课队伍中，慕课一时成为我国教育领域的热点话题。作为与教育、传播技术密切相关的图书馆，慕课的兴起也吸引了图书馆界的密切关注。无疑，慕课潮流给图书馆带来了新的发展机遇。在慕课平台中，图书馆可以扮演著作权清理者、慕课制作者或参与者等多种角色。然而，与传播技术的迅猛发展相比，我国当前著作权法律制度存在一定的滞后性，使得图书馆在涉足慕课领域的进程中受到了重重阻碍。为此，有必要对慕课时代图书馆面临的机遇和挑战进行研究，以期从中得到启示，为慕课环境下的图书馆著作权法律制度的完善提供参考。

二、慕课环境下图书馆的发展机遇

慕课技术自其产生伊始便受到了人们的广泛关注。虽然从现阶段看，由于暂时性的法律瓶颈，我国图书馆界涉足慕课平台的比例仍然较低，但基于图书馆和慕课都致力于为教育服务的这一共同特性，未来图书馆势必会与慕课相融合，共同促进教育事业的发展。国外斯坦福大学图书馆通过其计算机团队为慕课内容制作提供视频支持，纽约公共图书馆的参考馆员雷蒙德（Raymond）则尝试成为慕课内容的独立创建者，制作了“汉学 101”慕课课程等便是典型例证。[1] 不言而喻，慕课的兴起和发展为图书馆创造了一个彰显其作用与价值的良机。图书馆参与慕课的方式多种多样，主要表现为创建馆藏资源库和创建慕课课程两个方面。

（一）创建馆藏资源库：为慕课提供合法信息资源

慕课的设计初衷在于提供大规模、高质量的在线学习课程，它以定制的平台技术为基础、严格的课程制度为保障，以教师、学习者、平台之间无处不在的交互为经络，以交互产生的各种课程材料为骨肉，形成完整的生态系统。[2] 显而易见，优质的课程资源是保证慕课系统正常运转的基石。而课程优质与否又有赖于大量全面、准确、合法的信息资源可供随时调用。为此，慕课系统的有效运行亟须一个合法的信息资源库为其提供保障。

---

[1] 秦鸿. MOOCs 的兴起及图书馆的角色［J］. 中国图书馆学报，2014（2）：22.

[2] 王左利：MOOC 生态初现：高等教育陷入了互联网狂热中［EB/OL］.（2020－12－05）［2021－09－20］. http：//www. edu. cn/focus_1658/20131010/t20131010_1026335. shtml.

就此而言，图书馆作为收集、整理、保存和传播信息资源的重要机构，它与生俱来便占据了信息资源的高地，再加上图书馆员所具备的丰富的信息管理、区分版权信息的经验，图书馆既可以成为慕课系统的信息提供者，又可以对其所用信息的权利予以把关，确保其所用资源的合法性。目前，美国、加拿大等国的图书馆纷纷开始尝试为慕课提供服务，不仅为慕课充当着信息资源提供者、多媒体制作指导者、学习场所提供者等多种角色，特别需要强调的是为慕课提供著作权服务已成为图书馆工作的新亮点。就此而言，图书馆可以借慕课知识传播体系兴起之机，探索馆藏资源利用的新模式，通过整理分析馆藏资源，大量搜集公有领域资源，寻找著作权替代资源等方式，创建可供慕课系统随时调用的信息资源库，同时试行推出著作权审核、许可服务，以使其在信息资源方面的优势及经验得以充分发挥，彰显图书馆存在的价值。

（二）创建慕课课程：开拓图书馆服务新模式

在当前的慕课浪潮中，如果说为慕课系统提供信息资源尚不足以发挥图书馆具备的多重优势，那么成为慕课课程的独立制作者则是图书馆发展的又一新机遇。在传统的服务模式下，图书馆的一切工作和服务都是围绕馆藏资源开展的，一般仅通过接待到馆读者、借阅图书，以及依赖局域网控制等技术手段向本馆读者提供在线阅览、远程传输等服务。在这种模式下，图书馆因服务场所、服务对象、服务内容等各方面都存在限制，使读者个性化的需求无法得到满足。

慕课系统的产生，则为图书馆服务方式的革新提供了新思路。慕课是一种以优质课程内容为支撑，以兴趣为导向，以网络为传播途径的在线课程开发模式。凡是想学习的人，不分国籍，不受时空限制，只需一个邮箱，便可注册参与、分享世界各地的优质教育资源。慕课所具备的开放性与共享性的特点，恰巧可以弥补当前图书馆因受时空、服务对象等限制而无法满足读者个性化需求的缺陷。故此，充分运用慕课系统，整合图书馆积累的丰富馆藏、配备的先进信息技术以及高端的图书馆员等资源，由图书馆主导创建慕课课程，可以使图书馆突破现有图书馆的局限，跨越时空的界限，将图书馆的服务延伸到图书馆围墙以外，真正从读者的需求出发，使任何读者可以在任何时间和地点利用图书馆的资源。显然，在图书馆转型与创新的过程中，创建专属于图书馆的慕课课程，不仅是图书馆创新其服务方式的有效路径，而且可以借此提升图书馆在教育界的地位和影响力。

三、慕课环境下图书馆面临的挑战

信息技术的进步是一把“双刃剑”。慕课的兴起虽然为图书馆的创新发展提供了良好的机遇，但由于在慕课系统中信息资源的使用呈现出大规模、开放性与共享性的特征，其与图书馆资源利用的限制性形成冲突，也对针对图书馆领域设定的既有著作权合理使用制度造成冲击，使图书馆在涉足慕课领域的进程中遭受诸如慕课课程内容所参考资料的著作权复杂难辨、合理使用规则适用受阻等著作权法律问题的挑战。

（一）慕课课程所用信息之著作权状态复杂难辨

随着社会信息化的不断深入，信息资源数量日益庞大，增长速度突飞猛进，形式更加多样，人们普遍感受到了信息资源利用的不便，不再满足于检索出来的文献线索和繁多的原始文献，而是希望得到经过分析加工后的综合性、包含知识内容的增值信息产品。在这种情势下，慕课凭借其优质的课程资源风靡全球。如上文所述，优质的课程资源是保证慕课系统正常运转的基石。通常来说，一门优质课程的制作往往离不开对大量信息资源的理解和利用。图书馆因其本身是信息资源的聚集地而具备成为慕课课程主要信息输送者的能力。因此，图书馆与慕课的融合，也许能将教育事业推向另一个顶峰。

然而，图书馆与慕课的融合远没有想象中的那么简单，著作权的存在及其权利状态的复杂性便是二者融合进程中一道不可避免的法律障碍。其原因在于，从著作权角度来看，任何信息资源都具有其特定的著作权状态，它们有的可能不在著作权法的保护范围之内，有的正在受到著作权法的保护而享有著作权，有的曾经享有著作权而如今已经进入公有领域。人们对于各类信息资源的利用通常要受制于其所用信息当前的著作权状态。对于已经进入公有领域的信息资源，人们自然可以随意调用，但对于当前仍享有著作权的信息资源，一般情况下若没有获得著作权人的授权而随意使用，则可能招致不必要的法律麻烦。慕课课程多媒体课件的制作需要利用大量的著作权资源，一方面这些资源的来源具有包容性的特征，不仅有教师个人的智力成果，而且还有职务资源、法人资源，抑或合作资源、委托资源，或者学生享有版权的资源以及图书馆的馆藏资源、出版社资源（当然还包括开放资源、公有领域资源），另一方面这些资源数量大、分散，呈“碎片化”特征，使著作权的主体数量往往超出想象，著作权资源的碎片性、著作权主体的庞大性，显然又进一步增加了厘清信息资源法律关系及其著作权权属状态的难度。[1] 故此，图书馆虽然占据了信息资源的高地，但对于各类信息资源的使用方式却会因其

---

[1] 陈湛绮. 版权清理：基于 MOOC 的图书馆版权管理新功能［J］图书馆学刊，2015（7）：18.

著作权的存在及其状态的复杂性不同而受到限制。

（二）慕课环境下图书馆合理使用规则之适用受阻

众所周知，图书馆之所以能长期占据信息领域的高地，其中重要的原因在于著作权法领域的合理使用制度为图书馆设定了特定的“例外”，赋予图书馆在一定范围内“合理使用信息资源”的权利。而今，当慕课欲与图书馆相结合共享图书馆信息资源时，却与图书馆领域的合理使用制度发生冲突。究其原因，主要在于慕课使图书馆的服务范围以及服务对象发生了重大的变化，使著作权合理使用制度落后于技术发展，无法有效调节利益关系。

与传统教学服务相比，慕课的目的在于通过在全世界范围内开放在线优质课程资源，最大限度地实现优质课程资源的大规模学习共享。可以说，“对所有人开放，使人人能共享”是慕课持续发展的基本理念。显然，慕课的这一基本理念已然突破了图书馆领域著作权合理使用制度的底线。虽然基于学校、图书馆公益性的法律地位，我国现行《著作权法》第 24 条第 6 项[1]以及《信息网络传播权保护条例》第 7 条第 1 款[2]分别赋予了学校、图书馆可以未经授权使用著作权作品的“权利”，但这一“权利”并不能任意行使，而应遵循非常严苛的条件。首先，学校基

---

[1] 现行《著作权法》第 24 条第 6 项规定：为学校课堂教学或者科学研究，翻译、改编、汇编、播放或者少量复制已经发表的作品，供教学或者科研人员使用，但不得出版发行。

[2] 《信息传播权保护条例》第 7 条第 1 款规定：图书馆、档案馆、纪念馆、博物馆、美术馆等可以不经著作权人许可，通过信息网络向本馆馆舍内服务对象提供本馆收藏的合法出版的数字作品和依法为陈列或者保存版本的需要以数字化形式复制的作品，不向其支付报酬，但不得直接或者间接获得经济利益。当事人另有约定的除外。

于合理使用原则使用享有著作权作品仅限于校内课堂教学，而慕课教学则旨在突破校内课堂的局限，将优质的课程分享至课外乃至全世界。其次，图书馆也仅限于向本馆馆舍内的服务对象提供作品，且图书馆通过商业渠道获得的信息资源还应受许可合同的约束，仅能在合同限定的范围内使用。与之相反，慕课则期望图书馆将其服务对象拓展至馆舍之外的人群，实现信息资源的全员共享。显而易见，慕课带来的图书馆服务范围以及服务对象的扩张，已然突破了著作权合理使用制度设定的条件。著作权人对作品享有的一系列专有权利，在慕课环境下将变得“脆弱不堪”，权利人所享有的许可使用并获得报酬的权利也将变成一种“期待利益”。据此，由于图书馆与慕课的融合打破了图书馆与合理使用制度之间的平衡，如何平衡图书馆、著作权人、慕课用户之间的利益关系，就成为图书馆与慕课融合进程中迫切需要解决的法律问题。

四、慕课环境下图书馆的未来展望

慕课作为一项新的信息传播技术，在给图书馆创造发展机遇的同时，也带来了诸多挑战。一方面，图书馆丰富的馆藏资源及其所累积的著作权管理经验对慕课而言极具吸引力，慕课亟须与图书馆合作，以解决其利用信息资源的问题。另一方面，由于信息资源的著作权状态存在多样性，且慕课课程与传统教学之间存在显著差异，从而导致图书馆无法援用著作权合理使用原则为慕课提供信息资源支持。为促进图书馆与慕课更好地融合，需从资源保障和法律环境这两方面着手。

（一）构建信息资源库

优质的课程资源是保证慕课系统正常运转的基石。而优质的课程资源往往离不开对大量信息资源的综合运用。对于教师而言，充分了解和利用图书馆丰富的信息资源，掌握所涉知识的最新成果并将其很好地融入课程之中尤为重要。故此，图书馆与慕课融合的关键在于信息资源的建设。没有信息资源，图书馆于慕课而言也就毫无益处。对此，图书馆应充分发挥其自身有利优势——丰富的馆藏资源与著作权管理经验，积极创建一个信息资源丰富、分类全面清晰、著作权明晰的信息资源库，以解决慕课教师当前面临的信息资源不足及其著作权复杂多样之困扰，为慕课的优质课程提供资源导航和资源保障。

具言之，信息资源库的构建，首先，需要图书馆利用其搜索技术尽可能地发现、挖掘、收集各类信息资源，特别是公有领域的信息资源，以扩充信息资源库的信息含量。其次，图书馆应着重对其馆藏资源及其收集到的信息资源进行著作权清理，并以此为依据进行整理分类。最后，图书馆可以根据信息资源的著作权状态来分别构建公有领域信息资源库和著作权保护资源库，各库中的信息内容则依据其所属的专业类别进行归类。对于因年代久远，已超出著作权保护期而落入公有领域的信息资源，因其不再受著作财产权控制，图书馆可以自由利用，不仅可以为慕课教师提供这类信息的检索，而且可以为其提供全文显示或传递。对于仍受著作权保护的信息资源，图书馆则应扮演好慕课与著作权人之间的中介角色，尽可能地争取这类信息资源著作权人的授权，再依据其授权的权限来决定资源的提供方式。对于尚未获得著作权人授权或者无法联系到著作权人的信息资源，图书馆则只能显示诸如书名、作者、出版社等著作权信息。此时，图书馆应尽可能帮助慕课课程的教师寻找到相应的著作权替代资源，或者可以建议慕课课程的教师采用“软链接”的方式将学生指引至著作权作品，而不必在课程中完全嵌入著作权作品[1]，以减少法律风险。

（二）完善著作权合理使用制度

与技术不断更新发展的速度相比，我国著作权立法明显具有滞后性，以致慕课环境下图书馆合理使用规则适用受阻等著作权问题逐渐突显，严重制约图书馆与慕课融合的步伐。审视当前我国《著作权法》为图书馆所设定的合理使用条款不难发现，其规定的适用条件极为严苛，适用范围非常狭窄，远不能满足图书馆为慕课教师提供信息资源的需求。在慕课环境下图书馆面临着机遇和挑战，一方面，图书馆应通过自身力量积极应对，另一方面，更为重要的是培育适合图书馆与慕课融合发展的国内法律土壤，通过法律制度的完善，适度放宽合理使用制度的适用条件，为图书馆争取更多的能够有效利用新技术传播和整合信息资源的权利。

为此，图书馆与慕课应用主体在未来应抓住我国《著作权法》第四次修改的机遇，积极探索适宜推进图书馆与慕课融合的法律规则，为实现二者之间的无缝对接扫除法律障碍。合理使用制度作为对著作权侵权的抗辩，是图书馆提供服务最有效的法律保障。因此，适度放宽图书馆领域合理使用制度的适用范围，对具体条款作进一步修改完善，于图书馆和慕课应用主体乃至全社会的教育事业而言具有重大意义。具言之，美国著作权法关于合理使用制度的设计较为全面具体，其中的“四要素规定”更是经得起技术发展的检验，值得我们借鉴。我国不妨在《著作权法》中引入美国关于合理使用判断的“四要素规定”，作为合理

---

[1] 叶兰，易晓娥．图书馆视角下的 MOOCs 版权问题研究［J］．大学图书馆学报，2014（5）：32．

使用判断的原则性条款。在法律条文的具体设计上，可以在《著作权法》第24条中增设一款，规定除第一款情形外，对于作品的利用行为是否构成合理使用，可以以下事实作为考量因素：（1）利用行为的目的和性质；（2）被利用作品的性质；（3）被利用部分的质量及其在整个作品中所占的比例；（4）利用行为对被使用作品潜在市场或价值的影响。这一原则性条款的增加不仅可以使我国有关著作权合理使用的判断变得更具弹性和灵活性，最重要的是进一步增强了我国《著作权法》应对技术发展的能力。如此一来，图书馆为慕课教师提供信息资源的行为，因其推进教育事业的发展具有公益性目的，被利用部分也只涉及与课程"知识点"有关的内容，而极有可能被认定为合理使用行为。不仅如此，在图书馆与慕课融合的过程中，由于图书馆的职能及其公益性法律地位始终不变，故其应充分享受著作权合理使用制度的庇护。立法上应当适当放宽图书馆适用合理使用原则的条件，允许图书馆基于实现信息流通和促进文化教育事业发展的需要而通过信息网络向公众提供作品的著作权权利信息、作品目录、摘要，以及与搜索关键词有关的少部分作品内容预览信息。与此同时，为保护著作权人利益，明确规定图书馆及作品使用者不得直接或者间接获得经济利益。立法经过上述修订完善，将可以适应慕课技术的发展，有效协调不同主体之间的利益关系，促进我国图书馆事业和教育事业的发展。

五、结　语

慕课现在成为我国教育领域的热点话题。当然，作为与教育、传播技术密切相关的图书馆，慕课的兴起无疑也吸引了图书馆界的密切关注。慕课潮流给图书馆带来了新的发展机遇，同时也增加了图书馆的版权风险。如果处理不慎，则可能造成图书馆承担高额的版权侵权损害赔偿责任。为此，慕课环境下的图书馆必须重视版权保护的问题，对图书馆合理使用规则的适用及其完善有较为清晰的认识。这样，才能够有效运用我国著作权法制度，推动图书馆慕课事业的发展。

第六章　论体育赛事节目在著作权法上的性质

一、引　言

体育赛事节目的法律性质决定一国立法保护体育赛事转播产业的立法模式和具体制度设计，意义不可谓不重大。然而，无论是在理论界还是实务界，对此问题都存在严重的分歧。2018 年 3 月 30 日，北京市知识产权法院对引发社会广泛关注、号称“中国体育赛事转播第一案”的北京新浪互联信息服务有限公司（以下简称“新浪公司”）诉北京天盈九州网络技术有限公司（以下简称“天盈九州公司”）案（以下简称“新浪诉天盈九州案”）进行了终审判决。在该判决中，法院认为新浪公司主张权利的体育赛事画面因未达到著作权法规定的独创性高度，不构成以类似摄制电影的方法创作的作品（以下简称“类电影作品”），故新浪公司对该体育赛事节目不享有著作权，天盈九州公司不构成著作权侵权。[1]该案中，北京市知识产权法院否定了此案一审北京市朝

[1] 北京市知识产权法院. 京知民终字（2015）第 1818 号民事判决书［EB/OL］.（2020－01－05）［2021－07－20］. http：//wenshu. court. gov. cn/content/content?DocID＝176b7def－5828－4b1e－8901－a8c900108061.

阳区法院有关涉案体育赛事节目属于作品的结论，仅将之认定为录像制品，似乎有意为这场体育赛事节目法律性质的争议画上句号，但此案判决结果公布之后，立刻引起了一些学者的批评。[1]判决结果不但没有平息已有的争议，反而引发了学界新一轮的讨论。

那么，应当如何认定体育赛事节目的法律性质呢？学界对此撰文颇多，但结合独创性理论的研究以及对国际条约、美国、欧盟有关体育赛事节目的规定进行分析的比较法研究还需要进一步深化。笔者认为，体育赛事节目法律性质的界定需要依据著作权法上的独创性理论。只有正本清源，深刻地理解独创性这一范畴，才能对体育赛事节目进行准确定性。不仅如此，国际条约和其他国家有关体育赛事节目法律性质的立法现状和实践做法，也具有重要的启发意义。为此，笔者将梳理体育赛事节目在法律定性上的司法分歧，分析独创性概念的本质，并对《伯尔尼公约》以及美国、欧盟有关体育赛事节目的立法或司法观点进行比较分析，最后明确我国体育赛事节目的法律性质，指出新浪诉天盈九州案终审判决以及体育赛事节目的《反不正当竞争法》保护路径存在的问题，希望能够为我国学界和实务界就这一问题达成共识提供参考。

二、体育赛事节目著作权纠纷的典型案例

在我国体育赛事转播领域，发生了多起法律纠纷与诉讼。这

---

[1] 孙远钊．从著作权独创性谈中超联赛直播案［EB/OL］.（2020－01－05）［2021－07－20］．http：//mp. weixin. qq. com/s/－f9zarpzC7v58nLVtCWj4Q；张伟君．从德国著作权法看网络直播体育赛事节目的著作权保护［EB/OL］.（2020－01－05）［2021－07－20］．http：//mp. weixin. qq. com/s/v3nXQ7cHUvT2XjMGi0D0Ag.

些法律纠纷与诉讼的案情具有类似性，一般均为其他主体未经权利人许可，擅自转播体育赛事节目或盗取体育赛事转播节目信号，以牟取不正当利益。然而，不同法院在审理这些类似的案件时却持不同的观点和见解，作出了结果不同的判决，引发了一定的争议和疑惑。这反映出在体育赛事转播领域，现有立法规定、法律理论和司法实践并不明晰和完善，现有法律制度存在漏洞，造成法院在适用法律进行判案时缺乏一以贯之的法律理论和立法规则的指引。判决结果的不确定引起了体育赛事转播领域相关权益主体的疑惑，不利于法律纠纷的解决和体育赛事转播产业的良性发展。本章首先选取目前我国发生的具有代表性的体育赛事转播案件，对之进行系统梳理，陈述法官观点、法律适用依据和判决结果，指出其中存在的差异和问题，为后续研究体育赛事转播法律关系和提出相关的立法完善建议提供支持。

由于近年来我国体育赛事转播领域发生的案件较多，一些案件的判决依据、判决理由或判决结果是相同的或较为类似的，没有必要对之一一进行分析。因此，笔者主要选取一些具有代表性的，判决依据、判决理由或判决结果有所不同、代表了法院不同实践观点的诉讼案例，以此进行对比分析，更容易归纳和明确司法机关处理体育赛事转播案件的实践做法和法律适用观点。据此，在我国体育赛事转播领域，笔者选取的案件主要是：体奥动力（北京）体育传播有限公司诉上海全土豆网络科技有限公司网络侵权纠纷案❶、体奥动力（北京）体育传播有限公司诉上海新赛季足球发展有限公司网络侵权纠纷案❷、央视国际网络有限公司诉华夏城视网络电视股份有限公司著作权侵权及不正当竞争

❶ 上海市浦东新区人民法院（2012）浦民二（商）初字第2451号民事判决书；上海市第一中级人民法院（2013）沪一中民五（知）终字第59号民事判决书。

❷ 上海市杨浦区人民法院（2013）杨民三知初字第66号民事判决书。

纠纷案[1]、央视国际网络有限公司诉世纪龙信息网络有限公司著作权纠纷案[2]、北京新浪互联信息服务有限公司诉北京天盈九州网络技术有限公司著作权纠纷案[3]。总体上，经过整理这些案件的案情和分析判决可以发现，这些案件的判决理由、法律依据和判决结果都有所不同，法官的观点没有取得一致意见，分歧较大，这反映出目前体育赛事转播领域的纠纷判决缺乏一定的稳定性和可预测性。法律规则和法律适用的不确定对于法律秩序的稳定是极大的伤害，不利于人们通过法律指导自身的行为。下文将对这些典型案例进行逐一梳理，以期能从中找到相关司法实践的规律以及存在的问题。

（一）体奥动力（北京）体育传播有限公司诉上海全土豆网络科技有限公司网络侵权纠纷案

1. 基本案情

亚洲足球联合会为亚足联亚洲杯足球竞赛的业主、组织者、控制人和正式主管团队。亚洲足球联合会给予 World Sport Group Pte Ltd（以下简称“WSG 公司”）独家授权，在世界各地对竞赛的所有商业权利进行开发利用（包括转播权和赞助权）。WSG 公司拥有对竞赛的独家经营权利，有充分的权力和能力以及充分的法律权利向世界上的任何第三方进行授予、销售、再授权及分配所有竞赛的这些权利。2010 年，原告体奥动力（北京）体育传播有限公司（以下简称“体奥动力有限公司”）已从 WSG 公司获得了中国地区独家专有的、2010 年到 2012 年亚足联赛事在中

[1] 广东省深圳市福田区人民法院（2015）深福法知民初字第 174 号民事判决书。
[2] 广东省广州市中级人民法院（2010）穗中法民三初字第 196 号民事判决书。
[3] 北京市朝阳区人民法院（2014）朝民（知）初字第 40334 号民事判决书。

国境内（“特许节目”）实况播放权及后续播放权（免费收看的空中、地面、卫星或者有线传播的节目）、IPTV、因特网和手机传播权。原告及其子公司和子许可人有权播放许可节目及授权他人播放许可节目，原告有权合法地将全部比赛中所有赛事的权限和法律权利全部或部分授予、出售、颁发子许可、转让给中国地区的任何第三方。2011 年 1 月 23 日，原告委托代理人向上海市金山公证处申请办理证据保全公证。当日，由公证人员在互联网上进行了如下主要操作：进入“www. tudou. com”网站，在页面搜索栏中输入“亚洲杯中国乌兹别克斯坦”后，点击“搜索”，进入视频搜索页面，点击“5 分钟—60 分钟”并截图，点击“1 月 17 日中国 VS 乌兹别克斯坦（53：52）”并截图，播放录像比赛的同时随机截图，播放完毕后，进入搜索视频页面，点击“1 月 17 日中国 VS 乌兹别克斯坦（51：58）”播放录像比赛的同时随机截图。上海市金山公证处对上述操作过程予以公证。视频播放的比赛画面左上角有“CCTV5”字样。被告上海全土豆网络科技有限公司（以下简称“全土豆公司”）是“土豆网”（网址：http：//www. tudou. com）的经营管理者，被告为注册用户免费提供信息存储空间。注册用户上传视频后，其他网络用户可在土豆网免费在线观看。2011 年 1 月 10 日，原告与新传在线（北京）信息技术有限公司（以下简称“新传公司”）签订《网络传播权非独家授权协议》，约定原告授权新传公司在中国大陆地区内，在新传公司设立的网站新传体育网通过视频以现场直播的方式播出涉案比赛，授权方式为非独家授权（单场），授权费为 25 万元。新传公司同意授权比赛只能在其设立的新传体育网进行网络视频直播，未经原告书面许可，新传公司不得授权其他任意第三人网络视频直播授权比赛。

2010 年 12 月 20 日，原告委托律师向被告发出《律师函》，认为被告未经原告授权或许可，擅自在被告主办网站“www. tudou. com”上转播2010年度亚洲足球冠军联赛比赛，并以此牟利，该行为严重侵犯了原告对于比赛所享有的独家网络传播权，并向法院提起诉讼。

2. 一审判决要旨

原告认为，原告的独家播放权来源于亚洲足球联合会的授权，其所提供的证据为亚洲足球联合会与WSG公司出具的证明文件，并明确被告侵犯的原告权利为WSG公司证明文件中所述的因特网传播权。经对该两份证明文件审查，亚洲足球联合会的证明文件说明其对WSG公司的授权为竞赛的所有商业权利（包括转播权和赞助权），而WSG公司的证明文件中，其对原告的授权为2010年到2012年亚足联赛事在中国境内（“特许节目”）实况播放权及后续播放权（免费收看的空中、地面、卫星或者有线传播的节目）、IPTV、因特网和手机传播权。上述两份文件所描述的授权内容存在差异。而且，亚洲足球联合会证明文件的转播权原文是“broadcast rights”，直译应为广播权。我国《著作权法》规定，广播权是以无线方式公开传播或者转播作品，以有线传播或者转播的方式向公众传播广播的作品，以及通过扩音器或者其他传送符号、声音、图像的类似工具向公众传播广播的作品的权利。该法同时规定，信息网络传播权，是以有线或者无线形式向公共提供作品，使公众可以在其个人选定的时间和地点获得作品的权利。虽然该案中，原告主张其受到侵害的权利并非知识产权，但参照知识产权领域对广播权、信息网络传播权的界定，两份授权文件中的“转播权”与“因特网传播权”是两种不同的权利。原告明确其受到侵害的权利为WSG公司文件中所述的“因特网传播权”，而该权利与亚洲足球联合会证明文件中的“转播权”是何关系，原告未能对此作出解释和证明。

一审上海市浦东新区人民法院认为，《中华人民共和国物权法》规定，物权的种类和内容，由法律规定。原告主张其受到侵害的独家播放权系物权属性的权利，但我国法律并未对赛事组织者的权利作出规定，故原告主张的该权利缺乏法律依据。综上，原告主张被告侵犯其独家播放权，缺乏充分依据，法院不予支持。对于被告已经删除了涉案视频的行为，法院予以确认。据此，一审法院依照《中华人民共和国侵权责任法》第 36 条第 1 款、《中华人民共和国物权法》第 5 条、《最高人民法院关于民事诉讼证据的若干规定》第 2 条之规定，判决驳回原告体奥动力有限公司的诉讼请求。一审案件受理费 5504 元，由原告体奥动力有限公司负担。

判决后，体奥动力有限公司不服，向上海市第一中级人民法院提起上诉，请求法院撤销原审判决，判决支持其在一审中主张的除停止侵权外的其余各项诉讼请求。上诉人在二审中明确该案不适用《著作权法》，其在该案中依《物权法》第 2 条主张动产即涉案视频为其权利客体。上诉人陈述，其从 WSG 公司获得授权时，WSG 公司将电子信号的视频交给了上诉人，上诉人所获得的独家转播权等就是对该视频的使用、收益等，被上诉人网站上的涉案视频即为上诉人享有权利的动产。

3. 二审判决要旨

二审上海市第一中级人民法院（以下简称“上海市一中院”）认为，首先，体育赛事本身和体育赛事节目是两个不同的概念。体育赛事是客观发生的，没有版本的事先设计，结果亦不可确定，其具有唯一性和不可复制性，故不属于著作权客体的范畴，不受我国《著作权法》的保护；而体育赛事节目通常会融入解说、字幕、采访、回放镜头或特写等，其可以被复制固定在载体上，故根据其独创性的高低可能构成作品或制品，从而获得

《著作权法》的保护。鉴于在不同客体上产生的权利性质会有所不同，因此，基于体育赛事所享有的权利与基于体育赛事节目所享有的权利是两种不同性质的权利。

其次，法院认为，亚洲足球联合会享有的对亚洲杯足球比赛的所谓“转播权”属于一项商业权利，WSG公司则对该项商业权利享有独家经营权，故该“转播权”并不是著作权中的一项专有权利。我国目前并无相关法律对体育赛事“转播权”作出规定，此项权利不是一项法定的权利。此种所谓的“转播权”通过体育赛事的组织章程或相关协议约定产生，通常理解为体育赛事组织者授权媒体组织播送或播放体育赛事以获取经济收益的权利。不可否认，体育赛事节目的制作、播放常以前述体育赛事“转播权”的行使为前提，但体育赛事节目和体育赛事两者产生的权利性质并不相同，并且体育赛事转播权的权利主体一般为赛事组织者，而体育赛事节目的著作权或邻接权的主体往往对应节目制作单位、电视广播组织者等。当然，赛事组织者与节目制作单位或电视广播组织者有特别约定的除外。因此，对体育赛事享有权利并不必然对体育赛事节目亦享有权利，同时，此种基于体育赛事享有的权利亦不能当然及于或者控制对体育赛事节目进行传播的行为。

最后，涉案视频内容涉及的是体育赛事节目，而依现有证据尚不能明确上诉人从WSG公司处获得的实况播放权、因特网传播权等究竟属于何种性质的权利，若上诉人获得的仅是对体育赛事享有的权利，则如法院此前所述，因该项权利并不能控制对体育赛事节目的传播行为，故上诉人以此项权利为基础主张涉案视频侵权缺乏法律依据，法院难以支持。该案中，上诉人应当明确其获得的权利是否包括体育赛事节目的相关权利，并对此负有举证义务。虽然上诉人在二审中称其在获得授权时，WSG公司将亚洲足球联合会摄制完成的电子信号的视频交付于其，但上诉人并不能提交相应的证据证明。相反，涉案视频在播放时出现了“CCTV5”的标识及相关字幕，上诉人虽称该视频由其授权中央电视台播放，但其始终未能提供证据证明其与中央电视台之间的授权关系，故依现有证据无法认定上诉人从 WSG 公司处获得的权利已经包括了对涉案赛事节目的相关权利。

针对上诉人以物权作为其权利基础的主张，上海市一中院认为，根据物权法定原则，物权的种类、内容应由法律明确规定，而不能由当事人通过合同任意设定。从物权法的调整范围来看，我国物权法主要调整因有体物产生的财产归属和利用关系，当然无形财产（权利）在例外情况下也可以成为物权的客体，但这必须要由法律明确规定。因此，我国《物权法》（《民法典》颁布后已废止）第 2 条明确规定“本法所称物，包括不动产和动产。法律规定权利作为物权客体的，依照其规定”。上诉人在一审中主张的独家播放权是一项权利，因我国目前并无相关法律规定此项权利可以作为物权的客体，因此，上诉人主张的该项权利难以受到物权法的保护。而上诉人在二审中提出涉案视频为动产的主张，因动产为有体物，其具有一定的有形载体，从被上诉人网站上的涉案视频的性质和形态来看，其应属于电子文件而非有体物，故上诉人主张涉案视频为动产缺乏法律依据，法院亦不予支持。原审依据上诉人的主张适用物权法审理，并据此驳回上诉人的诉讼请求，并无不当，上诉人关于原审法院适用法律错误的上诉理由与其主张不符，法院不予采纳。

综上所述，原审判决认定事实基本清楚，适用法律正确，程序合法，上诉人体奥动力有限公司的上诉理由均不能成立。判决驳回上诉，维持原判。

4. 判决评析与思考

从该案的判决依据和结果看，一审和二审法院显然否定了基于体育赛事制作的视频节目系动产的观点，认定物权法无法对体育赛事视频节目进行保护。实际上，体奥动力有限公司之所以坚持选择物权法作为起诉的法律依据，主要原因也在于其从亚洲足球联合会所获得的对中国队比赛画面的所谓“独家播放权”在法律上没有明确的界定，法律性质不明。究竟什么是“独家播放权”？这种权利是体育产业业内所称的体育赛事转播权，还是基于体育赛事所制作的节目的权利？它的权利范围是什么？权利客体究竟是动产还是无体的信息数据？如果是无体的信息数据，著作权法上是否有保护的依据？如果著作权法无法对之提供保护，其他部分法律是否能够对之予以有效的保护？由于法律定性不明，于是体奥动力有限公司在这个案件的处理策略上将亚洲杯中国队比赛画面作为有体物来对待，寻求物权法对其的保护。遗憾的是，这一做法并没有得到法院的认可。体奥动力有限公司试图通过物权法对亚洲杯体育赛事转播节目进行保护的做法显然是失败的，它并没有深刻理解其所直播的体育赛事画面的法律性质。此外，在诉讼中，体奥动力有限公司声称 WSG 公司将亚洲足球联合会摄制完成的电子信号的视频交付予其，但是并没有举证证明，这也是其败诉的原因之一。

（二）体奥动力（北京）体育传播有限公司诉上海新赛季足球发展有限公司网络侵权纠纷案

1. 基本案情

亚足联系 2005 年 7 月 14 日于马来西亚登记成立的社团组织。2011 年 3 月 1 日，亚足联副秘书长出具证明文件，称：亚足联作为“亚足联亚洲杯，2011 年”、“亚足联冠军联赛，2010

年，2011年，2012年”等足球竞赛的业主、组织者、控制人和正式主管团体，给予 World Sport Group Pte. Ltd.（以下简称“WSG公司”）独家授权，在世界各地对上述竞赛的所有商业权利进行开发利用（包括转播权和赞助权）。WSG公司拥有对竞赛的独家经营权利，已获得充分的授权和许可，尤其是所有竞赛的转播权。WSG公司有充分的权力和能力以及充分的法律权利向世界上的任何第三方进行授予、销售、再授权及分配所有竞赛的这些权利。

2010年11月24日，WSG公司总监出具证明文件，称：原告已从WSG公司获得了中国地区独家专有的、2010—2012年亚足联赛事在中国境内（“特许节目”）实况播放权及后续播放权（免费收看的空中、地面、卫星或者有线传播的节目）、IPTV、因特网和手机传播权。原告及其子公司和子许可人有权播放许可节目及授权他人播放许可节目，原告有权合法地将全部比赛中所有赛事的权限和法律权利全部或部分授予、出售、颁发子许可、转让给中国地区的任何第三方。

2011年1月8日，原告委托代理人向上海市徐汇公证处申请办理证据保全公证。当日，由公证人员在互联网上进行了取证操作，对操作过程予以全程录像、制作光碟。公证书记载的操作过程及光碟内录像文件的主要内容如下：打开浏览器，清除历史记录，在地址栏输入“v. miuqiu. com”，进入被控侵权网站，点击页面“足球直播”，页面下部显示赛制直播时间表，直播时间表根据时间先后呈纵向排列，每一项比赛均为“时间+比赛名称+链接地址”，具体为：“1月7日星期五22：30阿联杯艾纳斯－杜拜；1月8日星期六00：00英超精华卫视体育台湾（UUSEE）卫视体育台湾（PPLIVE）；00：15亚洲杯小组赛A组第1轮卡塔尔－乌兹别克斯坦CCTV5（CNTV）CNTV（爱布谷体育）

CCTV5（PPLIVE）CCTV5（SOPCAST）上海体育（UUSEE）上海体育（SOPCAST）广东体育（UUSEE）ESPN 台湾（PPLIVE）ESPN 台湾（UUSEE）……21：15 亚洲杯小组赛中国男足－科威特 CCTV5（CNTV）CNTV（爱布谷体育）CCTV5（PPLIVE）CCTV5（SOPCAST）上海体育（UUSEE）上海体育（SOPCAST）广东体育（UUSEE）；……”21 时 12 分至 21 时 15 分，分别点击时间表“21：15 亚洲杯小组赛中国男足－科威特”后面的“CCTV5（CNTV）”、“CNTV（爱布谷体育）”、“CCTV5（PPLIVE）”、“上海体育（SOPCAST）”等链接，均无法打开网页，然后点击“上海体育（UUSEE）”链接，播放画面首先显示的是“五星体育”的演播室，娄一晨等两位主持人在进行比赛开场前主持，屏幕的左上方有“五星体育”字样、“五星体育”的图形标志以及“LIVE”字样，然后画面切换到比赛现场，屏幕左侧出现 AsianCup（亚洲杯）字样，右侧先后出现英文字幕，中文含义为科威特、中国的首发队员名单。节目播放一直持续至涉案比赛结束。播放比赛同时，操作人员登录国家工业和信息化部“ICP/IP 地址/域名信息备案管理系统”进行查询，结果显示涉案域名“miuqiu. com”及网站主办单位为被告。

原告诉称：亚洲足球联合会举办的 2011 年亚洲杯“科威特足球队”对“中国足球队”比赛于北京时间 2011 年 1 月 8 日举行。原告经独家授权，对该体育赛事拥有中国地区独家专有实况播放权及后续播放权、IPTV、因特网和手机传播权。当日，被告未经原告授权，擅自通过其设立的网站对涉案比赛进行全程网络播放，侵害了原告的民事权益。故诉至法院，要求法院判令被告：（1）立即停止侵害原告就涉案比赛享有的独家播放权；（2）向原告赔礼道歉；（3）赔偿原告经济损失人民币 50000 元（以下币种均为人民币）；（4）赔偿原告制止侵权行为的合理开支 1800 元。

2. 判决要旨

该案是一起因网络同步转播体育赛事而引发的网络侵权纠纷。由于被控侵权视频播放画面显示“五星体育”演播室及主持人、“五星体育”字样及其图形标志等，原告认为，被告可能系借助一定技术手段，通过网络同步转播了上海广播电视台“五星体育”频道就涉案体育赛事的广播信号，且上海广播电视台“五星体育”频道直播涉案体育赛事系经原告授权。但是，原告始终未能向法院提供证据证明其与相关主体之间的授权关系，因此，依现有证据法院无法认可原告为该案适格主体。

杨浦区法院认为，即便认可原告为该案适格主体，其诉讼请求仍然无法得到法律支持。原告在诉讼中应当明确其所主张的权利属性并提供相应的法律依据。通常情况下，在体育赛事从主办到赛事直播的整个过程中，会涉及赛事主办者、现场拍摄者、广播组织者等多类主体，涉及基于体育赛事组织章程或相关协议约定产生所谓的“商业权利”，基于现场拍摄、编辑和制作体育赛事节目可能产生的以类似摄制电影的方法创作的作品或音像制品的权利，基于播出载有体育赛事节目的广播信号产生的广播组织者权等多项权利。该案中，依现有证据尚不能明确原告从 WSG 公司处获得的实况播放权、因特网传播权等究竟属于何种性质的权利，原告以此权利系“具有财产属性的民事权益”为由主张被控侵权网站侵权，缺乏法律依据，法院难以支持。

据此，杨浦区法院判决驳回原告体奥动力（北京）体育传播有限公司（以下简称“体奥动力有限公司”）的诉讼请求。二审由上海市第一中级人民法院审判，二审驳回上诉，维持原判。

3. 判决评析与思考

在该案中，法院认为体奥动力有限公司对亚洲杯体育赛事享有的是何种类型的权利尚不明确。亦即，依现有证据尚不能明确原告从 WSG 公司处获得的实况播放权、因特网传播权等究竟属于何种性质的权利。法院也指出，基于法律赛事所衍生的权利有多种，权利主体包括了赛事主办者、现场拍摄者、广播组织者等多类主体。权利类型包括了现场拍摄、编辑和制作体育赛事节目可能产生的以类似摄制电影的方法创作的作品或音像制品的权利，基于播出载有体育赛事节目的广播信号产生的广播组织者权等多项权利。在该案中，法院实际上认为，体奥动力有限公司从 WSG 公司处获得了实况播放权、因特网传播权，并不意味着其必然对上海广播电视台播放的亚洲杯体育赛事节目享有权利。亦即，被告盗播的是上海广播电视台的体育赛事节目，即便构成侵权，也应该由上海广播电视台作为原告起诉。体奥动力有限公司在无法证明其体育赛事转播权与上海广播电视台播放体育赛事之间关系的情况下，不能直接依据体育赛事转播权禁止他人盗播其他电视台的转播节目。根据法院的逻辑思路，似乎体奥动力有限公司获得的是体育赛事转播权，而对根据这项体育赛事制作的直播节目并不享有权利。这里又产生了一个问题：体奥动力有限公司对亚洲杯体育赛事享有的转播权究竟是什么权利？他人对电视台等转播机构播放的体育赛事节目进行盗播的行为，体奥动力有限公司作为体育赛事转播权的主体，是否有权直接提起诉讼？从目前法院的判决来看，体育赛事转播权主体与体育赛事节目的主体是有所区别的，除非根据双方的协议另有约定，否则体育赛事转播权的主体一般是体育赛事的组织者，而体育赛事节目的主体是直播节目的制作者。体奥动力有限公司正是因为没有明确所要求保护的权利的性质以及没有通过有力的证据证明其系权利的主体而败诉。

（三）央视国际网络有限公司诉华夏城视网络电视股份有限公司著作权侵权及不正当竞争纠纷案

1. 基本案情

原告央视国际网络有限公司于2014年6月13日至7月14日期间发现被告在其经营的网站“城市联合网络电视台”（网站首页：http：//www. cutv. com）之“兰州台”频道内，向网络用户提供了中央电视台制作的2014年巴西世界杯比赛节目的在线直播服务。经原告审查确认，中央电视台经国际足球联合会FIFA（International Federation of Association Football，FIFA）授权，邀请了众多国内知名解说及嘉宾，通过专业的节目制作播出技术，花费了大量的人力、物力、财力，将精彩纷呈、引人入胜且极具感情色彩的世界杯决赛阶段比赛以电视节目的形式传播给全国的观众。中央电视台已授权原告在全世界范围内独家行使通过信息网络（包括但不限于互联网络、移动网络等新媒体传播平台）向公众提供2014年巴西世界杯比赛节目的直播和点播之权利，但原告经核查确认从未授权被告以任何方式向公众提供涉案节目的在线播放服务。2014年巴西世界杯是一场备受国人及整个世界关注的体育赛事，依据与FIFA达成的协议，中央电视台负有维护世界杯权益，打击社会盗版盗播行为的法律权利和义务，这次赛事在中国的播放情况，影响的不仅仅是中央电视台，而是整个中国在国际社会中的地位和形象。故为了加强赛事期间整个社会的版权意识，树立全行业尊重知识产权的良好形象，中央电视台已经在世界杯比赛前发函公告，作出权利声明，以表明其坚决打击侵犯世界杯版权的盗版盗播行为的决心。在此背景下，被告依然在未得到授权的情况下，通过其经营的网站向公众提供世界杯比赛节目的在线直播服务，其行为严重损害了原告的著作权，扰乱了正版授权市场，也是违反公平原则和诚实信用原则的不正当竞争行为。请求判令：(1) 被告立即停止在其经营的网站上通过信息网络向公众传播2014年巴西世界杯节目的在线播放服务，立即停止侵权及不正当竞争行为；(2) 被告赔偿原告经济损失及为调查被告侵权行为和起诉被告所支出的合理费用共计400万元；(3) 被告承担诉讼费用。

2. 判决要旨

深圳市福田区法院认为，依据国际足球联合会向中央电视台出具媒体权确认函的授权，国际足球联合会拥有2014年巴西世界杯比赛在全球的所有权利，包括但不限于版权。中央电视台独家享有2014年巴西世界杯比赛在中国大陆地区的转播权、独家媒体权、公共展示权。中央电视台有权在中国大陆地区向第三方转授予媒体权和公共展示权（或其中一部分）。针对侵犯国际足联所授予中央电视台权利的行为或不正当竞争，中央电视台有权在中国大陆地区提起法律诉讼。原告经中央电视台授权享有中央电视台拍摄、制作或广播的全部电视节目（包括体育赛事）通过信息网络向公众传播、广播（包括但不限于实时转播或延时转播）提供之权利，原告作为上述权利的独占被授权许可人，可以以自己的名义对外主张、行使上述权利。故原告有权提起该案诉讼，系适格主体。

根据该案二份公证书中公证视频取证时间、画面显示的"CCTV1综合"水印、央视主持人现场中文解说、央视广告及"CUTV"被告网站标识，能够认定被告利用cutv.com网站实时转播中央电视台直播的两场巴西世界杯足球赛事节目。公证视频显示进入被告网站中的"兰州电视台 > 睛彩兰州"栏目观看涉案赛事节目，结合被告经营的城市联合网络电视台（cutv.com）采用"公共节目平台" + "各联合开办单位节目分平台"的技术架构，被告与兰州电视台存在业务合作关系，被告负责网站运营，与兰州电视台提供的内容平台链接，被告所提供的并非一般意义上的自动接入、自动传输服务。尽管被告与兰州电视台分工不同，但网络用户实现对涉案赛事节目在线观看，是被告、兰州电视台分工合作、共同提供的结果。

原告以被告通过网络传播正在直播的巴西世界杯足球赛事节目，侵犯其对该作品依据著作权法规定的著作权人享有的其他权利；被告行为侵犯了原告在中国大陆独家网站直播巴西世界杯赛事节目的权利，同时构成不正当竞争为由，提起该案诉讼。

原告认为经中央电视台制作播出的巴西世界杯赛事直播节目是类似电影的方式创作的作品。法院认为，对于涉案体育赛事直播节目而言，其制作拍摄的目的是为观众呈现真实、客观的比赛全过程，在赛事直播进行时，各摄影师操控摄像机进行摄制，电视导播对不同机位拍摄的画面进行取舍、剪辑，均服务于上述目的。体育赛事只是一连串意外情况的结果，电视导播无法控制比赛进程，体育赛事直播节目的性质决定了电视导播、摄制者在节目中并非处于主导地位，体育赛事直播节目制作人在体育赛事直播节目能够按照其意志作出的选择和表达非常有限。电视导播从大量的图像、摄像角度和特技效果进行选择、编排，有智力成果的投入，由不同的团队进行直播，呈现的赛事直播画面亦会有所区别，但其所体现的创作性，尚不足以达到我国著作权法所规定的以类似摄制电影的方法创作的作品的高度，不属于我国著作权法规定的作品。根据《中华人民共和国著作权法实施条例》第5条第3项之规定，录像制品，是指电影作品和类似摄制电影的方法创作的作品以外的任何有伴音或者无伴音的连续相关形象、图像的录制品，由国际足联拍摄的、经中央电视台制作播出的巴西世界杯赛事直播节目应认定为录像制品。原告主张其是类似电影的方式创作的作品，被告侵犯依《著作权法》第10条第17项规定的应当由著作权人享有的其他权利，无法律依据，法院不予认定。

原告认为被告行为侵犯了原告在中国大陆独家网站直播巴西世界杯赛事节目的权利，同时构成不正当竞争。《反不正当竞争法》第2条规定，经营者在市场交易中，应当遵循自愿、平等、公平、诚实信用的原则，遵守公认的商业道德。违反本法规定，损害其他经营者的合法权益，扰乱社会经济秩序的行为属于不正当竞争。法院认为，该规定同样适用于互联网市场领域。该案中，原告经授权取得了涉案赛事节目通过信息网络（包括但不限于互联网络）向公众传播、广播（包括但不限于实时转播或延时转播）、提供之权利。原告与被告之间存在竞争关系，被告未经授权，擅自向网络用户提供涉案两场赛事节目实时转播服务，增加被告网络流量，同时减少了原告通过网络直播获取经济收益的机会，该行为违背了公认的商业道德和诚实信用原则，构成不正当竞争。原告指控被告涉案行为构成不正当竞争，理由成立，法院予以支持。

综上，被告未经权利人许可，利用cutv. com网站实时转播中央电视台直播的两场巴西世界杯足球赛事节目，对原告构成不正当竞争，应承担相应的民事责任。由于被告实时转播行为已停止，原告要求判令被告停止侵权的诉讼请求已经满足，法院对此不再予以判决。被告就涉案行为应向原告承担赔偿损失的民事责任。该案中，原告为证明其经济损失提交了相关许可协议，鉴于相关许可协议中约定的许可费用包括被授权网站可提供巴西世界杯所有赛事延时播放及点播服务，故上述协议中的许可费用不能直接作为该案计算赔偿的依据。法院综合考虑涉案实时转播行为持续的时间、巴西世界杯的知名度以及用户的观看习惯等因素，就涉案被告实时转播两场赛事节目的赔偿数额予以酌定，原告为该案诉讼支出的合理费用亦包括在内。对于原告提出的赔偿数额不予全额支持。被告申请将兰州电视台列为该案共同被告，原告明确表示在该案中不对兰州电视台主张权利，故法院对于被告的申请不予准许。

综上所述，深圳福田区法院作出了如下判决：

一、被告华夏城视网络电视股份有限公司于本判决生效之日起十日内赔偿原告央视国际网络有限公司经济损失及合理支出120000元。

二、驳回原告央视国际网络有限公司的其他诉讼请求。

3. 判决评析与思考

基于现场直播体育比赛所形成的体育赛事节目是否属于《著作权法》上的作品，学界一直存在较大争议。该案中原告正是认为自己的体育赛事节目是作品，从而试图通过《著作权法》第10条第17项规定的“应当由著作权人享有的其他权利”这一兜底条款寻求救济。从该案的案情和判决结果看，法院首先否定了基于现场直播所形成和制作的体育赛事节目为《著作权法》上的作品。法院认为，电影作品和类似摄制电影方式创作的作品其独创性要求较高，电视台制作和转播的体育赛事节目虽然有制作人的创造性劳动，但最重要的部分是运动员的比赛过程，因此体育赛事节目并不是作品，没有达到作品的独创性高度，而只是录像制品，受著作邻接权保护。根据我国《著作权法》的规定，由于录像制品制作者享有的权利较少，只有复制权、发行权、出租权、信息网络传播权和许可电视台播放等几项权利，难以控制他人在网络上未经许可转播体育赛事节目。因此，法院不得不另辟蹊径，依靠反不正当竞争法来作出判决。实际上，反不正当竞争法是知识产权法的兜底性法律，依靠反不正当竞争法来规制未经许可的盗播行为，也是法律制度存在漏洞情况下的可行选择，法院正是灵活地运用反不正当竞争法来规制他人的盗播行为的。该案具有较好的示范意义，为权利人在现有知识产权法律保护存在漏洞的情况下如何进行维权提供了思路。

（四）央视国际网络有限公司诉世纪龙信息网络有限公司著作权纠纷案

1. 基本案情

原告央视国际公司诉称，2008 年 8 月 6 日，原告发现被告在其网站上通过信息网络，实时转播中央电视台 CCTV—奥运频道正在直播的 2008 年北京奥林匹克运动会首场正式比赛：德国 VS 巴西女足赛（以下简称“德巴女足赛”）。经审查确认，被告提供给公众观看的中央电视台 CCTV—奥运频道正在直播的上述涉案节目，已由中央电视台独家授权原告通过信息网络向公众传播、广播。而原告未许可被告通过信息网络向公众提供实时播放上述节目。上述奥运节目是中央电视台和原告花费巨大的人力、物力和财力摄制并播放，被告的直接侵权行为严重侵犯了原告的合法权益，给原告造成重大经济损失，侵犯了原告的录音录像制作者权和广播组织专用权。

原告请求人民法院判令被告：（1）立即停止对原告享有的相关著作权的侵害，停止通过信息网络转播所涉频道、涉案节目的服务；（2）在其经营的网站首页及《中国电视报》上发布声明，向原告公开赔礼道歉；（3）赔偿原告经济损失 200 万元，为调查被告侵权行为和起诉被告所支付的合理费用 10 万元，以上金额合计人民币 210 万元；（4）承担本案全部诉讼费用。

2. 判决要旨

广州市中级人民法院认为：

（1）关于电视节目“德巴女足赛”的性质。

该案中，原告所主张的“德巴女足赛”，是广大观众在屏幕前观看的经摄制而成的电视节目，其与比赛现场所进行的德巴女足赛有所不同，至少存在以下区别：①电视节目的比赛进程展现的是围绕运动的足球为中心的部分球场画面，并非全程展现完整的比赛场面；②电视节目中会出现在比赛现场无法获取的信息：例如个别球员的特写画面及姓名介绍、央视主持人的解说、场边教练人员的特写画面等；③电视节目中，在球赛中场休息时会出现央视主持人评论的画面。因此，中央电视台作为电视节目“德巴足球赛”的摄制者，其独创性主要体现在对现场比赛的拍摄及解说，包括机位的设置、镜头的选择、主持、解说和编导的参与等方面。然而尽管如此，其作为以直播现场体育比赛为主要目的的电视节目，在独创性上尚未达到电影作品和以类似摄制电影的方法创作的作品所要求的高度，特别是其中对于比赛进程的控制、拍摄内容的选择、解说内容的编排等方面，摄制者按照其意志所能作出的选择和表达非常有限，摄制者并非处于主导地位。因此，中央电视台摄制的“德巴足球赛”，不足以构成电影作品或以类似摄制电影的方法创作的作品。但是，如前所述，中央电视台在摄制“德巴足球赛”的过程中体现了一定的独创性，根据《著作权法实施条例》第 5 条第 3 项的规定，电视节目“德巴足球赛”应当作为电影作品和以类似摄制电影的方法创作的作品以外的有伴音或者无伴音的连续相关形象、图像的录制品予以保护，中央电视台对其享有录音录像制作者权。

（2）关于原告在该案中的权利。

根据《奥林匹克宪章》和中国政府与国际奥委会签署的有关协议，第 29 届奥林匹克运动会赛事及相关活动在中国大陆和澳门地区的新媒体（互联网和移动平台）转播权由国际奥委会独家授予中国中央电视台。该转播权包含了著作权法意义上的信息网络传播权。因此，中央电视台对涉案节目享有独家信息网络传播权。未经中央电视台授权许可，其他任何互联网和移动平台等新媒体均不得擅自转播。该案原告获得了中央电视台授予的信息网络传播权，其合法权益应受法律保护。因此，法院认定原告有权在该案中就“德巴女足赛”电视节目向被告主张录音录像制作者的信息网络传播权。

关于原告在该案中同时起诉被告侵犯其享有的广播组织专有权，根据《著作权法》第45条第1款的规定，广播电台、电视台有权禁止未经其许可将其播放的广播、电视转播的行为，本条规定的广播组织专有权的行使主体限于广播电台、电视台，法律没有规定允许广播电台、电视台将该权利授予其他主体例如该案原告单独行使，因此对于原告在该案中主张其享有广播组织专有权，法院不予支持。

（3）关于被告的行为是否侵犯原告权利的问题。

根据（2008）沪静证经字第4143号公证书显示的内容以及被告的陈述，可以认定通过安装、运行并用21CN通行证登录从被告网站上下载的VGO软件，依次点击该软件窗口“电视直播”栏目、“体育频道”子栏目、“CCTV5（直播测试频道）”，即可以实现对中央电视台CCTV—奥运频道正在直播的涉案电视节目“德巴女足赛”进行实时播放。现没有证据证明“CCTV5（直播测试频道）”播放涉案电视节目“德巴女足赛”获得了中央电视台的授权许可，因此，通过“CCTV5（直播测试频道）”提供涉案电视节目的主体应当构成侵犯原告作为录音录像制作者的信息网络传播权的直接侵权行为。

原告与被告双方争议的焦点是被告辩称其作为网络服务提供者，仅为被诉侵权的“德巴女足赛”提供了点对点（P2P）技术服务，而不存在原告起诉的通过自己的服务器提供“德巴女足赛”给互联网用户观看的直接侵权行为。

根据《信息网络传播权保护条例》第18条、第26条的相关规定，侵犯他人信息网络传播权的直接侵权行为，是指通过信息网络擅自向公众提供他人的作品、表演、录音录像制品，使公众可以在其个人选定的时间和地点获得作品、表演或者录音录像制品的行为。这里的“提供”，系指行为人通过上传到网络服务器、开放计算机硬盘或者以其他方式，将作品、表演、录音录像制品置于向公众开放的信息网络中，使公众可以以下载、浏览等方式获得的。该案中，根据VGO软件安装过程中显示的信息以及被告的21CN vgo站点（vgo. 21cn. com）页面上的“软件特点”等信息，VGO软件从功能上而言提供的是点对点技术服务，该技术令网络用户无须登录中央服务器浏览和下载，而是进行个人电脑与个人电脑之间的直接通信，每台个人电脑同时扮演服务器与客户机的角色，直接从其他用户的电脑而非从中央服务器获取数据资源。

然而，VGO软件提供的虽然是点对点技术服务，仍然不能否定其中的“CCTV5（直播测试频道）”是被告通过自己服务器向公众提供浏览的可能，要判断被告是否存在此种直接侵权行为，还需要审查以下事实。第一，被告在其21CN vgo站点（vgo. 21cn. com）页面上“最新公告”的第三项列明了“VGO直播测试频道—CCTV奥运”，足以证明被告明知其VGO软件中存在“CCTV5（直播测试频道）”的事实并通过公告进行宣传。第二，该案VGO软件的播放信息与公证保全时间基本在同一时期（2008年2月25日）的（2009）穗中法民三终字第13号案有明显区别的是，同是使用被告的VGO软件，该案在开始播放后会在播放窗口的右侧出现明显不属于被告的链接地址“p2ps：//

96CdlCA……wmv”，法院因此认定是案外第三人擅自上传涉案电影供其他网络用户浏览下载，而该案的播放窗口右侧没有任何链接地址的信息，从两案显示的链接信息的区别至少可以确定，显示链接地址并不能成为VGO软件的技术障碍，若被告否认存在直接侵权行为，完全有能力也应当举证让原告获知“CCTV5（直播测试频道）”的链接地址信息，但被告至今仍未提供该部分证据。第三，与一般通过点对点技术共享传播的文件通常是事先储存在案外第三方用户电脑上的现成文件有所区别的是，该案中通过信息网络传播的是中央电视台的电视节目，而且是通过实时同步播放（直播）的方式进行传播，这就要求通过“CCTV5（直播测试频道）”播放涉案电视节目的主体可以完成电视信号的接收、转化为数字信号、在信息网络上传播这个过程，在硬件的配置和技术要求上，所需均应高于一般的个人用户通过点对点技术将储存在其电脑上的文件提供给网络用户浏览下载的情形。综合上述几方面，考虑到被告经营的是国内大型门户网站，从常理分析，其后台强大的服务器拥有将电视节目通过实时同步播放（直播）的方式进行传播的能力；并且，在《关于严禁通过互联网非法转播奥运赛事及相关活动的通知》颁布后，被告应当明知未经中央电视台授权许可，其他任何互联网和移动平台等新媒体均不得擅自转播涉案电视节目；最关键的是，在没有技术障碍的情况下，被告不能提供证据证明在VGO软件平台上建立链接的被诉侵权内容系由案外第三方网络用户提供的；因此，法院推定被告提供了侵权内容，直接侵犯了原告作为录音录像制作者的信息网络传播权。

（4）被告应承担的民事责任。

被告侵犯了原告作为录音录像制作者的信息网络传播权，应承担相应的民事责任。原告要求被告立即停止通过信息网络转播中央电视台CCTV—奥运频道的“德巴女足赛”的服务，考虑到上述涉案电视节目的内容是2008年北京奥运会比赛，播放时间是2008年8月，距今已将近四年，事实上已经不可能再进行实时转播，因此对于原告该项诉讼请求，法院不再支持。

原告还要求被告在其经营的网站首页及《中国电视报》上发布声明，向原告公开赔礼道歉。法院认为，赔礼道歉是以侵犯著作权人身权利为条件的，首先，该案中播放的内容并没有进行编辑、更改，实时转播的视频有CCTV的台标；其次，该案原告没有证据证明被告实施的行为给其商誉造成损害，因此，对于原告的该项诉讼请求法院不予支持。

原告还要求被告赔偿其经济损失200万元以及为调查被告侵权行为和起诉被告所支付的合理费用10万元。鉴于原告没有证据证明原告因侵权行为造成的实际损失和被告因侵权行为获得的利润情况，法院将根据原告权利的性质、被告网站的性质、侵权的性质和后果、国家版权局等三部门联合发布《关于严禁通过互联网非法转播奥运赛事及相关活动的通知》的时间等因素，以及原告该本案诉讼所支付的律师费、公证费等费用的合理性、必要性，酌情确定该案的赔偿数额为20万元。

综上所述，依照《著作权法》第10条第1款第12项、第45条第1款第1项、第48条第4项、第49条，《信息网络传播权保护条例》第1条，《著作权法实施条例》第5条第3项，《最高人民法院关于审理涉及计算机网络著作权纠纷案件适用法律若干问题的解释》第3条的规定，判决如下：

一、被告世纪龙信息网络有限责任公司自本判决发生法律效力之日起十日内赔偿原告央视国际网络有限公司经济损失以及为本案支出的合理费用共计人民币20万元。

二、驳回原告央视国际网络有限公司的其他诉讼请求。

3. 判决评析与思考

从该案的判决可以看出，广州市中级人民法院认为，由于独创性程度不高，通过直播体育赛事播出的体育赛事节目系录像制品而非作品，中央电视台是体育赛事节目的录音录像制作者，而非著作权人。同时，法院认为被告对德巴女足比赛的直接转播行为侵犯了原告作为录像制作者所享有的信息网络传播权。笔者认为，广州市中级人民法院的法律适用和判决结果是存在问题的。实际上，根据《著作权法》的规定，信息网络传播权主要是指以有线或者无线方式向公众提供作品、表演或者录音录像制品，使公众可以在其个人选定的时间和地点获得作品、表演或者录音录像制品的权利。也即，信息网络传播权控制的行为是网络点播行为，即播放时间不固定，公众任意选择时间和地点，都能够观看或获得作品。该项权利指涉的行为并不包括对体育赛事节目所进行的实时转播。该案中被告的转播行为是按原告固定的播放时间予以直接转播，网络用户并无法在个人选定的时间和地点予以点播观看，而只能按固定的播放时间观看，所以被告的行为不是信息网络传播行为，不属于信息网络传播权控制范围。因此，尽管从最后实际保护的效果来看，原告的合法权益得到了法律的保护，但是法院的判决依据和理由存在问题，属于适用法律错误。

(五) 北京新浪互联信息服务有限公司诉北京天盈九州网络技术有限公司著作权纠纷案

1. 基本案情

原告新浪公司诉称，2013 年 8 月 1 日，新浪公司发现天盈九州公司在凤凰网（Www. Ifeng. Com）上中超频道首页，显著位置标注并提供比赛的直播：①鲁能 VS 富力（8 月 1 日）②预告—19：35 视频直播申鑫 VS 舜天（8 月 1 日）。点击上述标题后，进入该场比赛的专门页面，显示“凤凰体育讯”，“凤凰体育将为您视频直播本场比赛，敬请收看!”在“点击进入视频直播室”，该页面的浏览器页面标签上的标题为“视频直播合作：凤凰互动直播室”字样，且该页面存在大量广告。

新浪公司认为，天盈九州公司未经合法授权，在网站上设置中超频道，非法转播中超联赛直播视频，严重侵犯了新浪公司的独占权利，存在故意的主观恶意性。故天盈九州公司擅自将电视台正在直播的中超比赛的电视信号通过信息网络同步向公众进行转播的行为侵犯了新浪公司享有以类似摄制电影方式创作的涉案体育赛事节目的作品著作权。同时新浪公司认为，赛事组织者的赛事转播的授权制度是一种值得法律保护的正当的竞争秩序，天盈九州公司的行为破坏了这种商业模式构成的竞争秩序和其所体现的商业道德，构成不正当竞争。天盈九州公司以显著规避正规授权限制为目的，以非法的、非诚实守信的、不公平的寄生性将新浪公司的中超联赛视频独占播放和转播之利益陷于不当剥夺的境地，攫取了本该属于新浪公司的经济利益，分流了其用户关注度和网站流量；对视频服务的来源做引人误解的虚假宣传，实质上借合作之名，违反商业道德的方式达到在门户网站中直播中超赛事视频的目的。

为此，新浪公司依据著作权法、反不正当竞争法及相关法律法规，请求判令天盈九州公司承担停止侵犯其拥有的中超联赛视频的独占传播、播放权；立即停止对体育赛事转播权及其授权领域正当公平竞争秩序和商业模式的破坏；立即停止以显著规避授权限制为目的，在凤凰网上用与第三方进行所谓“体育视频直播室”合作方式达到门户网站上直播中超赛事视频效果；立即停止向用户做引人误解的虚假表示，对视频播放服务的来源做引人误解的虚假宣传；赔偿新浪公司经济损失 1000 万元；天盈九州公司在其经营的凤凰网首页及《中国电视报》上发表声明，消除侵权及不正当竞争行为造成的不良影响。

2. 判决要旨

北京市朝阳区法院认为，依据《国际足联章程》以及《中国足球协会章程》的规定，中国足球协会当然的拥有各项足球赛事的权利；其权利包括各种财务权利，视听和广播录制、复制和播放版权，多媒体版权，市场开发和推广权利以及无形资产如徽章和版权等；同时，其享有同第三方合作使用以及完全通过第三方来行使权利的权利。在此前提下，依据2006年3月8日，中国足球协会出具的授权书，可以确认中超公司有权代理中国足球协会开发经营中超联赛的电视、广播、互联网及各种多媒体版权；可以对上述资源进行全球范围内的市场开发和推广，有权进行接洽、谈判及签署相关协议等，有权经中国足球协会备案后在本授权范围内进行转委托；且该授权为中国足球协会对中超联赛资源代理开发经营的唯一授权。

上述章程及授权手续可以认定，2013年12月24日中超公司向新浪公司出具授权书的有效性。依此授权书，新浪公司在合同期内，享有在门户网站领域独占转播、传播、播放中超联赛及其所有视频，包括但不限于比赛直播、录播、点播、延播；以及有权采取包括诉讼在内的一切法律手段阻止第三方违法使用上述视频并获得赔偿。

通过上述章程和授权手续，可以确认涉案赛事的转播，显而易见属于范围内的相应权利；亦说明新浪公司对涉案赛事转播享有权利。尽管在涉案播放页面上出现BTV、CCTV的标识，不能否定上述确权、授权过程中新浪公司获得对涉案赛事转播的权利；同时，依据中超公司与体奥动力签订的协议，中超公司将门户网站与电视转播权、电视产品权等分开授权。故法院对天盈九州公司提出的新浪公司未获得授权，且其获得的授权有重大瑕疵的抗辩不予支持。

从涉案转播赛事的网络地址（Www. Ifeng. Sports. Letv. Com）以及涉案赛事网页显示的入口状态，可以看出该赛事的转播是在乐视网项下子域名的地址下播出，依据一般技术角度解释，域名对其项下子域名播放的内容享有控制权，即乐视公司对涉案转播赛事享有控制权；同时考虑到天盈九州公司与乐视公司曾有过合作，乐视网曾向凤凰网推送过相关视频，且在涉案网页上显示有“视频直播合作—凤凰互动直播间”的字样；又考虑到涉案赛事转播页面显示有两个入口“乐视体育”“凤凰体育”，从而无法得出该页面返回至唯一主页面（地址）的结论；还考虑到该涉案网络地址已停止使用，不能就该域名进行解析得出提供涉案转播赛事画面内容的相应服务器来源；再考虑到乐视公司不能就其与凤凰网播出的涉案赛事的页面内容的不一致进行举证。故在现有证据下，法院对乐视公司提出其对凤凰网播放涉案赛事行为并不知晓的述称，不予支持；认定凤凰网转播涉案赛事的信息源系由乐视网决定并输出。

依据乐视公司获得涉案赛事转播的权利链条来源，可以确认：(1) 体奥动力在中超联赛上的获权范围仅限地方台广播电视转播、非门户网络视频版权、手机应用软件、海外电视转播、海外网络视频开发进行合作，即说明凤凰网不在上述范围内；(2) 乐视公司仅限于在自营网站上，并不得以链接、共建合作平台等方式，与第三方合作或授权第三方使用授权节目。故现有证据亦不能支持乐视公司所称其不知道凤凰网播放涉案赛事内容的事实。

由此，可以认定天盈九州公司实施的链接行为已经不是单纯的网络服务行为，而是以链接为技术手段与乐视公司分工协作，未经许可共同向网络用户提供涉案赛事的转播，即播放了涉案赛事内容。根据侵权责任法规定，法律规定承担连带责任的，被侵权人有权请求部分或者全部连带责任人承担责任。通过权利的授权来源确定，“门户网站”不是法定概念，设置门户网站的权利在赛事的持权方中超公司，即中超公司通过合同约定了门户网站的范围；依据中超公司向新浪公司出具授权书的内容，凤凰网与新浪网同属一类网站，即均属门户网站；凤凰网不享涉案赛事的播放权利。故凤凰网的转播行为侵犯了同为门户网站的新浪网就涉案赛事享有的转播权利，故新浪公司有权要求天盈九州公司承担侵权责任，并要求其停止侵权行为。

新浪公司在该案中提出，涉案转播的赛事呈现的画面应属于我国著作权法保护的作品范畴。依照法律规定，具有独创性并能以某种有形形式复制的智力成果，才可构成我国著作权法所保护的作品。是否具有独创性，成为法院判断涉案赛事转播画面是否构成作品的关键。独创性意指独立创作且不具有对他人作品的模仿、抄袭。

从赛事的转播、制作的整体层面上看，赛事的转播、制作是通过设置不确定的数台或数十台固定的、不固定的录制设备作为基础进行拍摄录制，形成用户、观众看到的最终画面，但固定的机位并不代表形成固定的画面。用户看到的画面，与赛事现场并不完全一致，也非完全同步。这说明了其转播的制作程序，不仅仅包括对赛事的录制，还包括回看的播放、比赛及球员的特写、场内与场外、球员与观众、全场与局部的画面，以及配有的全场点评和解说。上述画面的形成，是编导通过对镜头的选取，即对多台设备拍摄的多个镜头的选择、编排的结果。而这个过程，不同的机位设置、不同的画面取舍、编排、剪切等多种手段，会导致不同的最终画面，或者说不同的赛事编导，会呈现不同的赛事画面。就此，尽管法律上没有规定独创性的标准，但应当认为对赛事录制镜头的选择、编排，形成可供观赏的新的画面，无疑是一种创作性劳动，且该创作性从不同的选择、不同的制作，会产生不同的画面效果恰恰反映了其独创性。即赛事录制形成的画面，构成我国著作权法对作品独创性的要求，应当认定为作品。从涉案转播赛事呈现的画面来看，满足上述分析的创造性，即通过摄制、制作的方式，形成画面，以视听的形式给人以视觉感应、效果，构成作品。

综上，乐视公司、天盈九州公司以合作方式转播的行为，侵犯了新浪公司对涉案赛事画面作品享有的著作权。就涉案的转播行为，尽管是在信息网络的条件下进行，但不能以交互式使用户通过互联网在任意的时间、地点获得，故该行为不属于我国著作权法所确定的信息网络传播权的范畴，但仍应受我国著作权法的保护，即属于"应当由著作权人享有的其他权利"。故法院对新浪公司主张天盈九州公司侵犯其著作权并据此要求天盈九州公司停止侵权、赔偿经济损失及消除影响的诉讼请求，予以支持。

该案中，新浪公司就天盈九州公司的行为提起不正当竞争诉讼。法院认为，赛事组织者的赛事转播授权制度，应当受到法律保护，但其权利主体是赛事组织者。对新浪互联公司提出的侵占其享有的播放和转播利益，分流其用户的关注度和网站流量，以及对视频服务来源作出引人误解的虚假宣传一节，因该事实都是基于与上述同一事实而产生的侵权后果，因而相同的事实或者说是同一事实，不能通过两个不同的法律进行调整、规范。新浪公司作为赛事转播授权一方，其权利受到的侵害在该案中已通过著作权法的保护得到救济补偿，即转播的行为已通过我国著作权法进行了调整，无须再以反不正当竞争法进行规制。因此，对新浪公司涉案提起的不正当竞争行为的诉请，法院不予支持。

3. 判决评析与思考

该案最终由北京市高级人民法院作出终审判决。在该判决中，北京市高级人民法院认定涉案中超赛事节目构成类电作品，新浪公司关于涉案赛事节目构成类电作品的再审主张成立，撤销北京知识产权法院作出的二审判决，维持北京市朝阳区人民法院此前作出的一审判决。该案一审的朝阳区人民法院显然是认为基于体育赛事现场直播所形成的体育赛事节目符合著作权法上独创性的要求，可以受到著作权法对作品的保护。通过该案可知，尽管有很多法院认定，直播的体育赛事节目由于独创性程度较低，不是作品而是录像制品，只能受到著作邻接权的保护，但是审理该案件的法院还是直接将比赛直播画面认定为著作权法上的作品，并通过著作权法的权利兜底条款对未经许可的网络实时转播行为进行规制。这种方法倒是一种一劳永逸的解决方案，即明确直播的体育赛事节目为作品，这样就可以受到著作权法较为周全的保护。但是，基于现场直播所形成的体育赛事节目是否为作品，这是理论界和司法实务界争议最大的问题，法律也没有明确的规定。法院在这种程度下直接认定体育赛事节目是作品，是否过于激进，是否有法官造法之嫌疑？当然，这种对合法权益通过著作权法框架予以保护的思路，仍具有启发性。

三、体育赛事、体育赛事节目、体育赛事节目信号的概念与相互关系

体育赛事转播是一个复杂的技术过程，这一过程有多个主体参与。这些主体对体育赛事、体育赛事节目、体育赛事节目信号等不同的客体享有不同的权益，构成不同的法律关系。因此在探讨体育赛事转播权之前，必须首先对这些客体的概念和相互之间

的关系进行分析。只有首先明确了体育赛事、体育赛事节目、体育赛事节目信号这三类客体之间的联系和区别，掌握整个体育赛事转播和体育赛事节目制作的全部流程，才能够对体育赛事节目在著作权法上的性质有准确的认识。

（一）体育赛事的概念

体育赛事是整个体育赛事转播的基础和本源，也是体育赛事转播法律保护制度构建的起点。如果没有体育赛事，没有运动员参与其中进行竞技和比赛，那也就没有大量的观众观看比赛，没有赞助商和转播机构密集的资金投入，体育赛事的转播和各种类型的体育赛事节目也就不会出现了。因此，必须首先明确体育赛事的概念。

体育赛事具有竞技性、对抗性、结果的不可预测性，是指参加比赛的运动员在体育比赛规则的指引下进行竞赛以获取名次或优胜的竞技行为。体育赛事主要表现为运动员在比赛场上进行相互的较量和竞争，这种较量和竞争以竞赛规则之下运动员的体力、速度、技术、耐力、团队合作等为基础，展现运动员的竞技水平和综合素质。体育赛事的最终目标是分出胜负和排名，追求更高、更快、更强。体育赛事从比赛的组织形态上可以分为有一定规模和级别、具有影响力的正规比赛和民间自发组织、规模较小的非正规比赛。非正规比赛主要是民间一些体育运动形式，比如赛龙舟、拔河、自发组织业余足球队参与足球比赛，这些民间非正规比赛带有一定的娱乐性和群众参与性，主要是由业余选手参加，专业性不强，水平不高，受到的社会关注度不高，并不具有很大的商业开发价值。而具有一定规模和级别的正规比赛或职业比赛则不同，这些比赛往往有高水平的专业或职业运动员参与，竞技水平较高，比赛形式正式，比赛规模较大，社会影响力深远，具有重要的商业开发价值。目前全球规模较大、具有较大影响力的体育赛事有足球领域的世界杯、夏季或冬季奥运会、一级方程式赛车、美国篮球 NBA 联赛等，还有各类洲际体育赛事和各单项体育协会组织的锦标赛等。本章主要探讨的是这些正规的、由专业或职业运动员参加的、具有较大规模和社会影响力的体育赛事的转播法律保护问题。因为一般只有这些赛事，才存在赛事转播的法律保护问题。

由于这些规模较大的、正规的体育赛事具有竞技性和对抗性，由专业运动员参与，竞技水平较高，且需要分出胜负和排名，其结果具有不可预测性和戏剧性，吸引了大量的观众观看比赛。这类体育赛事也逐渐吸引了越来越多的商家和媒体，获得了大量的商业赞助，商业价值与日俱增。随着广播电视转播技术的发展，人们可以不用到体育赛事举行的比赛场馆去现场观看体育比赛，而可以选择在家里通过电视机等转播终端来观看体育赛事的现场直播或录播节目。随着网络技术的成熟，一些转播机构也选择通过网络直播平台实况播放体育赛事节目，甚至有一些专业的网络播放平台直接通过互联网直播体育赛事。这样，人们就可以通过电脑、手机等移动终端来观看体育赛事节目，这带动了整个体育赛事转播产业的蓬勃发展。所以说，整个体育赛事转播以及体育赛事节目的源泉和基础是体育赛事本身。

（二）体育赛事节目的概念

目前，人们要想观看到体育赛事的过程和结果，除了到体育比赛的现场之外，还可以通过广播电视台、网络平台等转播机构的转播，在家中通过电视机、电脑等终端接收装置或设备进行观看。体育场馆能够容纳的观众人数有限，并且有时门票价格并不便宜，因此，随着广播电视传播技术的发展，越来越多的人选择在电视机前观看体育比赛的直播。随着网络技术的发展，很多人也开始选择在网络上观看体育比赛的直播。体育赛事要想被除体育场馆内现场观众之外的其他人观看到，就必须借助于广播电视台、网络平台等转播机构的参与和制作。由这些转播机构运用其技术手段和专业设备，将现场体育比赛的进程进行拍摄和制作，其中一般还会加入主持人的解说，各种花絮、各种镜头的播放和慢镜头回放、视频集锦等，最终录制成体育赛事节目，并通过广播电视节目信号传播给电视机、电脑等终端设备前的公众收看。由此，体育赛事节目乃是呈现在观众面前的，已经经过了广播电视台、网络平台等转播机构加以录制或制作剪辑的视听画面信息集合。1986 年，美国联邦第八巡回上诉法院在审理国家橄榄球联盟（National Football League）一案中，就对广播电视台在体育比赛现场如何拍摄和制作体育赛事节目进行了详细的论述。法院指出，要对体育赛事进行转播，电视台必须经过体育赛事权利人的许可，经过许可之后进入比赛场地，根据比赛场地来设置不同角度的摄像机。比赛开始后，通过摄像机对正在进行的现场比赛进行实时录制。在录制过程中，还要有现场的解说员对场上比赛进行点评和介绍。现场通信设备将混合了比赛节目录制画面和现场解说员声音的信号传递给转播卫星，由转播卫星将信号传播给电视台地面的接收设备。电视台再对由电视台地面接收设备接收的信号进一步编辑加工，加入字幕、广告、音乐等，最终通过卫星传递再次传播到观众的电视机等终端信号接收设备上，使观众可以在电视机前实时观看到体育比赛画面和进程。这一过程较为复杂，程序众多，似乎要花费很多的时间。但是随着转播技术的日益成熟，现场体育赛事制作成体育赛事节目并传播给电视机或网络平台前的观众几乎是瞬间完成的。运动员从做出动作到电视观众看到这些节目之间的时间间隔通常不超过2秒。[1] 也就是说，电视机或网络平台前的观众观看到的体育赛事画面与现场体育馆中的体育比赛进程基本上是保持同步的。不仅如此，在电视机、网络平台前观看到的体育比赛画面也已经不是单纯的现场比赛实况，而是由转播机构摄制、解说、编辑、信号转换等制作而成的体育赛事直播节目，中间有大量的慢镜头、特写、广角镜头等呈现在观众面前，是一种视听形式的集合。这种体育赛事节目由转播机构制作转播完成，转播机构在其中投入了大量的人力、物力、财力，也在其中有着合法的需要法律保护的利益。

除了上述体育赛事节目之外，还有一种类型的体育赛事节目，是转播机构后期以体育赛事现场画面为基础制作而成的体育赛事专题报道、赛事集锦评论等综合性的体育赛事节目。这种体育赛事节目主要是由电视台的体育频道播放。如中央电视台体育频道的《足球之夜》《体育大世界》等节目。这些节目制作精良，有大量的评论、记者采访和球员访谈、赛事集锦等。这类节目已经和其他电视台所播放的综艺节目、新闻专题报道节目等没有太大的区别，在法律定性上并不存在太多争议。本书主要讨论的，实际上是转播机构现场直播所制作形成的体育赛事节目。

由此可见，体育赛事节目与体育赛事截然不同。体育赛事是运动员参与的比赛本身，而体育赛事节目是以体育赛事为基础，在体育赛事的基础上经过了赛事转播组织的摄制、加工和制作，融入了赛事转播组织的拍摄、主持人的解说、现场各种远近镜头的切换，其中还有复杂的转播拍摄剪辑技术、卫星转播技术的参与，才最终形成呈现在观众面前的体育赛事节目。正是由于体育赛事和体育赛事节目有着截然不同的区别，所以在这两类客体上

---

[1] National Football League v. McBee&Bruno's, Inc., 792 F. 2d 726.

就分别形成了不同的权利主体和法律关系。体育赛事的权利主体主要是由体育赛事的组织者和参与者构成，而体育赛事节目的权利主体是体育赛事的制作主体即一般是亲自参与制作拍摄的转播机构。当然，也有的体育赛事节目是由体育赛事的组织者亲自参与和加以制作，转播机构仅购买体育赛事转播权并负责转播。这样，体育赛事节目的权利主体就自然是亲自参与制作的体育赛事组织者。但是，在目前体育产业蓬勃发展的今天，体育赛事和体育赛事节目一般由不同的主体分工合作完成。体育赛事由组织者举办，体育赛事的转播则交由专业的电视台等转播机构完成。由此，体育赛事上形成的权利是本源性的基础性权利，而体育赛事节目上形成的权利是在体育赛事基础上形成的，是后续性、后期制作型的权利。

（三）体育赛事节目信号的概念

体育赛事节目信号跟体育赛事、体育赛事节目又有所不同。体育赛事节目信号属于电视台等转播机构的转播信号。从技术上看，电视信号有几种类型。由地面电视塔发射电视信号电磁波，称为地面电视信号波，简称地面信号。它可使用电视机的普通天线接收收看，称为普通电视模式。由卫星发射电视信号电磁波，称为卫星电视信号波，简称卫星信号波或卫星信号。它可使用电视的卫星天线设备接收收看，称为卫星电视模式。现在随着转播技术的发展，还有通过有线电视系统和网络播放的供观众收看的节目信号。体育赛事节目信号也是电视台等转播机构所发射的电视节目信号，是广播电视台、网络平台等转播机构参与体育赛事转播过程中，发射接收数据设备能够识别的以体育赛事节目数据为内容的信号。

体育赛事节目信号与体育赛事、体育赛事节目不同。体育赛事节目是一种视听合成的数据集合信息，由视频画面和各种声音组成，供观众通过接收设备观看。例如，中央电视台每年制作的春节联欢晚会，就是由各种视听节目合成的数据集合信息。如果有主体未经许可复制发行中央电视台制作的春节联欢晚会节目，则侵犯了中央电视台对春节联欢晚会这一整台晚会的著作权。而体育赛事节目信号是由转播设备发射和接收的物理数据信号。在技术上，如果要将体育赛事节目传播给公众收看，只有将体育赛事节目这种视听集合信息转换为广播发射设备可以识别和发射的信号，再由接收设备接收并转换成公众可以观看的视频音频。因此，体育赛事节目只有以体育赛事节目信号的方式，才能通过接收设备和卫星将体育赛事节目的内容数据传递到千家万户，人们才能够在电视机等终端上看到体育赛事比赛画面。体育赛事节目信号与相关的体育赛事节目，实际上是同一种内容集合信息的不同的技术形态。体育赛事节目信号主要供设备发射和接收，而体育赛事节目是供用户观看的视听合成数据集合。在实践中，有主体未经广播电视台等转播机构的许可，擅自未经许可盗播广播电视台等转播机构的节目信号，这会影响观众的收视率，商业广告的播放效果等，损害转播机构的商业利益。因此，法律上不仅需要对体育赛事节目予以保护，对于体育赛事节目信号也需要予以保护。囿于主题所限，对于法律如何保护体育赛事节目信号，笔者将另行撰文探讨。

（四）体育赛事、体育赛事节目、体育赛事节目信号之间的关系

从以上论述可以看出，体育赛事、体育赛事节目和体育赛事节目信号，是不同的法律保护客体，在法律关系中具有不同的权利主体及权利义务关系。很多学者在论及体育赛事传播的法律问

题时，往往没有在概念上对这三类主体进行明确的区分和界定。如果对体育赛事、体育赛事节目、体育赛事节目信号这三者的区别和联系没有界定清晰，就很难对体育赛事转播法律保护问题有深刻的认识，并且在分析问题和适用法律时容易作出错误的判断。

从整体来看，体育赛事、体育赛事节目、体育赛事节目信号三者的物理性质和法律性质都是截然不同的，由不同的权利主体享有。在相互关系上，体育赛事是整个体育赛事转播的源泉，居于基础性的地位。体育赛事的权利享有者主要是体育赛事的组织者或主办方。因此，体育赛事转播权也由体育赛事的组织者或主办方授权给体育赛事转播机构，由体育赛事转播机构对体育赛事进行摄制、制作并通过设备转播，供用户观看。转播机构制作播放的体育赛事节目或体育赛事节目信号，都是以体育赛事本身为基础，在转播机构转播过程中所产生，主要是由体育赛事的转播机构负责。因此，除非有特殊的约定，则相关权利的享有者是转播机构。体育赛事节目和体育赛事节目信号，前者针对的是以体育赛事为主要内容的视听信息的集合，后者则是将这种视听信息集合转化成可以被广播电视台转播发射和接收设备识别的物理数据集合。体育赛事节目和体育赛事节目信号可以由一家电视台或转播机构完成，也可以由某一转播机构专门制作体育赛事节目，而其他转播机构只负责转播。这样，制作体育赛事节目的机构对其制作的节目享有权利，其他转播机构只对其转播而产生的体育赛事节目信号享有权利。

在讨论了体育赛事、体育赛事节目、体育赛事节目信号之间的联系和区别之后，就可以明确体育赛事之上的权利主要是体育赛事转播权。体育赛事节目主要是体育赛事的转播者经过体育赛事转播权主体授权之后，采用技术手段制作的供观众观看的赛事转播节目。因此，根据制作形成的客体的独创性程度，体育赛事节目之上的权利主要是著作权或著作邻接权。亦即，究竟是著作权还是著作邻接权，在理论和实务中是存在争议的，需要根据独创性的程度，进一步研究和确定。而体育赛事节目信号则是体育赛事节目经由转播机构的发射设备形成的信号本身，这一信号主要是由转播体育赛事节目的广播电视台、网络等转播机构的专业设备产生，因此，制作和发射信号的主体享有对其信号的权利，在著作权法上，由著作邻接权——广播组织者权保护。

四、体育赛事节目法律性质的争议与评述

（一）体育赛事节目法律性质的学术争议

在体育赛事节目法律性质的认定上，学界的分歧较大。有学者认为，体育赛事节目并不是作品，只能通过著作邻接权保护。亦即，体育赛事组织者只能凭借对赛事场所的物权设定他人入场并进行直播的条件，不能根据自身的章程原始取得对直播画面的著作权或邻接权。由于在对体育赛事进行直播时，摄像机的摄制需要遵循一定的规范，且导播对画面的选择需要满足观众的稳定预期，因此独创性程度有限。对现场直播画面的保护，应当通过完善著作权法对广播组织权的规定加以实现。[1] 与之相反的观点则认为，体育赛事节目是创作成果，从作品本质的角度讲，体育赛事节目属于视听作品的范畴。体育赛事节目满足原创性要求而能够获得版权保护。[2] 有学者指出，体育赛事节目的摄制包含了

[1] 王迁．论体育赛事现场直播画面的著作权保护——兼评“凤凰网赛事转播案”［J］．法律科学，2016（1）：30－49．

[2] 卢海君．论体育赛事节目的著作权法地位［J］．社会科学，2015（2）：98－105．

现场导演和摄影师的创造性劳动，其后期的剪辑、制作也符合著作权对作品独创性的要求。因此，我国应当将体育赛事节目纳入著作权作品保护范畴。[1] 有学者建议，可以在《著作权法》第3条所规定的作品类型下新增一项“体育赛事节目作品”，或者将之统一纳入“视听作品”的保护范畴。[2] 也有法官持类似观点，认为应借助于我国《著作权法》第三次修改的契机，将“视听作品”的形式予以确定，将体育赛事节目归属于“视听作品”。[3] 有学者则认为，将体育赛事节目定性为作品或录像制品都是可行的，关键在于著作权法相关法律制度的完善。考虑到体育赛事节目的独创性程度低于影视作品而高于录像制品，不妨将体育赛事节目定性为一类新的作品，即“体育赛事节目视听作品”，使体育赛事节目视听作品的著作权人可以根据《著作权法》第10条第1款第17项兜底条款去控制网络实时转播行为。还可以考虑将体育赛事节目定性为录像制品，扩大录像制品权利人的权利范围，赋予录像制品权利人控制网络实时转播行为的权利。[4] 类似的两分法观点认为，我国现行著作权法存在“电影作品”和“录像制品”之分，判断一个体育赛事节目是制品还是作品，应由主张权利的人举证。这一问题涉及对赛事过程固定机位的机械录制或者活动机位的选择拍摄两种情形。前者产生制品，后者产生作品。[5] 有学者也指出，如果体育赛事的转播具备足够的独创

---

[1] 刘友华，徐敏．从Aereo案看体育赛事节目新媒体传播的版权保护［J］．中国体育科技，2015（4）：104－110.

[2] 桂爽．互联网环境下体育赛事节目的著作权保护——兼评凤凰网直播中超赛事案［J］．电子知识产权，2015（9）：5－13.

[3] 林子英．体育赛事网络转播画面的知识产权保护［N］．中国知识产权报，2015－07－24（10）.

[4] 祝建军．知识产权疑难案件裁判思维［M］．北京：法律出版社，2015：73.

[5] 王自强．体育赛事节目著作权保护问题探讨［J］．知识产权，2015（11）：35－37.

性，符合“以类似摄制电影方法创作的作品”，则著作权法可以且应当提供保护。[1] 而在体育赛事节目信号的保护上，学者的意见较为一致，即认为目前的广播组织权权利范围过于狭窄。对现场直播的保护应通过著作权法对广播组织权的完善予以解决。有学者建议，广播组织权应可以规制以各种技术手段，包括通过互联网实施的转播行为。亦即，可以扩张广播组织权中的“转播权”，使之可以控制网络实时转播行为。同时，针对目前网播组织大量出现但是其法律主体地位并不明确的事实，著作权法也应确立网播组织的法律地位，将之纳入“广播组织”的范围。[2]

（二）体育赛事节目法律性质的司法争议

我国立法并没有规定体育赛事节目的法律性质，因此这一问题更多地留待司法机关在个案中进行认定。囿于立法不适应现实发展的需要，不同法院在认定体育赛事节目的法律性质上出现了截然不同的观点，兹分述如下。

1. 体育赛事节目属于动产

有权利人主张，体育赛事节目属于动产，应由物权法调整。在体奥动力有限公司诉上海全土豆公司网络侵权纠纷案中，原告认为被告未经原告授权，擅自在被告主办的网站“www. tudou. com”上转播 2010 年亚洲足球冠军联赛比赛。原告主张其受到侵害的独家播放权系物权属性的权利，向法院提起诉讼。一审上海市浦东新区人民法院认为，物权法实行物权法定原则，物权的种类和内容无法由当事人约定，而须依据法律所规定。原告主张其受到侵

---

[1] 宋海燕．论中国如何应对体育赛事转播的网络盗版问题［J］．网络法律评论，2011（2）：217－236.

[2] 王迁．论体育赛事现场直播画面的著作权保护——兼评“凤凰网赛事转播案”［J］．法律科学，2016（1）：30－49.

害的独家播放权系物权属性的权利，但我国法律并未对此作出规定，故原告主张缺乏法律依据，判决驳回诉讼请求。判决后，体奥动力公司向上海市第一中级人民法院提起上诉，主张涉案视频是其享有物权的动产。二审法院认为，因动产为有体物，其具有一定的有形载体，从被上诉人网站上的涉案视频的性质和形态来看，其应属于电子文件而非有体物，故上诉人主张涉案视频为动产缺乏法律依据，法院不予支持。[1]

2. 体育赛事节目属于作品

有法院认为体育赛事节目的性质是作品。在新浪公司诉天盈九州公司著作权纠纷案一审判决中，北京市朝阳区法院认为，对赛事录制镜头的选择、编排，形成可供观赏的新的画面，无疑是一种创作性劳动，应当认定为作品。天盈九州公司转播的行为侵犯了新浪公司对涉案赛事画面作品享有的著作权。涉案的转播行为尽管是在信息网络的条件下进行，但不能以交互式的方式使用户通过互联网在任意的时间、地点获得，故该行为不属于信息网络传播权的范畴，但仍应受我国著作权法的保护，属于《著作权法》第10条第1款第17项“应当由著作权人享有的其他权利”。[2]

3. 体育赛事节目属于录像制品

在央视国际网络有限公司诉华夏城视网络电视公司著作权侵权及不正当竞争纠纷案中，原告认为经中央电视台制作播出的巴

---

[1] 上海市浦东新区人民法院．浦民二（商）初字（2012）第2451号民事判决书．上海市第一中级人民法院．沪一中民五（知）终字（2013）第59号民事判决书[EB/OL].（2020-08-05）[2021-07-20]. https://www.tianyancha.com/lawsuit/87e9e67f9c0e11e788a5008cfaf8725a.

[2] 北京市朝阳区人民法院．朝民（知）初字（2014）第40334号民事判决书[EB/OL].（2019-01-05）[2021-07-20]. http://www.shipa.org/ip_litigation_show.asp?id=595.

西世界杯赛事直播节目是以类似摄制电影的方法创作的作品。法院认为，制作人在体育赛事直播节目的制作中能够按照其意志作出的选择和表达非常有限，尚不足以达到类电影作品的高度，不属于作品。经中央电视台制作播出的巴西世界杯赛事直播节目应认定为录像制品。[1]

2018 年 3 月 30 日，北京市知识产权法院在新浪公司诉天盈九州公司案终审判决中同样认定，由于我国著作权法对于电影作品的构成要求有固定的要件，而涉案赛事连续画面并不符合该要件，也没有达到电影作品的独创性高度，故未构成电影作品，应认定为录像制品。[2]

4. 体育赛事节目属于反不正当竞争法保护的利益

有法院在认定体育赛事节目属于录像制品后，考虑到著作权法中录像制品制作者权无法有效地规制网络转播行为，转而适用反不正当竞争法对权利人进行保护。在前述央视国际网络有限公司诉华夏城视网络电视公司案中，法院就认为，原被告双方在市场上属于存在竞争关系的主体，原告为体育赛事网络直播投入了资金和人力物力，被告在未经许可的情况下加以盗播，牟取了不正当的利益，损害了原告基于网络直播的合法利益。被告的行为违背了公认的商业道德和诚实信用原则，构成不正当竞争。[3]

---

[1] 广东省深圳市福田区人民法院. 深福法知民初字（2015）第 174 号民事判决书［EB/OL］.（2018 - 12 - 05）［2021 - 06 - 15］. http：//wenshu. court. gov. cn/content/content? DocID = f5c2566f - e367 - 41b5 - 8bb2 - aa2dcaacbde0.

[2] 北京市知识产权法院. 京知民终字（2015）第 1818 号民事判决书［EB/OL］.（2020 - 01 - 05）［2021 - 06 - 15］. http：//wenshu. court. gov. cn/content/content? DocID = 176b7def - 5828 - 4b1e - 8901 - a8c900108061.

[3] 广东省深圳市福田区人民法院. 深福法知民初字（2015）第 174 号民事判决书［EB/OL］.（2018 - 12 - 05）［2021 - 06 - 15］ http：//wenshu. court. gov. cn/content/content? DocID = f5c2566f - e367 - 41b5 - 8bb2 - aa2dcaacbde0.

（三）对体育赛事节目法律性质之争的评述

根据上述案例，有的法院认为现场直播的体育赛事节目由于创造性程度较低，不构成作品，只能作为录像制品受到邻接权的保护，但是有的法院没有采取较高的作品创造性认定标准，而是直接将比赛直播画面认定为著作权法上的作品。还有的法院试图从反不正当竞争的角度处理案件。之所以在体育赛事节目法律性质的认定上出现如此之多的分歧，主要原因就在于我国著作权法并没有明确规定体育赛事节目是否构成作品。在对体育赛事节目制作者的保护上，如果将体育赛事节目认定为作品，则对其的保护最为有利。尽管著作权法中的广播权和信息网络传播权都无法规制实时的网络转播行为[1]，但是权利人依然可以利用《著作权法》第 10 条第 1 款第 17 项“应当由著作权人享有的其他权利”来达到维权的目的。而如果仅将体育赛事节目认定为录像制品，由于著作权法规定的录像制品制作者权无法规制实时的网络转播行为，也不存在类似《著作权法》第 10 条第 1 款第 17 项保护狭义著作权人的兜底条款[2]，则权利人很难维护其权益。有的法院便只好通过反不正当竞争法对之予以保护。由此可见，体育赛事节目法律性质认定的问题，主要争议点在于体育赛事节目是否构成著作权法意义上的作品。

五、体育赛事节目法律性质认定的基础——独创性

判断体育赛事节目是否构成作品，实际上就是判断其是否符

[1] 刘家瑞．论体育节目的国际版权保护［J］．知识产权，2017（8）：11－20.

[2] 姚鹤徽．论体育赛事类节目法律保护制度的缺陷与完善［J］．体育科学，2015（5）：10－15.

合著作权法所规定的独创性的要求。符合独创性的要求，构成作品，即能够受到著作权法的保护。如果尚未达到独创性的要求，则不是作品，排除在著作权法保护范围之外。可见，独创性决定了某一表达成果是否构成作品。目前，学界对于独创性的理解还存在一定的偏差，亟须正本清源，厘清独创性的本质，并把握独创性立法和实践的发展趋势。

（一）独创性的概念与本质

独创性，是作品的构成要件。人类的智力成果只有符合著作权法上独创性的要求，才构成作品。所谓独创性，指作品是独立构思而成，作品不与或基本不与他人已发表的作品相同，即作品不是抄袭、剽窃或篡改他人的作品而完成的。[1] 不仅如此，作品还必须有一定的智力创造性。[2]

作品并非抄袭、剽窃或篡改而成是要求作品必须源自作者自身的智力劳动，这比较容易理解。难点在于对智力创造性的理解。智力创造性的标准实际上决定了可以受到著作权法保护的作品的范围。如果著作权法对智力创造性的要求较低，则会有更多的表达成果纳入作品的范围，受到著作权法的保护。如果对智力创造性的要求较高，则只有那些具备了较高创造性程度的表达成果才能够纳入作品的范围。那么，究竟应当如何理解和把握智力创造性的高度呢？

实际上，《伯尔尼公约》并没有要求作品需要具有较高的创造性程度。相反，《伯尔尼公约》尽可能地降低对作品创造性程度的要求，以使更多的智力成果能够受到保护。《伯尔尼公约》第 2 条第 1 款是对文学和艺术作品外延的规定。它明确了“文学

---

[1] 吴汉东．知识产权法［M］．北京：中国政法大学出版社，2007：40．

[2] 王迁．著作权法［M］．北京：中国人民大学出版社，2015：24．

和艺术作品”一词包括文学、科学和艺术领域内的一切成果，不论其表现形式或方式如何。[1] 可见，《伯尔尼公约》所界定的作品的范围和类型极为广泛，囊括了所有存在于文学、科学和艺术领域的表达成果，表明《伯尔尼公约》考虑到了未来技术的发展将催生新的作品形态，因而其无意为作品的范围和类型设定限制。只要智力成果达到最基本的或者最低限度的创造性程度，并非抄袭、剽窃或篡改之作，就应当作为作品受到著作权法的保护。“这就意味着国际公约对于可受著作权保护的作品采取了低门槛而不是高门槛。”[2] 《伯尔尼公约》对作品创造性程度的态度，对于我们理解独创性的本质具有十分重要的意义。

(二) 独创性的立法与实践发展趋势

从独创性立法的发展趋势来看，独创性的设置意在鼓励创作而非制造保护的障碍和提高保护的门槛。很多国家或地区的著作权立法都不再要求作品必须体现较高的智力创造性。这种趋势在大陆法系和英美法系都有所体现。早期英美版权法采取“额头流汗”原则，即使劳动成果中没有体现出任何智力创造成分，只要该劳动成果包含了作者“独立的艰苦劳动”并具有实际价值，就可以满足版权法对独创性的要求。[3] 例如，对某一地区的用户的电话号码进行逐户收集，投入劳动，就能够对电话号码数据本身享有版权。这可能会导致对数据本身的垄断，而且并不利于“站在前人肩膀上”进行创作。如今这一规则已经被摒弃。1991

[1] 《保护文学和艺术作品伯尔尼公约》（1979年9月28日修订）（正式翻译）[EB/OL].（2020-10-05）[2021-06-15]. http://www.wipo.int/wipolex/zh/treaties/text.jsp?file_id=283696.

[2] 孙远钊. 从著作权独创性谈中超联赛直播案 [EB/OL].（2020-10-05）[2021-06-15]. http://mp.weixin.qq.com/s/-f9zarpzC7v58nLVtCWj4Q.

[3] 王迁. 著作权法 [M]. 北京：中国人民大学出版社，2015：24.

年美国费斯特（Feist）案彻底否定了“额头流汗”原则，确立了“最低限度的智力创造性”标准。[1] 亦即，作品必须具有智力创造性，体现作者独特的智力判断和选择、展示作者的个性。[2] 在智力创造性的要求上，并不要求成果具有较高的创造性程度。在费斯特案中法院明确表示：所要具备的创意程度极低，即便只是稍许含量即已足够。[3] 这就是美国独创性认定中的“小硬币厚度标准”。亦即，只要成果的创造性达到了一枚小硬币的厚度，具有最低限度的智力创造性，就构成作品。美国版权法显然采取了最为宽松的独创性标准。例如，英美法系普遍认为，只要照片不是完全由机器自动拍摄，以及不是纯粹翻拍他人的照片，都是符合独创性的作品。[4]

美国费斯特案确立的规则对世界各国著作权法独创性的规定产生了深远的影响。无论是大陆法系还是英美法系，基本上都采用了这种“最低限度的智力创造性”的规则。在大陆法系的德国，德国著作权法在创作成果创造性的要求上，德国法尽管要求作品需要体现作者的个性，必须具有作者的个人精神特质。[5] 然而，这里的个性或者个人精神特质并不要求作品需要具备相当程度的创作水平。在德国司法判例中，对作品独创性的要求并不高，采用的实际上是美国独创性中的“小硬币厚度标准”。学者

---

[1] Feist Publications, Inc. v. Rural Telephone Service Co., 499 U.S. 340 (1991). [EB/OL]. (2019-10-01) [2021-06-15]. https://supreme.justia.com/cases/federal/us/499/340/.

[2] 王迁. 著作权法 [M]. 北京：中国人民大学出版社，2015：27.

[3] Feist Publications, Inc. v. Rural Telephone Service Co., 499 U.S. 340, 345 (1991). [EB/OL]. (2019-10-01) [2021-06-15]. https://supreme.justia.com/cases/federal/us/499/340/.

[4] 王迁. 著作权法 [M]. 北京：中国人民大学出版社，2015：34.

[5] 张伟君. 德国著作权法中作品的“个性（individualitaet）”[EB/OL]. (2020-10-11) [2021-06-15]. http://blog.sina.com.cn/s/blog_4da63f410102vljh.html.

指出，在德国，“地址簿、目录册、菜单、电话簿、数据库、普通计算机程序、表格、使用说明书、比赛规则等都可以作为‘小硬币’成为受保护的作品”[1]。司法实践中，欧盟法院在2012年“足球联盟赛程表”一案中确立的独创性标准，与美国版权法采取的标准已经非常接近。在该案中，法院认为，智力创作是构成独创性的唯一要求。只要作者依其自由和创意的选择以原创的方式来表达其创作能力时，就已具有独创性。[2]

由此可见，独创性仅要求作品需要具备最低限度的智力创造性，亦即，表达成果体现了作者的选择和判断。独创性的本质就是要求作者对作品的形成作出智力贡献，但它并不会去衡量智力贡献程度的高或低，只要表达成果有作者的智力贡献，哪怕只有“小硬币”的厚度，也足以构成作品。体育赛事节目法律性质的认定，同样应当依据独创性的概念和本质来分析。

六、著作权/邻接权二元立法模式对体育赛事节目法律性质认定的影响

我国著作权法没有深刻把握独创性规定的本质和立法目的，在判断标准上呈现出摇摆的态度，这在摄影作品、电影/类电影作品（2020年《著作权法》中的视听作品）、录像制品予以区别对待的规定上体现得最为明显。一方面，根据我国著作权法，摄影作品只要不是纯粹翻拍而成，即便只具有极低的创造性，也能

[1] 张伟君．德国著作权法中的“独创性”以及“一小枚硬币的厚度”标准［EB/OL］．（2020－10－11）［2021－06－15］．http：//blog.sina.com.cn/s/blog_4da63f410100qqgz.html.

[2] 转引自孙远钊．从著作权独创性谈中超联赛直播案［EB/OL］．（2020－10－05）［2021－06－15］．http：//mp.weixin.qq.com/s/－f9zarpzC7v58nLVtCWj4Q.

够作为作品受到保护。例如，游客在旅游时用手机随手拍摄的风景照片均构成摄影作品。另一方面，立法却又认为某些表达成果只有具有较高的创造性高度，才能构成作品。据此，表演、录音录像、广播组织信号，被认为创造性程度较低，不符合作品独创性中有关创造性程度的要求，只能纳入邻接权的保护范围。体育赛事节目法律性质之争，受我国著作权/邻接权二元立法模式的影响较大。学界和司法实务界很多人认为，既然体育赛事节目无法达到电影作品的创造性程度，只能被认定为录像制品。实际上，这种严苛的著作权/邻接权二元立法模式有其难以解答的困惑，已经有日渐式微的趋势。明确其存在的问题，对于正确界定体育赛事节目的法律性质有着重要的意义。

第一，从智力投入观之，邻接权保护客体的创造性程度未必低于作品。以邻接权保护的表演为例，尽管大陆法系通说认为表演的独创性程度不高，然而不能否认的是，表演是一种具有创造性和个性化的演出形式。对于同一部作品，不同表演者的演绎可能截然不同，甚至有些表演者的表演赋予了作品新的意义和生命。因此，“表演与其说是传播，不如说是演绎作品”。[1] 根据前文对独创性概念和本质的论述，独创性并不要求表达成果需要具备较高的创造性程度，只要其具有“小硬币”厚度的创造性程度，就可以构成作品。据此，邻接权保护的客体只要体现了作者的选择判断，并非抄袭而成，在理论上就可以作为作品受到保护。

第二，从表达类型分析，一些介于作品和制品之间的视听表达成果，已经很难判断究竟是作品还是制品，这导致司法上不得不出台解释性的规定，用以说明作品和制品的区别。例如，2012年，《广东省高级人民法院关于印发广东省高级人民法院关于审

---

[1] 刘春田. 知识产权法［M］. 北京：高等教育出版社，2013：109.

理侵害影视和音乐作品著作权纠纷案件若干问题的办案指引的通知》中就规定：电影作品的独创性要求较高，一般具有电影制片者与电影导演鲜明的个性化的创作特征；在设置技术上以分镜头剧本为蓝本，采用蒙太奇等剪辑手法；由演员、剧本、摄影、剪辑、服装设计、配乐、插曲、灯光、化妆、美工等多部门合作；投资额较大，等等。随着数字网络技术的发展，出现了不同于传统电影作品的新的以视听形式体现的表达成果。例如，Flash 动画、玩家操作形成的网络游戏画面。这些新的视听成果已经产生了巨大的商业价值，但是在著作权/邻接权二元立法模式下，难以判断这些视听成果究竟是作品还是制品，带来了法律保护上的难题。这表明，在视听表达成果的认定上提高创造性程度的标准，采取著作权/邻接权的二元立法模式并没有取得实际的功效，反而徒增解释和认定上的困难。

第三，从适用逻辑上分析，我国著作权法中的著作权/邻接权二元立法模式存在适用上的矛盾。按现行《著作权法》的规定，游客在旅游时用手机拍摄的照片会被认定为摄影作品，而用手机拍摄的视频又会被认定为创造性程度较低，并非电影作品，只能构成录像制品。于此，同一主体对同一场景进行拍摄所形成的客体，法律定性却截然不同。不仅如此，如果对手机拍摄的视频进行截图，所形成的单幅影像图片是否还属于摄影作品？如果认定其为摄影作品，则又无法解释为什么手机拍摄的视频不是作品，对视频进行截图形成的单幅影像图片又可以作为摄影作品受到保护？而如果不将视频截图形成的单幅影像图片认定为摄影作品，则单幅影像图片就面临无法受到著作权法保护的窘境。这说明我国立法中有关作品创造性程度的标准不一，不同类型作品的保护水平并不一致，暴露出适用上的矛盾。

由此可见，在视听表达成果的认定上，著作权/邻接权的二元立法模式存在逻辑和法律适用上的问题。问题的根源还在于对独创性的理解。从独创性的本质来看，独创性只要求表达成果的创造性程度达到“小硬币”的厚度，是一种最低限度的要求。因而我国立法按创造性程度的高低，将视听表达成果按著作权/邻接权二元立法模式划分为电影/类电影作品（2020年《著作权法》中的视听作品）和录像制品，本身就与独创性的本质相冲突。

七、《伯尔尼公约》、美国、欧盟对体育赛事节目法律性质的界定

除了独创性和著作权/邻接权二元立法模式之外，考察《伯尔尼公约》、美国和欧盟对体育赛事节目性质的界定，能够更好地澄清体育赛事节目的法律性质。

1.《伯尔尼公约》对体育赛事节目法律性质的界定

由于体育赛事节目采用了摄制的手法，由一系列有伴音或无伴音的画面组成，其也曾经被我国一些法院认定为“以类似摄制电影的方法创作的作品”（类电影作品）[1]。因此，我们可以考察《伯尔尼公约》对电影/类电影作品的界定，借以分析体育赛事节目的法律性质。《伯尔尼公约》第2条第1款规定了“电影作品和以类似摄制电影的方法表现的作品”[2]。根据《伯尔尼公约

---

[1] 北京市朝阳区人民法院（2014）朝民（知）初字第40334号民事判决书［EB/OL］.（2019－01－05）［2021－06－15］. http://www.shipa.org/ip_litigation_show.asp? id=595.

[2] 《保护文学和艺术作品伯尔尼公约》（1979年9月28日修订）（正式翻译）［EB/OL］.（2020－01－05）［2021－06－15］. http://www.wipo.int/wipolex/zh/treaties/text.jsp? file_id=283696.

指南》的解释，“类似摄制电影的方法”指的不是电影的创作手法，而是电影摄制的技术手段。[1] 亦即，《伯尔尼公约》考虑到了未来新技术出现的可能，对类电影作品同样采取了开放式的界定，并没有限定类电影作品的创作一定要像电影作品的创作那样，需要具备剧本、编剧、导演、演员、灯光等，只要成果最终表现出来的是“一系列有伴音或者无伴音的画面”，则任何摄制的技术手段都是被认可的。一言以蔽之，《伯尔尼公约》认为类电影作品的本质在于视听效果的呈现，至于是否采用了和电影一样的拍摄和创作手法，并不重要。

2. 美国对体育赛事节目法律性质的界定

美国立法和司法实践对体育赛事节目的法律性质进行了明确的界定。美国版权法并没有区分所谓电影作品和录像制品，而是统一纳入视听作品（Audiovisual works）的范畴进行保护。“在美国的司法实践中，几乎所有的录影都被承认为是视听作品。”[2] 就体育赛事节目而言，美国版权法设置了极低的独创性标准。美国国会众议院在对1976年《美国版权法》的报告中指出：当四台摄像机从不同角度拍摄一场足球比赛时，导播要指挥四名摄影师，并选择要将哪些电子影像以怎样的顺序向公众播放。无疑，摄影师和导播的工作构成了创作。[3] 美国法院的判例也表明，美国立法并不保护体育赛事，但是对于转播体育赛事形成的体育赛事节目，则受版权法保护。赛事的节目制作者在考虑如何录制体

---

[1] 刘家瑞. 论体育节目的国际版权保护［J］. 知识产权，2017（8）：11－20.

[2] 王迁. 体育赛事现场直播画面的著作权保护——兼评“凤凰网赛事转播案”［J］. 法律科学，2016（1）：182－191.

[3] The House Report on the Copyright Act of 1976, H. R. REP. 94－1476［EB/OL］（2019－09－05）［2021－06－15］. https：//en. wikisource. org/wiki/Copyright_Law_Revision_（House_Report_No. _94－1476）/Annotated.

育赛事时运用了独创性，因此属于受版权保护的作品。❶ 在现场直播的画面是否需要被固定（fixation）才能够受到保护的问题上，美国版权法采取了较为宽松的解释。其并不要求现场拍摄的画面要完全固定在存储介质之上。只要广播电视台等媒体对体育赛事进行转播的同时进行了实时的录制，则所呈现出的节目就属于受版权法保护的作品，广播电视台等制作机构对此享有版权。亦即，“只要录像与讯号的传播是同时进行，现场直播就属于视听作品”❷。

3. 欧盟对体育赛事节目法律性质的界定

欧盟对体育赛事节目的保护与美国并不相同，但是依然承认体育赛事节目可以构成作品。由于欧盟成员国众多，不同国家在保护方式上存在区别。为了协调各成员国的立法，保护电影、体育赛事摄制等产业的投资，《欧盟信息社会版权指令》（Information Society Copyright Directive）第3条“向公众传播作品的权利以及向公众提供其他客体的权利”中作出以下明确规定。（1）成员国应规定作者享有授权或禁止任何通过有线或无线的方式向公众传播其作品的专有权，包括将其作品向公众提供，使公众中的成员在其个人选择的地点和时间可获得这些作品。（2）成员国应规定下列授权或禁止通过有线或无线的方式向公众提供，使公众中的成员在其个人选择的地点和时间可获得的专有权：（a）表演者，就其表演的固定；（b）录音制品制作者，就其录音制品；（c）首次固定电影的制作者，就其电影的原件或复制件；

---

❶ Nat'l Football League v. Prime Time 24 Joint Venture, 211 F.3d 10, 13 (2d Cir. 2000). [EB/OL]. (2020-03-17) [2021-06-15]. https://www.law.cornell.edu/copyright/cases/211_F3d_10.htm.

❷ 孙远钊. 从著作权独创性谈中超联赛直播案 [EB/OL]. (2020-10-05) [2021-06-15]. http://mp.weixin.qq.com/s/-f9zarpzC7v58nLVtCWj4Q, 2018-06-02.

(d) 广播组织，就其广播的固定，无论这些广播是以有线还是无线方式传输的，包括通过电缆或卫星传输。[1] 根据该规定，无论是作品还是表演、录音制品、电影，其权利人在欧盟都享有完整的禁止他人以有线、无线、网络等任何技术手段提供给公众的权利。不仅如此，根据该指令第3条2 (d) 款的规定，欧盟的广播组织对于其播放的节目信号，也享有完整的排他性权利，可以排除他人未经许可以有线、无线、网络等各种方式从事转播的行为。[2] 由此可见，无论体育赛事节目是否具有独创性，在欧盟，体育赛事节目的制作者和播放者都能够有效规制未经许可的网络实时转播行为。在司法实践中，已经有欧盟的法院认为体育赛事节目可以作为作品受到保护。法院指出：体育赛事本身有其独特与原创的特质，或可转化为可受与作品相类似的保护。而这种保护可在适当的情况下由各国依其国内法给予授权。[3] 2012年，欧盟“足球联盟赛程表”一案中，法院明确表明著作权保护已经不再要求作品需要具备一定的创作高度。[4] 这就为体育赛事节目纳入作品的范围奠定了基础。欧盟委员会委托的调查报告《欧盟体育组织者权研究》也表明，在欧盟成员中，有27个国家已经明确承认体育节目可以作为作品受到著作权法的保护。[5] 这说明，将体育赛事节目认定为作品，在欧盟并不存在障碍。

---

[1] 欧盟信息社会版权指令 [EB/OL]. (2019-01-05) [2021-06-15]. https://bbs.mysipo.com/forum.php?mod=viewthread&tid=39994.

[2] 欧盟信息社会版权指令 [EB/OL]. (2019-01-05) [2021-06-15]. https://bbs.mysipo.com/forum.php?mod=viewthread&tid=39994.

[3] Asser Institute, Study on Sports Organisers' Rights in the European Union [EB/OL]. (2020-01-05) [2021-06-15]. https://papers.ssrn.com/sol3/papers.cfm?abstract_id=2455313.

[4] 孙远钊. 从著作权独创性谈中超联赛直播案 [EB/OL]. (2020-10-05) [2021-06-15]. http://mp.weixin.qq.com/s/-f9zarpzC7v58nLVtCWj4Q.

[5] 刘家瑞. 论体育节目的国际版权保护 [J]. 知识产权, 2017 (8): 11-20.

八、我国体育赛事节目法律性质的认定

根据独创性的概念、本质以及发展趋势，著作权/邻接权二元立法模式存在的问题，综合《伯尔尼公约》、美国、欧盟有关体育赛事节目法律性质的界定，我国应在《著作权法》修正时将体育赛事节目认定为作品，归入类电影作品类别。2020 年，我国对《著作权法》进行了修正，将电影作品/类电影作品改为视听作品。因此，体育赛事节目应当属于这里的视听作品。就此而言，新浪诉天盈九州案终审判决否定体育赛事节目的作品属性，在诸多方面存在法律解释和适用上的问题，不符合目前世界各国有关体育赛事节目法律性质认定的发展趋势。此外，还有学者提出将该行为认定为不正当竞争行为，通过反不正当竞争法予以规制。这一保护路径看似一劳永逸，实则存在较大的隐患，应当审慎适用。

（一）体育赛事节目的法律性质是视听作品

由于我国立法没有规定体育赛事节目的法律性质，导致实务部门对体育赛事节目性质的认定出现了较大的分歧。体育赛事节目在创造性程度的要求上不应过高，只要融入了制作者最低限度的选择和判断，其都应当属于作品，归入现行《著作权法》中的视听作品这一类别。

首先，将体育赛事节目认定为视听作品是独创性的必然要求。只要作品具备最低限度的创造性，就应当构成作品。美国著名法官霍姆斯曾言：让一些只受过法律训练的人来判断美术作品

的价值是危险的。[1] 王迁教授也指出，一名儿童虽然并未受过美术训练，只要能完成一幅较为完整的、能够表达一定感情的绘画，儿童在这一过程中对绘画对象的选择和判断等是具有一定智力创作性的，因而也能构成作品。[2] 亦即，不能因为儿童的心智尚未成熟，绘画成果的创造性较低而否认其构成作品。这一观点同样适用于对体育赛事节目创造性的判断。

不仅如此，对不同的作品类型设置不同的创造性高度要件，会增加法律的适用难度。我国著作权法对摄影作品、电影/类电影作品（现行《著作权法》中的视听作品）、录像制品予以区别对待，导致了独创性标准的不统一和适用上的矛盾。有学者一针见血地指出："对不同的作品要求必须具备不同的创作高度才能获得著作权，不但与著作权的本质相悖，更注定会制造出各种难以解决的困难问题。"[3] 著作权法在未来修正时应降低对视听成果创造性程度的要求，只要体育赛事节目的制作体现了制作者的选择和判断，具有最低限度的创造性，就应当作为视听作品受到保护。

其次，从体育赛事节目制作和最终呈现的效果来看，特定主体所制作的体育赛事节目达到了最低限度的创造性，理应构成视听作品。以足球赛事为例，目前足球赛事节目的制作水平逐渐提高，一场世界杯或欧洲杯正式比赛的摄像机位高达三十个以上，包括了主机位、中近景机位、特写机位等，机位镜头涵盖广角镜头、标准镜头、长焦镜头，拍摄的画面大到覆盖整个场地的全

---

[1] Bleistein v. Donaldson Lithographing Co. 188 U. S. 239, 251 (1903). [EB/OL]. (2019 - 06 - 05) [2021 - 06 - 15]. https: //supreme. justia. com/cases/federal/us/188/239/.

[2] 王迁. 著作权法 [M]. 北京：中国人民大学出版社，2015：29.

[3] 孙远钊. 从著作权独创性谈中超联赛直播案 [EB/OL]. (2020 - 10 - 05) [2021 - 06 - 15]. http: //mp. weixin. qq. com/s/ - f9zarpzC7v58nLVtCWj4Q.

景，小到球员面部特写，一应俱全。[1] 除镜头和机位之外，导播对不同镜头的切换也同样重要。几十个机位传输的画面信息，需要导播在短时间内进行判断和编辑，选择各种镜头拍摄的不同画面，使之成为体育赛事节目的有机整体。同样投入智力劳动的还有解说员。体育赛事的解说员需要对体育比赛的场上情况及时进行介绍和点评。在技巧上，需要“根据所面对的不同赛事，因比赛节奏，或缓慢推进，或扣人心弦，在视觉上紧跟比赛节奏与之契合”[2]。其智力投入不可谓不大。不仅如此，从最终形成的体育赛事节目画面来看，其融入了现场摄制者、导播、解说员等个性化的选择和判断，甚至一些体育赛事节目还有配乐、字幕、比赛开始前的花絮，中场休息时的点评、赛后的球员访谈等。不同转播机构转播同一体育赛事，其画面构图和解说并不相同。对于同一体育赛事，不同的观众可能倾向于观看不同机构制作的节目，喜欢不同解说员的解说风格。这就表明，不同电视台在制作和转播同一体育赛事时有着足够的创作空间，能够形成具有自身鲜明特色的节目版本。

最后，将体育赛事节目认定为视听作品才能有效地保护新技术环境下的各类新型的视听成果，切实保障视听成果权利人的利益，促进视听制作产业的发展。我国著作权法即便不改变目前的著作权/邻接权二元立法模式，也应降低对视听成果创造性的要求，使达到最低限度创造性的视听成果能够被认定为视听作品而非录像制品。对此，美国立法的规定具有借鉴意义。美国版权法对体育赛事节目设置了极低的创造性标准。其立法模式简单明确，不用判断特定客体究竟是电影作品还是录像制品，降低了作

[1] 揭秘足球比赛电视转播的奥秘，全景解读机位设置与镜头语言［EB/OL］.（2019－01－05）［2021－06－15］. https：//bbs. hupu. com/14904509. html.

[2] 欧阳骁锋. 浅析电视体育赛事解说［J］. 传媒论坛，2013（8）：83－84.

品的交易成本，由此促进了美国电影、动画、视频、体育赛事节目直播等产业的蓬勃发展。可见，“从产业发展促进的角度讲，版权法体系似乎更有市场”❶。

值得注意的是，学界存在这样一种观点，即认为体育赛事节目的保护问题可以通过完善广播组织权予以解决。通过增加广播组织权的内容，使广播组织可以规制未经许可的网络实时转播行为，这同样可以达到保护体育赛事节目的目的。❷ 笔者对此持不同意见。广播组织权保护的主体是广播组织。如果仅完善广播组织权的内容，那么仅制作了体育赛事节目但是并未从事转播行为的主体的利益依然无法得到保护。将体育赛事节目认定为作品，不仅是对独创性本质的遵循，而且是更为合适的解决方案。

实际上，在我国的司法实践中，法院早已突破了著作权/邻接权的二元立法模式，将很多新型的视听成果纳入作品的范畴，通过著作权对之予以保护。例如，玩家操作而形成的网络游戏画面就被一些法院认定为作品。在广州网易计算机公司诉广州华多网络科技公司案中，华多公司提供 YY 直播网站和 YY 语音客户端平台，供游戏主播在该平台上以直播、录播或者转播的方式传播《梦幻西游 2》的实时游戏画面。广州市知识产权法院经审理认为，涉案电子游戏由用户在终端设备上被登入、操作后，产生了一系列有伴音或无伴音的连续画面，表达了创作者独特的思想个性，与电影作品的表现形式相同。因此，涉案电子游戏在终端设备上运行呈现的连续画面可认定为类电影作品。❸ 最终法院认

❶ 卢海君．论体育赛事节目的著作权法地位［J］．社会科学，2015（2）：98－105．

❷ 王迁．体育赛事现场直播画面的著作权保护——兼评“凤凰网赛事转播案”［J］．法律科学，2016（1）：182－191．

❸ 广州市知识产权法院．粤知法民初字（2015）第 16 号民事判决书［EB/OL］．（2020－11－05）［2021－06－15］．http：//www.chinaiprlaw.cn/index.php？id＝4998．

定被告华多公司构成著作权侵权。由此可见，我国一些法院在面对新型视听表达成果的讼争时，并未僵化地遵守著作权法关于著作权/邻接权的二元立法模式，而是充分发挥了司法的能动性，通过对独创性标准的解释，将这些新型的视听表达成果纳入视听作品的范畴。

在将体育赛事节目纳入视听作品的范围之后，针对目前最普遍的侵权方式即未经许可的网络实时转播行为，权利人或法院可以依据《著作权法》第10条第1款第17项“应当由著作权人享有的其他权利”来进行规制。我国著作权法已经经过三次修正，扩大了广播权的调整范围，将非交互式的网络实时转播纳入广播权所能控制的行为范围。这样，在现行《著作权法》下，就可以运用广播权来规制未经许可的网络转播行为。当然，亦有学者主张合并广播权和信息网络传播权，设立统一的向公众传播权。[1]

综上所述，在各种新技术的运用之下，新的视听表达形态不断涌现，中国立法应借鉴目前各国有关作品独创性认定的趋势，不再刻意去区分视听表达究竟是作品还是制品，只要表达成果具备最低限度的创造性，就应将之纳入视听作品的范围。在我国现行《著作权法》区分视听作品和录像制品的情况下，应通过法律解释的方式，降低对视听作品创造性的要求，尽可能将新出现的视听表达成果纳入视听作品的范畴。对体育赛事节目而言，只要其体现了制作者的独立选择和判断，具备了最低限度的独创性，则其就能够作为视听作品受到保护。将体育赛事节目认定为视听作品，符合独创性的基本原理，也有利于更好地保护这一新型的视听表达成果，促进体育赛事节目产业的发展。

---

[1] 王好．体育比赛网络实时转播权的归属及体系定位——以新浪网诉凤凰网案为例[J]．天津体育学院学报，2015（6）：514－519．

（二）新浪诉天盈九州案终审判决存在的问题

新浪诉天盈九州案的一审判决认定体育赛事直播画面构成作品。这是较为合理的结论，符合独创性的基本理论。然而，终审判决却否认了体育赛事节目的作品属性。[1] 法院给出的理由是：电影作品应具有固定及独创性两个构成要件。固定要件要求电影作品被稳定地固定在有形载体上。独创性的要求涉及独创性的高度。该案中的现场直播，整体比赛画面并未被稳定地固定在有形载体上，不符合固定要件的要求。中超赛事公用信号直播存在客观限制因素：赛事本身的客观情形、赛事直播的实时性、观众的需求、公用信号的制作标准等。上述客观限制因素使公用信号所承载的连续画面在素材的选择方面基本上并无个性化的选择，难以符合电影作品的要求。[2]

然而，终审判决所依据的这两个理由都无法成立。就固定要件而言，不能机械地将《著作权法实施条例》第 4 条第 11 项“摄制在一定介质上”理解为完全固定在有形载体上。根据前文分析，《伯尔尼公约》中对电影/类电影作品的界定关注的是表达成果最终呈现的视听形态，即有伴音或无伴音的连续画面。至于这种连续画面是否要通过摄影器材的摄制完全固定在有形载体上，并无强制性的要求。从比较法来看，《美国版权法》并不要求现场拍摄的画面要完全固定在存储介质之上才能构成作品。只要广播电视台对体育赛事进行转播的同时进行了实时录制，则所

---

[1] 北京市知识产权法院．京知民终字（2015）第 1818 号民事判决书［EB/OL］．（2020－01－05）［2021－06－15］．http：//wenshu. court. gov. cn/content/content?DocID＝176b7def－5828－4b1e－8901－a8c900108061．

[2] 芮松艳．体育赛事节目的著作权法保护问题——北京知产法院判决新浪公司诉天盈九州公司侵犯著作权及不正当竞争纠纷案［N］．人民法院报，2018－04－26（006）．

呈现出的节目就是作品。从我国立法来看，我国《著作权法实施条例》要求作品能以“有形形式复制”。“有形形式复制”要求的是作品能够被客观感知而非固定。[1] 假如一定要求表达成果需要固定在有形载体上，则任何口述作品或者即兴创作表演但尚未被“固定”的音乐、戏剧、曲艺、舞蹈等作品都将无法受到保护。这显然不符合我国《著作权法》的规定。我国《著作权法》第 3 条第 2 项、第 3 项明确保护口述作品以及音乐、戏剧、曲艺、舞蹈、杂技等作品。其中并没有要求这些作品需要“固定”在介质之上。据此，只要视听成果的传播和在介质上的录制是同时进行或者先录制后播放，就已经形成了较为稳定的能够进行有形形式复制的作品形态，可以作为作品受到著作权法的保护。

终审法院认为体育赛事节目在素材选择上无个性化空间，创作空间相当有限，因此不构成作品。这一理由同样无法成立。正如前文的分析，对作品创造性程度的要求不应过高。尽管体育赛事节目在发挥主观性的空间上受到了体育赛事本身、观众需求等各种因素的限制，但并非没有创造性的空间。相反，正如前文从体育赛事节目制作过程与呈现内容两个角度进行的分析，转播机构所呈现的体育赛事节目完全达到了最低限度的创造性这一要求。不同的转播机构在录制同一场比赛时，并不会形成雷同的赛事转播画面。对体育赛事进行拍摄的角度、拍摄对象的选取、各种远近镜头的组合、画面的特写与回放等都需要摄制者主观的选择和判断。《伯尔尼公约指南》在列举电影作品的范例中就明确包括了业余录像、纪录片和电视直播报道。[2] 体育赛事节目与这

---

[1] 王迁. 著作权法［M］. 北京：中国人民大学出版社，2015：18.

[2] WIPO，Guide to the Berne Convention for the Protection of Literary and Artistic Works (1978)［EB/OL］.（2019－01－05）［2021－06－15］. https：//www. wipo. int/treaties/en/text. jsp？ file_id＝283698.

些作品类型具有相似之处，符合《伯尔尼公约》对作品创造性的要求。由此可见，终审判决是对现行《著作权法》的机械理解和适用，并不利于保护目前新技术环境下催生的各种形态的视听成果。

（三）反不正当竞争法保护体育赛事节目的局限性

在实践中，有法院在现阶段法律制度不健全的情况下运用反不正当竞争法来规制体育赛事非法转播的行为。[1] 学界一些学者也主张对体育赛事节目采取反不正当竞争的保护模式。[2] 似乎反不正当竞争法的保护模式可以一劳永逸地解决体育赛事节目的保护问题。

笔者对此持怀疑态度。尽管反不正当竞争法可以作为补充性的法律来弥补著作权法的漏洞和不足。但是，这只是一种权宜之计而非长久之计。体育赛事节目保护问题的最终解决有赖于著作权法对体育赛事节目法律性质的确定。原因有两点。其一，反不正当竞争法在适用对象上存在限制。它规制的是“经营者”在市场交易中的不诚信行为。然而，体育赛事节目的传播主体非常广泛，有一些体育赛事节目的网络转播行为发生在网络用户之间。如利用 P2P 的文件共享技术进行的转播。这些网络用户并不从事经营，与体育赛事节目的制作机构之间并没有形成竞争关系，因而不属于竞争法规制的对象。其二，反不正当竞争法的适用范围较为模糊。反不正当竞争法的保护是一种“兜底保护”，

---

[1] 广东省深圳市福田区人民法院．深福法知民初字（2015）第 174 号民事判决书［EB/OL］．（2018－12－05）［2021－06－15］．http：//wenshu. court. gov. cn/content/content? DocID＝f5c2566f－e367－41b5－8bb2－aa2dcaacbde0.

[2] 刘铁光，赵银雀．体育赛事直播画面侵权案件法律适用的规范研究——基于新近案例的实证分析［J］．体育科学，2018（1）：90－96.

是一种补充性的原则性保护，法院在这种保护中主要是适用《反不正当竞争法》中的原则性条款即第2条。这一条款仅是原则性的规定，缺乏具体法律规定中的构成要件和法律效果，因而在适用范围上具有模糊性，必然是一种“应急性”的条款，无法作为长期调整体育赛事节目法律关系的规范。有学者也指出：“原本只是作为一般宣示性质的第二条异化成了一个无所不能、可以让法院自由裁量并扩张适用的‘霸王条款’，对法律的适用与解释造成了很大的扭曲。”[1]

由此可见，在现阶段依据反不正当竞争法对体育赛事节目进行保护是法律制度存在漏洞的情况下所不得不采取的措施。学理上需要认识到反不正当竞争法的作用具有相当的局限性，其适用带有模糊性，因而仅是一种权宜之计，在适用时要特别审慎，以防原则性条款适用的扩大化。问题的最终解决还是要依靠著作权法将体育赛事节目认定为作品，这样才能更好地规制未经许可的体育赛事节目转播行为。

九、结　　语

关于体育赛事节目的法律性质，无论是理论界还是实务界都尚未形成统一的意见，存在较大的争议。而要正确地分析这一问题，对体育赛事节目进行妥善的保护，则需要依据著作权法上最基本的理论——独创性。只有把握了独创性的本质，才能够真正理解体育赛事节目的法律性质，从而对其进行准确的界定。从其他国家对体育赛事节目的定性、著作权/邻接权二元立法模式存在的争议以及新技术环境下催生的大量新形态的视听成果需要保

---

[1] 孙远钊．从著作权独创性谈中超联赛直播案［EB/OL］．（2020－10－05）［2021－06－15］．http：//mp. weixin. qq. com/s/－f9zarpzC7v58nLVtCWj4Q.

护的现实情况来看，我国极有必要承认体育赛事节目的作品属性，并降低创造性程度的要求，将各种新形态的具备最低限度创造性的视听成果纳入作品的保护范围，以最大限度地促进视听作品创作的繁荣。

第七章　新时代我国旅游知识产权保护的不足与完善

一、引　　言

近年来，随着社会经济的不断发展，我国的旅游产业得到了蓬勃的发展，旅游资源不断丰富，旅游基础设施和配套不断完善，旅行项目推陈出新，旅游人数和旅游收入逐年提高，取得了令人瞩目的成绩。旅游业已经成为我国国民经济的重要支撑。然而在成绩面前，我们不应过于乐观，由于制度建设上存在的问题，我国旅游产业还存在很多不规范的地方，尤其是在旅游知识产权的保护方面，存在旅游知识产权保护意识淡薄、旅游知识产权制度建设滞后、旅游知识产权保护不周、旅游知识产权侵权行为频发等问题。一些地区的旅游管理部门和旅游企业对旅游知识产权缺乏保护意识，只注重旅游资源、旅游项目的开发和利用，而忽略了与旅游相关的知识产权的管理和保护，使旅游知识产权这种无形资产大量流失，经济损失严重，阻碍了旅游产业的健康发展。例如，我国经常发生把旅游景点的名称抢注为商标的案例。“黄山”“瘦西湖”“香格里拉”等国内知名景点名称，都被与旅游地区和景点不相关的企业所抢注，有的被标高价再卖给其他主体，给当地旅游企业带来了不小的损失。有的旅游企业精心开发的旅游线路、旅游策划，被其他旅游企业随意模仿抄袭，导致旅游线路雷同、服务混乱，不仅使一些企业苦心开发设计的旅游产品毫无竞争优势，也使旅客在大量雷同的旅游产品面前无从选择。有的旅游企业设计开发的新旅游产品，其中的技术达到了授予专利权的条件，因没有及时申请专利，而被他人随意仿冒，导致经济利益严重受损。这些案例都表明，有必要系统、全面地对我国旅游知识产权保护问题进行研究，对我国旅游产业的知识产权保护制度予以进一步完善。有鉴于此，本章拟从中国旅游知识产权的保护现状、保护类型与制度完善这三个方面出发，对我国旅游知识产权保护体系的完善提出对策与建议，以期能从制度建设角度促进我国旅游知识产权保护的完善，提高我国旅游业的整体竞争力。

二、我国旅游知识产权的保护现状

知识产权是人们对自己的特定智力成果、商誉和其他特定相关客体等享有的权利。[1] 知识产权主要包括专利权、商标权和著作权，还包括商业秘密，知名商品名称包装、装潢，集成电路布图设计权等。随着经济科技的发展，知识产权已经在市场经济和国家竞争中发挥着举足轻重的作用，成为决定国家、地区和企业未来发展的重要资源。我国 2008 年颁布了《国家知识产权战略纲要》（国发〔2008〕18 号），已经将知识产权作为国家战略来实施。具体到旅游业，旅游产业实际上与知识产权存在密切的关系。早期旅游业的发展，凭借的是旅游资源的开发、旅游市场的

[1] 王迁. 知识产权法教程［M］. 北京：中国人民大学出版社，2014：3.

宣传、服务质量和定价等。而随着旅游业竞争的日益激烈，旅游业更为强调的是拥有自主知识产权，形成有自主知识产权的特色旅游资源。在旅游过程中，“绝大多数旅游者希望能购买到当地有特色、品质高、品牌化的旅游商品。而由于旅游商品知识产权得不到保护，很多区域旅游商品雷同，质价不符”[1]。这就对旅游知识产权的保护提出了更高的要求。知识产权关系到旅游产业和企业的兴衰。旅游知识产权不仅有利于树立旅游品牌的优势、打造知名旅游商品，而且有利于优化旅游业的产业结构，吸引更多的消费者。可以毫不夸张地说，谁能够拥有旅游自主知识产权，有着自身具有特色的旅游资源和旅游产品，谁就能够在市场竞争中取得优势。

然而，我国目前的旅游知识产权保护体系并不完善，我国旅游知识产权的保护状况不容乐观，存在许多问题，导致我国旅游业长期处于以价格战、虚假宣传、抄袭仿冒和“山寨”等来吸引消费者的低水平竞争之中。这主要是由于我国旅游知识产权法律保护制度存在很大漏洞，导致旅游行业的知识产权保护力度和维权意识普遍较弱，旅游企业不知道如何有效地利用知识产权进行市场竞争。目前我国的旅游企业，在进行旅游资源的开发、市场宣传推广过程中，仅注重旅游资源开发和宣传的市场效果，对自己独立研发出来的旅游智力劳动成果和工商业标记，普遍缺乏知识产权保护的意识，在遇到旅游知识产权侵权问题时，往往没有采取有效的知识产权维权措施。具体表现如下。

（一）旅游商标侵权问题严重

我国旅游业不注重维护品牌效应，商标无形资产流失严重。

---

[1] 杨美霞，周国海．旅游商品开发与经营中的知识产权保护［J］．社会科学家，2011（2）：81－83.

在旅游知识产权保护客体中，商标非常重要，关系到旅游企业的品牌形象。然而我国很多著名的旅游景点、旅游商品、地理标志等都遭到了抢注。在被抢注之后，恶意抢注人往往会高价卖出商标，牟取不当利益。尽管我国商标法明确了针对商标抢注行为可以提出异议❶，但是旅游企业由于知识产权保护意识不强，鲜有企业向商标局提出异议并采取维权措施。湖北襄樊甚至发生过一家公司申请注册了“高峡平湖”“神农架”“武当山”等一系列著名景点名称的商标，但遗憾的是在商标局的异议期内，居然没有一个旅游景点所在地的政府和相关企业提出异议。❷ 在海南省，知识产权侵权最为严重的也是商标侵权。“天涯海角、海棠湾等旅游风景区的名称多年来屡被岛外各方主体进行注册。”❸不仅如此，对地理标志性质或非物质文化遗产名录中的旅游地名进行抢注的行为也频繁发生。某一个地区人文或自然环境决定的产品应当由生产同类产品的主体通过地理标志的方式注册，然而某个特定地域的名称却经常被其他个别主体抢注。“具有地理标志的旅游产品一旦被抢注成功，不仅导致当地同类生产厂家不能使用该地理标志，而且如果抢注者属于外地企业的话，还导致产品原产地混乱。”❹

（二）旅游线路相互抄袭

我国旅游业旅游线路模仿、抄袭现象严重，同质化低水平重复竞争明显。旅游线路往往是一些旅游企业精心设计出来的旅游

❶ 《商标法》第32条：申请商标注册不得损害他人现有的在先权利，也不得以不正当手段抢先注册他人已经使用并有一定影响的商标。

❷❹ 宋贻珍．论我国旅游产业的知识产权保护［J］．云梦学刊，2014（6）：77－81.

❸ 李文杰．论旅游知识产权中商标权的立法保护——以海南国际旅游岛为例［J］．菏泽学院学报，2012（1）：80－83.

智力成果。好的旅游线路、精心的旅游景点设计和安排，往往能够吸引消费者，取得市场竞争的优势，然而，由于旅游线路在知识产权法上是否属于知识产权保护对象还不明确，旅游线路一旦开发出来，就往往成为被抄袭和模仿的对象。例如，“自驾车重走丝绸之路”旅游线路是四川某旅行社投入巨资首次开发出来的，其中设计了独具特色的游客以自驾车方式进行环线旅游的线路。但是这一旅游线路很快被其他旅行社模仿。[1] 由于旅游线路是否能够受到知识产权保护不明确，使其他企业可以任意抄袭模仿独创性的旅游线路，这使独具特色的旅游线路设计成为公共资源，不仅旅游品牌无法树立，雷同的旅游线路也使游客无所适从。

（三）旅游项目和商品缺乏创新

我国旅游业提供的旅游项目和旅游商品抄袭严重，市场经营混乱。为了增强对消费者的吸引力，许多旅游企业精心开发了各种具有本地区旅游特色的纪念品，具有本民族本地域风格的音乐、戏剧、曲艺、杂技等表演或民俗活动。这些旅游项目和旅游商品进一步推动了旅游地旅游产业的发展，有利于品牌的树立，也有助于宣传本地区的特色产业和商品。然而不容乐观的是，这些旅游项目和旅游商品中的知识产权尤其是版权、专有技术，往往没有得到足够的重视，开发出这些旅游项目和旅游商品的企业，也缺乏知识产权管理和保护的策略。这导致其他企业可以任意抄袭、仿冒这些旅游项目、旅游商品，导致假冒伪劣低质量的商品或服务项目充斥市场。例如，“被称为‘东方第一染’的安顺手工蜡染长期被机器化大规模仿制，且价格低廉、质量低下，

---

[1] 刘丽娟，杨刚，邱蕊．旅游知识产权保护现状及对策［J］．学理论，2014（24）：83－84．

导致安顺蜡染的声誉在近些年大受打击”[1]。

(四) 非物质文化遗产和民间文艺缺乏保护

我国经常发生非物质文化遗产和具有本民族、本地区特色的民间艺术、民间传说、民俗表演被剽窃的事件，给当地的旅游业造成巨大的损失。非物质文化遗产和具有本民族、本地区特色的民间艺术是地区旅游的宝贵资源，是长期以来本民族、本地区文艺风俗的长期积淀。然而，由于民族地区的特色民间艺术和非物质文化遗产的法律性质不明，长期以来未能得到知识产权法的认可和保护，导致剽窃现象严重。许多营利性组织将少数民族地区的民间文艺进行摄制、记录，然后再进行加工处理，摇身一变成为自己拥有知识产权的文艺表演或作品，或者将一些民族地区的传统手工艺进行后续开发，并申请专利，变为自己拥有专利权的工艺产品。这种行为攫取了当地民族长期积累的精神文化财富，却并没有向拥有这些民间文艺的民族寻求许可并给予补偿，是严重的剽窃行为。

(五) 商业秘密流失现象频发

我国一些旅游企业不注意管理和保护本企业的商业秘密，造成商业秘密无形资产的流失。商业秘密是指企业中不为公众所知悉，能够为权利人带来经济利益，具有实用性并经权利人采取保护措施的技术信息和经营信息。旅游企业的商业秘密，主要是指旅游企业所开发的旅游项目的策划方案、设计文书、创意资料、经营秘密、客户资料等。这些商业秘密是旅游企业自身运营和参与市场竞争所必不可少的重要资源，对于旅游企业的兴衰起到决

[1] 刘丽娟，杨刚，邱蕊．旅游知识产权保护现状及对策［J］．学理论，2014(24)：83－84．

定性作用，也成为其他竞争主体所要窃取的对象。旅游企业商业秘密泄露或窃取，主要通过两种方式：一是公司员工跳槽，带走了旅游企业的商业秘密；二是其他公司通过各种不正当手段窃取旅游企业的商业秘密。“2001 年，上海新华旅行社则是一些员工对原公司不满而集体跳槽的典型案例，该公司华东接待部的经理与四位员工同时跳槽到另一个属于竞争对手的旅游公司，不仅带走所有的客户资料和经营信息，而且把原本存储在公司电脑中的这些资料全部删除。”[1]

三、我国旅游知识产权的保护类型

为了建立较为完整的旅游知识产权保护体系，需要首先明确旅游知识产权的客体和保护类型。旅游知识产权的保护类型，实际上指的是旅游知识产权保护的客体。而保护类型只是保护客体的类型化。权利客体在法律制度的构建中起到重要的作用。客体决定了法律制度的基本功能和属性。知识产权的客体是指“基于对知识产权的对象的控制、利用和支配行为而产生的利益关系，它是法律所保护的内容”[2]。一般认为，知识产权的客体主要包括作品、商标、技术发明、工业品外观设计、地理标记、商号及标记、禁止与知识产权的不正当竞争、集成电路布图设计、未公开的信息等。[3] 总体而言，知识产权是基于创造成果和工商业标记依法产生的权利的统称。[4] 据此，知识产权客体主要可以划分为两种类别，即创造性成果和工商业标记。具体到旅游知识产

---

[1] 宋贻珍. 论我国旅游产业的知识产权保护［J］. 云梦学刊，2014（6）：77－81.

[2] 罗忻全. 论知识产权的新客体——旅游知识产权［J］. 湖北旅游职业学院学报，2008（1）：24－26.

[3][4] 刘春田. 知识产权法［M］. 北京：高等教育出版社，2010：18.

权，旅游知识产权客体是“旅游企业通过智力创造性劳动所获得无形的智力成果”[1]，指与旅游业相关的知识产权保护客体，是旅游企业、旅行社等主体在旅游开发和旅游经营中为了满足市场和消费者的需求，投入人力、物力和财力等所运营、开发、设计、编排出的各项旅游智力成果和旅游工商业标记。与旅游知识产权相关的保护客体，主要也可以区分为创造性成果和工商业标记。具体言之，可以分为如下保护客体。

（一）旅游工商业标记

商标是指任何能够将自然人、法人或其他组织的商品与他人商品区别开的标志。在激烈的市场竞争中，消费者和提供商品或服务的企业是一种远距离的贸易，商标在这种远距离贸易中发挥着重要的作用。它能够引导消费者购物，使消费者辨明提供商品或服务的主体，树立品牌优势，通过品牌吸引消费者，避免低水平的竞争。不仅商标，商品或服务之上所有发挥标识来源功能的指示性标记，包括商号、商品或服务名称、包装、装潢等，都是工商业标记，发挥着引导消费者购物的功能。同理，在旅游业中，商标以及发挥着商标功能的商号、名称、包装、装潢，都是旅游地或旅游企业重要的无形资产。旅游工商业标记是旅游知识产权的重要组成。旅游工商业标记能够帮助消费者更好地识别提供不同旅游服务的主体，选择自己需要的或者信赖的主体提供的旅游服务。“商标的担保对于旅游者来说是一个无形的‘招徕’作用，短时间内建立起来的彼此信任对旅游商品的销售是非常重

---

[1] 罗忻全．论知识产权的新客体——旅游知识产权［J］．湖北旅游职业学院学报，2008（1）：24－26．

要的。”[1] 旅游商品或者旅游服务如果能够走上品牌化的专业道路，必将促进旅游业的发展。因此，旅游地、旅游企业应当高度重视旅游工商业标记的保护，做好工商业标记的申请、管理和日常维护工作。

（二）旅游线路

旅游是一种暂时性、异地性特点的休闲娱乐活动，受到当地自然条件、经济状况、交通条件等不同因素的影响。因此，旅游线路的策划和设计就显得尤为重要。好的旅行线路不仅能够使旅游者充分领略旅游地的自然风光、风土人情，也能够使旅游者身心愉悦，不会感到疲惫。因此，如何选择旅游线路，组合适当的旅游项目，在旅游线路中提供何种产品或服务，就显得尤为重要。根据《著作权法》的有关规定，作品要符合独创性的要求。亦即，著作权的保护客体是作品。作品是指文学、艺术和科学领域内具有独创性并能以一定形式表现的智力成果。所谓独创性，是指作品必须是人类的智力成果，体现人的选择、判断和再创作。[2] 据此，旅游企业把有特色的旅游项目组合起来，选择适当的旅游行程和线路，通过投入独创性的智力劳动，进行选择、取舍、安排，已经形成了独具特色的旅游线路，具备了智力劳动成果的特点，因此这种体现了智力安排的旅游线路是知识产权的保护客体，应当受到知识产权法的保护。

（三）非物质文化遗产和具有民族、地区特色的民间艺术

我国幅员辽阔，民族众多，各地历史、文化、习俗源远流

---

[1] 王增强，闻建华，周静．论旅游商品的知识产权保护［M］．资源开发与市场，2008（24）：83－85.

[2] 王迁．知识产权法教程［M］．北京：中国人民大学出版社，2007：28－29.

长。积累了丰富的带有民族、地区特色的民间文艺或非物质文化遗产。这些民间艺术是重要的旅游资源和特色文化，是吸引旅游者的重要因素。非物质文化遗产和民族、地区特色的民间文艺种类繁多，包括了故事、歌谣、传说等民间文学，歌曲、舞蹈、杂技、戏曲音乐等民间表演艺术，节日活动、祭祀等民俗文化，剪纸、脸谱、服饰、金银饰品等民间工艺品。这些民间艺术之中，有些已经成为非物质文化遗产，成为著名的旅游资源，有的具有很高的知名度，吸引着众多旅游者的到来。从知识产权保护角度而言，民间文艺应是一种知识产权客体。它是特定群体在长期生产、生活过程中积累下来的，通过创造性智力劳动创作并代代相承的文化艺术信息，从本质上说是智力劳动成果。只是与传统知识产权保护客体相比，民间文艺产生于民间，其创作者乃是民族或地区群体，是某一个地区或民族的整体智慧结晶，权利主体应当属于民族或地区群体。因此，对民间艺术应当通过知识产权法进行保护，明确民间文艺的权利主体属于创造出民间文艺的地区或民族群体，政府要进行相关立法，明确民间文艺的权利内容，防止他人任意剽窃、抄袭民间文艺资源。

（四）旅游产品中的专利和技术成果

专利，包括发明、实用新型、外观设计专利，是发明申请人依据专利法向国家知识产权局申请，经过知识产权局审查后所颁发授予的专有权利，属于知识产权的一种。在旅游企业的经营活动中，有一些旅游产品、工艺纪念品有着独特的工艺或设计，符合专利授权条件，可以作为发明、实用新型或外观设计提出专利申请。但是，往往企业在研发之后并没有注重专利权的申请和保护。例如，民族活动或节庆旅游中存在的吉祥物的图案设计，具有民族地方特色的工艺品设计，都包含外观设计的成分，可以向国家知识产权局申请外观设计专利保护。

（五）旅游商业秘密

旅游商业秘密是旅游企业的重要无形资产，是旅游企业在市场竞争中生存和发展的重要资源。旅游商业秘密主要是指旅游经营者在经营管理过程中所创造或积累的营销计划、旅游创意方案、旅游宣传方案、旅游客户名单、旅游项目开发和设计方案等。概括而言，这些归类于商业秘密的方案或信息具有如下特点：第一，这些信息往往是旅游企业的关键经营信息和秘密，对企业发展至关重要，企业往往会采取一定的保密手段，只允许旅游企业中特定主体掌握；第二，这些信息是旅游企业在经营过程中通过积累、加工、收集、整理而成，代表着旅游企业的经营能力和业务发展水平，是旅游企业长期资金、人力、物力投入的集中体现；第三，这些营业信息或方案具有很强的实用性，依靠这些信息，能够为旅游企业带来潜在的经济利益和竞争优势。[1] 因此，这些商业信息和方案在符合商业秘密构成要件的情况下，应当作为商业秘密受到知识产权法的保护，是企业重要的知识产权类型。

四、我国旅游知识产权保护的完善

我国旅游知识产权保护的完善，需要从制度、意识和管理层面入手，全面建立起现代旅游业知识产权保护体系，以创新和自主知识产权带动旅游业的健康快速发展。具体来看，中国旅游知识产权保护的完善，主要需要建立健全旅游知识产权保护制度，

---

[1] 罗忻全．论知识产权的新客体——旅游知识产权［J］．湖北旅游职业学院学报，2008（1）：24－26．

提高旅游企业知识产权保护意识，加强旅游知识产权政府管理工作。

（一）建立健全旅游知识产权保护制度

旅游知识产权的保护是一项系统工程，同时旅游行业在经营过程中产生的智力成果和工商业标记又带有其自身特色，仅仅有知识产权法律的有关规定是远远不够的。世界上许多发达国家如美国、日本、英国等国，为了保护本国旅游业的健康发展，都制定了关于旅游业的综合性法律，其中对知识产权保护问题均作出明确规定。而我国知识产权保护显然还远远不能适应旅游业知识产权保护的发展。对于旅游知识产权的保护规定仅散见于专利法、商标法、著作权法和反不正当竞争法。事实上，正如前文所说，旅游业存在的各种知识产权保护客体如旅游工商业标记、旅游线路、旅游企业的商业秘密、非物质文化遗产和民间文艺等都具有自身的特点，因此仅有一般性的知识产权法律规范，是难以有效保护旅游知识产权的。我们还需要建立健全旅游知识产权规范，制定适合我国旅游业实际情况的具有可操作性的旅游知识产权规范体系。目前较为适宜的对策是文化和旅游部根据我国知识产权法的法律规范，结合我国旅游业发展的实际情况，制定相应的旅游知识产权保护规章。其效力位阶低于我国的专利法、商标法、著作权法等知识产权部门法，但是这是结合旅游业情况对其规定的进一步细化完善，是具有可操作性的、可以具体贯彻落实于旅游业的具体规范细则。在旅游知识产权保护规章的制定上，首先，需要明确旅游知识产权的保护客体和构成要件，将旅游知识产权保护客体类型化，根据前文所述，要明确旅游知识产权的保护客体以及客体的构成要件，包括旅游工商业标记、旅游线路、非物质文化遗产和民间文艺、旅游产品中的专利和技术成果、旅游商业秘密。其次，要制定详细的知识产权保护细则，规定各类知识产权的保护内容、侵权行为的判定、侵权责任的追究、政府监管的措施和落实。这样，就将旅游知识产权的权利、义务、保护、责任全部明晰化，有助于指导旅游行业的行为，也使规范和打击旅游知识产权侵权行为有法可依，有章可循。

（二）提高旅游企业知识产权保护意识

旅游知识产权之所以保护不力，很大程度上是因为旅游企业自身不重视自己的旅游知识产权，对于投资创造的各种智力成果、工商业标记和商业秘密，不懂得管理和维护。例如，有些企业不了解商业秘密的保护规定，对于本企业在经营中积累的客户名单、旅游策划方案，不注意采用一定的手段进行保密。这样，本企业的一些重要的经营信息流失之后，往往由于这些信息没有采取保密措施，不会被认定为商业秘密。因此，对旅游企业来说，需要不断强化知识产权管理和保护意识，企业的领导者和专业管理人员要熟练掌握我国知识产权法的有关规定。旅游企业要推动企业知识产权管理工作的规范化。有条件的企业，可以制定知识产权战略，从企业的名称、品牌、旅游产品的开发设计、商业秘密等各方面入手，建立起严密的知识产权保护体系。对在旅游经营过程中产生的旅游商品的专有技术，符合专利授权条件的，要积极申请专利，如果不符合专利授权条件的，注意通过商业秘密进行保护。对于商标和本企业独有的旅游服务的名称等，要积极申请商标注册，对于抢注行为，要及时向商标局提出异议，如果商标局已经注册，则要及时请求国家知识产权局商标评审部门申请商标注册无效，对于带有地方特色的旅游地名，要积极申请地理标志，通过地理标志进行保护。对于旅游当地的特色民俗艺术和非物质文化遗产，当地旅游业也要注意进行妥善地维护和保管，积极向政府部门申请进行保护，确认当地的民俗艺术和文化遗产的主要种类和内容、权利主体和管理方案，防止被他人抄袭和模仿。只有旅游业从业者自身重视旅游知识产权的管理和保护，提高知识产权保护意识，旅游知识产权的保护才能够进入良性发展的轨道。

（三）加强旅游知识产权政府管理工作

旅游知识产权的政府管理工作在旅游知识产权保护的完善中占有重要的地位，从某种意义上讲，仅仅有旅游知识产权的立法是不够的，还需要当地政府部门建立更为详细的旅游业知识产权保护规程和完善的旅游知识产权管理工作体系，并严格依照法律法规的有关规定深入开展各项知识产权工作。在旅游知识产权的保护中，政府部门要做好以下几点工作。第一，各省的旅游管理部门应当肩负起旅游知识产权保护的主要职责，要督促和责成下级具体旅游地的旅游部门全面掌握本地区的旅游知识产权保护情况，统计可以受到知识产权保护的所有智力成果和工商业标记，积极督促本地区旅游企业申请商标注册，必要时可将辖区内的重要旅游景点名称注册为集体商标和证明商标。同时旅游管理部门要联合工商执法部门，建立起长效的旅游知识产权保护机制，严厉打击和查处本地旅游业存在的侵犯旅游知识产权的行为，规范本地旅游市场，树立本地旅游市场品牌。第二，旅游管理部门要积极联系文化部门、遗产保护部门，加强对本地区特色遗产、民族风俗、民间文艺、特色商品的保护。前文已述，民间文艺和非物质文化遗产已经成为重要的吸引旅游者的资源，各地各部门要建立起完善的民间文艺和非物质文化遗产保护体系，对于辖区内特色的民族产品和非物质文化遗产，要及时申请商标注册，旅游企业开发出的有专有技术的产品，要及时申请专利或进行保密处理，作为商业秘密保护。这些工作，离不开旅游管理部门的积极配合，需要旅游管理部门深入旅游企业开展工作，建立起本地区完备的旅游知识产权保护体系。第三，要建立旅游知识产权保护的快速响应和协调机制，组建高效、精干的旅游知识产权保护队伍，对辖区内各项旅游知识产权保护工作，由专人负责管理，指导本地旅游企业开展知识产权管理工作，提高本地企业的知识产权管理水平和保护意识。同时完善快速响应和协调机制，对于侵犯本地知识产权的行为，要积极联系工商相关部门进行查处。通过上述措施的实施，强化政府的旅游知识产权管理职能，通过管理职能的强化，进一步推动旅游知识产权保护体系的完善。

五、结　　语

我国旅游业目前蓬勃发展，但是暗藏法律风险方面的危机，其中知识产权法律风险是我国旅游业面临的严峻挑战。当下，我国知识产权保护体系并不完善，存在旅游知识产权保护意识淡薄、旅游知识产权制度建设滞后、旅游知识产权保护不周、旅游知识产权侵权行为频发等问题，使旅游知识产权这种无形资产大量流失，经济损失严重，阻碍了旅游产业的健康发展。笔者认为，为了建立较为完整的我国旅游知识产权保护体系，需要明确旅游知识产权的客体和保护类型、建立健全旅游知识产权保护制度、提高旅游企业知识产权保护意识、增强政府知识产权管理职能。

第八章　我国商标权注册取得模式存在的问题及其完善路径

一、引　　言

商标权取得制度作为商标权利产生的源泉，不仅是商标法的核心内容之一，同时也是确定商标权内容和范围、解决商标权争议的基本依据。现今商标权取得的基本模式呈现为以商标注册原则为主导，以使用原则为补充的趋势。商标权的注册取得和使用取得制度在商标法领域中分别代表了不同的法律价值，会产生不同的调整效果。

我国实行的商标权取得模式是注册制。商标权的注册取得原则侧重于确保商标确权效率，旨在维护商标权的确定性及法律秩序的稳定性。其主要优势为：有利于快速准确地确定商标权的归属、商标权稳定性高，权利范围清晰明确、有利于维护交易安全。然而，其缺陷同样十分明显，表现为容易引发商标抢注、忽视了商标使用对商标价值形成的作用，可能导致实际获得的权利与市场的现实情况不符，造成资源浪费，容易导致对已经使用但尚未注册的商标保护不周。

由于商标权取得原则交织着各种利益冲突，如何处理商标“使用”与“注册”之间的关系，一直是我国历次商标法修正的核心问题。虽然我国《商标法》在商标权的取得上一直采用注册主义原则，但并不代表我国忽视和否认商标使用在商标权取得中的价值。实际上，我国商标注册需要经历申请、审查、异议、无效等一系列程序才能最终获得。在这一系列程序当中，许多规定体现出了对商标使用的考量。然而令人遗憾的是，由于商标使用尚未贯穿于商标注册程序的始终，引发了一系列的问题。鉴于此，笔者拟从我国商标权注册取得模式存在的问题出发，厘清商标使用在我国商标权取得模式中的作用，并提出相应的修法建议，通过强化商标使用的要求，克服我国商标权注册取得模式的弊端。

二、我国商标权注册取得模式存在的问题

我国商标法自 1982 年制定以来，一直采用的是商标权注册取得模式，即商标权只能通过注册获得，只有注册商标才能获得稳定的权利和法律保护。这一模式运行至今，取得了一定的成绩，对促进社会主义市场经济的发展发挥了重要的作用。但是，由于这种立法模式还是过于强调商标权利的注册取得，忽略了商标使用在商标权取得过程中的重要意义，从而引发了一系列的问题。

（一）商标申请注册案件大量积压

我国商标法对商标的注册申请没有设置商标使用的门槛性条件，任何主体只要在生产经营活动中需要取得商标专用权，即可向商标局提出注册申请。应当来说，这种无商标使用门槛要求的商标注册申请模式为生产者的商品或服务借助于商标快速走向市

场开辟了通道。但是自我国商标法第二次修正将商标申请主体放宽至自然人之后，这种无商标使用门槛要求的商标注册申请模式就为一些投机钻营分子牟取不正当利益提供了可乘之机。大量商标申请人申请商标注册的目的并不在于将商标投入市场经营，发挥商标应有的标示来源功能，而在于抢注他人已经使用并有一定影响的商标，或借助于注册商标以许可、转让或者恶意诉讼等方式牟取暴利。正是由于商标注册申请制之下没有任何对商标使用的要求，故而在经济快速发展、商标利益驱动等多重因素的影响之下，我国商标注册申请量自 2000 年开始一路激增，至 2017 年，全国商标注册申请量 590.16 万件，同比增长 54.96%，呈现大幅度增长的趋势，我国的商标注册年申请量连续 16 年居世界第一位。[1] 2018 年，全国商标注册申请量达到惊人的 738.9 万件。[2] 2021 年首次实现年度商标注册审查量超 1000 万件。[3] 与逐年递增的商标注册申请量形成鲜明对比的是我国商标审查资源的有限性。我国的商标审查资源如审查人员等并没有随着商标注册申请量的增长而增加，即便是审查人员超负荷工作，仍然无法应对激增的商标注册申请，由此而导致商标审查周期无限拉长，商标申请案件大量积压，最终陷入“申请增多—周期拉长—申请更多—周期更长”的恶性循环之中。当然，经济持续发展，经营者对注册商标的需求量激增是我国商标审查案件积压、商标审查人员超负荷工作的主要原因，但是在经营者申请商标注册时没有任

[1] 2017 年度全国商标申请量统计［EB/OL］.（2018-03-05）［2021-05-15］. http://baijiahao.baidu.com/s?id=1589978492930622221&wfr=spider&for=pc.

[2] 2018 年全国商标申请量统计数据［EB/OL］.（2019-02-05）［2021-09-10］. http://www.trademark.cn/pressreleases?id=1539.

[3] 国家知识产权局：2021 年首次实现年度商标注册审查量超 1000 万件［EB/OL］.（2020-07-12）［2022-08-20］. http://baijiahao.baidu.com/s?id=1738133021549281444&wfn=spider&for=pc.

何商标使用的要求，也使得大量以抢注或借助于注册商标以许可、转让或者恶意诉讼等方式牟取暴利的商标注册申请大量出现，加重了我国商标审查机关的负担。

（二）商标抢注之风盛行

“商标抢注行为是抢先注册人的一种不正当竞争手段，是以鱼目混珠方式达到以假乱真的目的；或根本不使用，以高价出售牟取不正当利益。”[1] 由于我国商标法确立的是商标权注册取得模式，任何主体在申请商标注册时并不需要提供商标实际使用或者意图使用的证据，只需要通过商标注册程序，就可以获得商标权。商标法的这一制度设计实际上为商标抢注提供了方便。在这种情况下，抢注者无须投入太高的成本，选取想要“据为己有”的商标，按法定程序申请注册即可。注册成功之后，便可将商标许可或转让他人，或者借诉讼威胁使用该商标的主体，牟得暴利。即便抢注失败，也只是被提起异议或无效宣告，违法的成本非常之低。我国抢注商标成本之低廉，进一步加剧了商标抢注者的投机心理。这种商标抢注现象可谓是商标权取得制度中重视注册，但不重视使用的产物，在当下有愈演愈烈之势。实践中的商标抢注现象也屡见不鲜，“中央一套”和“鸟巢”被抢注为安全套商标。[2] “刘德华”牌香肠、“李连杰”牌白糖、“成龙”牌机床、“易建联”牌运动衣亦是遭人抢注的结果。2010 年，美国 NBA 篮球运动员林书豪一战成名，无锡一家体育用品企业将

---

[1] 周长玲．商标注册原则与使用原则之比较——谈完善我国商标注册制度［J］．政法论坛（中国政法大学学报），1999（6）：27－30.

[2] 张林林．恶抢商标拟被禁，“炒标族”或将消失［N］．华商晨报，2009－07－23（B22）.

"Jeremy S. H. L 林书豪"注册为商标。[1] 这样的案例还有很多，例如，一些国内外知名运动员的姓名都曾经被抢注为商标。2012年发生的美国篮球运动员迈克尔·乔丹与福建乔丹鞋业就"乔丹"商标的纠纷案，也涉及对他人享有姓名权的标志进行抢注的争议。[2] 商标抢注不仅扰乱了正常的市场经济秩序，也与我国立法中的诚实信用原则背道而驰。

（三）恶意的商标异议、无效宣告、侵权诉讼案件时有发生

由于我国商标法强调的是注册取得商标权模式，只有通过注册的商标才能享受法律周全的保护，而那些未被注册但是在实践中已经予以使用的商标，则面临着法律保护不周的危险。由于法律过于强调注册取得，而对商标注册人的使用义务并未重视，导致实践中通过注册的商标的权利人即便从来没有将商标投入市场使用，也可以有恃无恐地对他人提起注册的商标提出恶意的异议、无效宣告，甚至对他人在先使用的商标提出侵权赔偿诉讼。这不符合民法中的诚实信用原则，也严重扰乱了正常的市场经济秩序。实践之中，发生了多起关于商标抢注和囤积之后，恶意对他人进行异议甚至进行恶意诉讼的案件。例如，在第10619071号"UL"商标无效宣告纠纷案中，涉案商标申请人注册了包括涉案商标在内的2000多件商标，同时大量转让商标进行牟利，并向无效宣告申请人提出800万元的高额转让费，而且还以商标侵权为由提起大规模诉讼。[3]

然而，对这种类型的商标恶意异议、恶意无效宣告和恶意诉

---

[1] 左玉茹．"养肥了"的抢注商标是否有出路——对"乔丹"商标权与姓名权纠纷案的评析［J］．电子知识产权，2012（3）：30－31．

[2] 最高人民法院（2016）最高法行再27号行政判决书。

[3] 北京市高级人民法院（2017）京行终字第5603号行政判决书。

讼案件，目前我国法律却缺乏有效的规制手段。在商标异议和无效宣告程序中，尽管我国《商标法》第 33 条对异议主体和无效宣告主体作出了限制性的规定，在当事人之间存在权利争议时只允许在先权利人或利害关系人提出异议或进行无效宣告，以防止具有恶意的主体任意提出异议或无效宣告阻挠他人正常的商标注册申请。然而，对于那些通过注册但是并没有实际使用的商标，却并没有任何法律规定限制其注册人提出异议或无效宣告的权利。亦即，即便某一商标通过注册，但是根本没有实际使用，其商标注册人也可以针对他人侵犯其“权利”的申请注册行为提出异议，或对已经注册的商标提出无效宣告，以阻止他人的商标注册。

同样的情况发生在我国的商标恶意诉讼之中。我国商标法实行的是商标自愿注册原则，这也就意味着商标法并不禁止未注册商标的使用。在这种制度安排下，市场中存在大量的未注册商标。未注册商标长期存在的主要原因包括：经营者有意不注册，使用未注册商标具有灵活、便利、成本低的优势；某些经营者缺乏商标注册的基本意识。然而，根据我国《商标法》的规定，商标只有经过注册才能获得注册商标专用权，在先使用的未注册商标实际上只享有极为有限的保护，也不能与注册商标相抗衡。尽管我国现行《商标法》于第 13 条赋予了未注册驰名商标权利人禁止他人注册和使用相关商标的权利，第 32 条又赋予了在先使用并有一定影响的未注册商标权益人禁止他人恶意抢注其商标的权利。然而，通过注册但是并没有使用的商标注册人依然可以有恃无恐地对善意使用其商标的主体提出侵权诉讼。正如法官所言，这种倾向于保护注册商标的商标权取得制度“致使大量未注册商标在先使用人合法权益得不到应有的法律保护，既造成未注册商标法律调整的盲区，也导致司法实务中截然不同的判决，危及司法公正，有损司法公信”[1]。尽管2019年修正的《商标法》已经注意到了这一问题，在第64条第1款中规定了连续三年未使用的注册商标专用权人不能获得损害赔偿救济的内容[2]，但是这一限制也仅针对的是商标注册人的损害赔偿请求权，言下之意即为，商标注册人尽管连续三年没有使用其商标，可能丧失其损害赔偿请求权，但是依然享有注册商标专用权，可以禁止他人使用。在此情况之下，唯一的救济途径即在于依据《商标法》第49条第2款的规定，以商标注册人的商标连续三年不使用为由申请撤销其注册商标。

综上所述，尽管我国《商标法》也注意到了商标使用的问题，在注册程序和法律保护上对未注册但实际使用的商标有所保护，但是依然没有对商标使用的重要价值予以足够重视，这突出体现在注册商标在我国依然享有较为全面的程序性权利和实体性权利，由此发生了大量的不诚信的商标注册申请、异议、无效宣告乃至侵权诉讼。我国商标法应在商标权取得这一环节加大对商标使用的要求，以克服商标权注册取得模式的弊端。

三、我国商标权注册取得模式中的商标使用

虽然我国《商标法》自1982年以来，在商标权的取得原则上一直采用的是注册原则，但这并不代表我国忽视甚至否认商标

[1] 何震，杜健．在先使用未注册商标的司法保护［J］．人民司法，2013（17）：96－100．

[2] 《商标法》第64条第1款：注册商标专用权人请求赔偿，被控侵权人以注册商标专用权人未使用注册商标提出抗辩的，人民法院可以要求注册商标专用权人提供此前三年内实际使用该注册商标的证据。注册商标专用权人不能证明此前三年内实际使用过该注册商标，也不能证明因侵权行为受到其他损失的，被控侵权人不承担赔偿责任。

使用在商标权取得中的价值。实际上，从我国现行商标法有关商标权取得的规定来看，我国商标注册需要经历申请、审查、异议、无效宣告等一系列程序才能最终获得。而在这一系列程序当中，很多制度设计都体现出了对商标使用这一要件的重视和考量。

（一）商标申请时对商标使用要件的考量

一般情况下，在我国只有通过商标局的注册程序才能获得商标的专用权。根据《商标法》第4条规定，我国商标注册采取先申请原则，为获得商标权必须先提出注册申请。可见，我国商标法并未对商标注册申请的提出设定商标使用的条件，实际使用或意图使用都不是在我国提出商标注册申请的前提，相关主体只要认为自己需要取得商标专用权即可以向商标局提出商标注册的申请。

在我国，尽管商标注册申请的提出不受商标使用的限制，但如果提出注册申请的商标不符合我国《商标法》的有关规定[1]，该申请将会被驳回。根据我国《商标法》第9条[2]和第32条[3]的规定，申请注册的商标不得与他人在先取得的合法权利相冲突。法律规定的这种在先取得的合法权利除了包括外观设计专利权、著作权、企业名称、商号等权利之外，还包括未注册驰名商标和在先使用并有一定影响的商标的权利。未注册驰名商标和有一定影响的在先使用商标是对已经使用但并未注册的商标的保护，其

---

[1] 这些规定主要是指我国《商标法》的第9~13条、第16条。

[2] 我国《商标法》第9条规定：申请注册的商标，应当有显著特征，便于识别，并不得与他人在先取得的合法权利相冲突。

[3] 我国《商标法》第32条规定：申请商标注册不得损害他人现有的在先权利，也不得以不正当手段抢先注册他人已经使用并有一定影响的商标。

只能通过对商标的使用才能形成。因此，虽然我国《商标法》未对商标申请人提出商标注册申请设定实际使用或意图使用的要求，但在申请的受理上还是体现了对商标使用这一因素的考虑，在一定程度上为未注册驰名商标和在先使用并有一定影响的商标提供了保护。

（二）商标异议、无效宣告程序中对商标使用要件的考量

对于商标注册申请的审查，我国《商标法》确立的是“绝对事由主动审查与异议前置结合”[1]的模式，即对于不得注册的绝对事由由商标局负责审查，相对事由则由在先权利人、利害关系人通过异议程序提出。商标异议程序是我国商标注册程序当中的重要环节，目的在于给予在先权利人或利害关系人对商标注册提出不同意见以维护自身权益的机会。可见，“商标异议程序具有保护在先私权和维护社会公众利益的功能”[2]。根据我国《商标法》第33条的规定，在先权利人、利害关系人认为初步审定公告的商标侵犯其在先权利的，可以向商标局提出异议。在利害关系人和在先权利人据以启动异议程序的理由当中，包含了商标对《商标法》第13条第2款和第32条规定的违反。以上两条规定的内容主要涉及的是商标在先使用达到一定影响或驰名的情形。易言之，商标在先使用且具有一定影响或达到驰名的程度，即可对抗他人就相关商标进行的注册。显而易见，这一规定反映了商标使用这一因素在我国商标异议程序中的体现。

除了异议程序之外，我国商标注册制度还设置了无效宣告程序。尽管商标在注册之前要经过商标局的审查，还得经受商标异

---

[1] 赵建良．商标权注册取得制度下的商标使用——以我国新《商标法》为中心的观察［J］．中华商标，2014（3）：7－11．

[2] 汪泽．商标异议制度重构［J］．中华商标，2007（8）：7－12．

议程序的考验，但审查机构有时难免会出现疏忽或失误，在先权利人或利害关系人也可能由于种种原因而未能在异议期间及时提出异议，由此则可能导致一些不符合法律规定的商标获得注册，而这种情形原本是法律所不容许的。基于此，为及时纠正商标主管机关在审查工作中因疏忽导致的注册不当，采用商标权注册取得模式的国家一般都设立了商标无效宣告制度。我国《商标法》特设专章以规定商标无效宣告制度。从功能上来说，商标无效宣告制度与异议制度是异曲同工之制度设计，二者都属于商标注册程序中的一种纠错和解决确权争议的机制。因此，二者在程序启动的原因方面存在一定的重合。上述对于在先使用未注册商标权益的侵犯，不仅是启动商标异议程序的原因之一，同时也是启动商标无效宣告程序的理由之一。由此可见，我国商标无效宣告程序中也包含了对商标使用要件的考量。

（三）商标核准注册时对商标使用要件的考量

商标使用这一要素除了在我国商标注册申请、异议、无效等环节中有所体现以外，它同时也是商标最终核准注册时的一个重要考量因素。首先，根据我国《商标法》第 31 条的规定，我国在商标权的取得上采用的是注册取得模式，并结合先申请原则和先使用原则来确定商标权的最终归属。[1] 也就是说，两个不同的商标申请主体就同一商标于同一天提出申请时，商标权的最终归属根据商标使用的先后顺序来决定。这一规定反映了我国商标法对商标使用因素的考量。即在特定的情形之下，商标使用在我国

[1] 我国《商标法》第 31 条规定：两个或者两个以上的商标注册申请人，在同一种商品或者类似商品上，以相同或者近似的商标申请注册的，初步审定并公告申请在先的商标；同一天申请的，初步审定并公告使用在先的商标，驳回其他人的申请，不予公告。

具有决定商标权归属的作用。

其次，我国对未注册驰名商标的保护也体现了对商标使用要素的考量。根据我国《商标法》第13条的规定，未在我国注册的商标如果属于驰名商标，则同样可以禁止他人注册和使用。❶这一规定实际上赋予了未注册驰名商标具有与注册商标一样效力的商标专用权和禁止权。这意味着申请注册的标识是否侵犯未注册驰名商标的权利，也是我国在核准商标注册时的考量因素之一。而某一商标由普通商标转变为驰名商标的唯一途径就是使用。只有通过经营者在市场中予以不断使用，其产品得到了消费者的认可，商标才具有转化为驰名商标的可能性。

最后，虽然我国立法并未将使用或使用意图列为商标获准注册的条件，但在我国商标注册的有关审查实践中，商标申请主体是否具有使用意图已成为商标核准注册时的重要考量因素。例如，“香奈儿图形”商标异议复审行政纠纷案就是对商标使用意图予以考量的典型案例。在该案中，法院就认为，由于新浪公司已被吊销营业执照，没有许可或转让异议商标，长期搁置被异议商标，在商标评审程序和行政诉讼程序中消极应对，不参加审理，因而认定其缺乏使用商标的意图。综合考虑了上述因素，并基于商标的价值在于使用的理论，法院最终推定新浪公司已不具有使用被异议商标的意图，被异议商标也不应核准注册。❷

综上所述，尽管我国在商标权取得制度上采取的是商标注册取得制，然而，这并不意味着我国立法没有考虑商标使用的因素。在商标的申请、异议和无效宣告程序中，我国立法都在一定

---

❶ 我国《商标法》第13条规定：就相同或者类似商品申请注册的商标是复制、摹仿或者翻译他人未在中国注册的驰名商标，容易导致混淆的，不予注册并禁止使用。

❷ 许波．不应核准无使用意图的商标［N］．中国知识产权报，2014-04-04（5）．

程度上考虑到了商标使用的因素。

四、我国商标权注册取得模式中商标使用的强化

我国商标权注册取得制度在取得一定成效的同时，也引发了诸如商标申请案件大量积压、商标抢注成风、恶意异议、恶意无效宣告或侵权诉讼等一系列问题。这些问题产生的根源，归根结底在于忽视了商标使用在商标确权中的作用。据此，要想杜绝上述问题发生，则必须从根源出发，从商标使用着手，重塑我国商标权取得制度。

（一）明确“意图使用”作为商标注册申请的前提

1. 规定“意图使用”的必要性和合理性

首先，我国一直以来强调对注册商标专用权的保护，未注册商标享受的保护程度和范围极为有限，这造成我国商标使用的理念较为薄弱。在我国，商标专用权依注册产生，也因注册而获得商标法保护，使用在商标法中的地位无足轻重。实践中，侵害在先使用人权利的恶意抢注和忽视商标使用的盲目注册形势依然十分严峻。为引导商标注册申请人合法、理性地注册，在商标注册申请阶段，就要求其提供真诚的商标使用意图，并由其本人签名或盖章，使注册人意识到商标注册之目的在于使用，进而达到强化商标使用理念、推动商标真实使用的效果。

其次，与商标法的目的及民法中的诚信原则相一致。商标法的主要目的在于制止混淆侵权，确保市场上的商品能够相互区分，防止消费者购买到假冒伪劣商品，以维护正常的市场竞争。商标法强调民法诚实信用原则的运用，要求民事主体在行使其商标权利的同时，不得滥用其权利，不得损害他人利益和社会公

益。因此，要求商标申请人在提交注册申请时进行使用意图的申明，不仅仅是程序上的一种形式要求。相反，它能够有效地督促和警示商标注册人将商标投入市场，恪守诚信，灌输商标使用的基本理念。

最后，明确“意图使用”作为商标注册申请的前提，在我国商标法中有相应的依据。我国立法为防止商标囤积，从一开始就对注册人提出了“意图使用”的要求。《商标法》第4条已有规定，商标注册申请主体申请商标注册应以在生产经营活动中需要取得商标专用权为前提。换言之，申请注册的前提是已经或有意图将商标投入使用，进行或将要进行生产经营活动。[1] 商标注册申请主体之所以申请商标注册，是为了更好地在生产经营活动中使用商标。可惜的是，这一规定长期以来不被重视，以致社会大众已形成“在我国申请商标注册无须具有使用意图”的错误观念。

2. 明确“意图使用”作为商标注册申请前提的具体做法

我国商标法对于商标的注册申请没有设置任何的门槛条件，既不要求拟申请注册商标已经实际使用，也不需要声明拟申请注册商标将会投入市场之中予以使用。商标注册申请不受使用条件的限制，是导致商标囤积、抢注等不良行为产生的根本原因。为了有效抑制商标的盲目申请、恶意抢注等行为，对商标注册申请设置一定的门槛条件实有必要。在这一方面，美国的意图申请注册制度值得我国借鉴。根据《美国兰哈姆法》第1条第（b）款的规定，商标申请人在基于意图真实使用的目的而提出商标注册申请时，必须证明其具有真实使用的意图。借鉴美国商标法的这

---

[1] 张玉敏．优化程序是提高商标确权效率的根本出路［J］．政治与法律，2010（1）：15－22.

一规定，我国可在商标法中对商标申请注册提出如下要求：申请人在申请商标注册时，应当提交已实际使用该商标的证据，或者意图真实使用该商标的声明。

不仅如此，仅仅在商标法中规定必须提交具有意图真实使用的声明，可能仍无法有效地约束商标注册人。在前文的分析中已经提到，《美国兰哈姆法》在商标注册的意图使用制度中还设置了法定的期限，要求基于意图使用而提出注册申请的主体在法定时间内提交商标实际使用的证据。笔者认为，这一规定具有相当的合理性，可以有效督促商标注册人真实地将商标投入使用，并且这一制度的实施成本也并非高昂。据此，我国商标法也可以参考美国立法的规定，设置法定的提交商标实际使用证据的期间，提高注册人的商标使用义务，要求注册人除了提交意图真实使用的声明外，还应在提出商标注册申请之日起最长不超过三年的期间内提交商标使用的证据。由于目前我国商标法已经设置了连续三年不使用的撤销制度，如果连续三年商标注册人都没有向商标局提交商标使用的证据，则经其他主体申请，该商标可能面临被撤销的危险。对此，商标局可以采取曝光和警示性质的公示制度，定期公布提出商标注册申请之日起三年期间内还没有提交商标使用证据并且也并未说明正当理由的注册商标，这样就能对商标注册人形成有效约束，督促商标注册人将商标投入使用。

（二）对已注册但并未使用的商标注册人的权利施加限制

1. 提起异议和无效宣告申请方面的限制

正如前文所言，我国商标法对于已经注册但是并未实际使用的商标注册人限制不够，使这类商标注册人仍然能够对他人的注册行为提出异议或对他人已经注册的商标提出无效宣告。而在很多国家或地区的商标立法中，都对这类商标注册人提起异议和提请无效宣告的程序性权利进行了限制。例如，欧盟地区的德国和法国等国都对法定期间内没有使用的注册商标在提起异议等的程序性权利进行了限制，如果商标注册人无法提供其商标在法定期间内真实使用的证据，则其异议或无效宣告申请就无法得到支持。❶ 这一规定有其合理性，可以强化注册了商标的主体对其商标的使用义务，督促其将商标真实地投入市场进行使用，杜绝恶意异议和无效宣告案件的发生。

据此，立法应引入对商标注册人在异议和无效宣告程序中的限制性规定，建议修法条文可规定为：在先注册商标权人对他人申请注册的商标提出异议，异议人的商标在他人申请注册的商标初审公告之日前已经注册满三年，被异议人可以请求异议人提交其在被异议商标注册初审公告前三年在核定注册的商品或服务上的使用证据，或证明其未使用有合理的理由。如异议人无法提出相应证据，则其提出的异议应被驳回。

在先注册商标权人对他人注册的商标提出无效宣告申请，该

❶ 《欧洲共同体商标条例》第 43 条第 2 款规定：应申请人的要求，提出异议的在先共同体商标所有人应提供证据证明：如果在先的共同体商标的注册在该日已超过五年，在申请注册共同体商标公告之前五年期间，在先的共同体商标已在共同体范围内真正使用于注册的及异议据以提出的商品或服务上。或证明不使用的正当理由。如果在先的共同体商标仅在注册的部分商品或服务上使用，对审理异议来说，该商标应视为仅在该部分商品或服务上注册。《欧洲共同体商标条例》第 56 条第 2 款规定：如果共同体商标所有人有此要求的，在先注册的共同体商标所有人作为无效程序中的一方当事人，应提供证据证明，在提出宣布无效申请之日前五年内，在先的共同体商标已在共同体范围内在注册的商品或服务上投入真正的使用而且认为其申请有正当理由，或者，在先的共同体商标在该日尚未使用的，在先的共同体商标的注册在该日已过五年的，应证明不使用的正当理由。共同体商标公告的那天，在先的共同体商标注册已过五年的，在先的共同体商标所有人还应提供证据证明，第43 条第2 款规定的条件在该日已经具备。无这方面证据的，宣布无效的申请应予驳回。在先的共同体商标仅在注册的部分商品或服务上使用的，该商标就审查宣布无效申请而言，应视为仅在该部分商品或服务上注册。

在先注册商标在提出无效宣告申请前已经注册满三年，被申请人可以请求申请人提交其在无效宣告申请日前三年已经在核定注册的商品或服务上的使用证据，或证明其未使用有合理的理由。如申请人无法提出相应证据，则其提出的无效宣告申请应被驳回。

2. 商标侵权诉讼中相关请求权的限制

前文已述，我国《商标法》在第 64 条第 1 款中规定了连续三年未使用的注册商标专用权人不能获得损害赔偿救济的内容，但是这一限制仅针对的是商标注册人的损害赔偿请求权，言下之意为：商标注册人尽管连续三年没有使用其商标，可能丧失其损害赔偿请求权，但是依然享有禁止权，可以禁止他人“染指”其商标。实际上，如果权利人连续不使用其注册商标的时间少于三年的话，其享有禁止他人使用的请求权是合理的，这主要是考虑到立法须给其充分地将商标投入市场实际经营的时间。然而，如果注册商标已经连续三年未能使用，并且也没有合理的不使用其注册商标的理由，则就表明商标注册人根本没有将其商标投入使用的意图。那么商标法仅限制其获得损害赔偿救济的请求权就会造成一个尴尬的局面：一方面连续三年没有使用的商标注册人可以起诉他人商标侵权，但是无法获得损害赔偿救济，另一方面其商标在被撤销之前又有权要求他人停止侵害，禁止他人使用其商标。实际上，一些国家的商标法已经考虑到了这一问题，只要商标注册人已经在法定时间内没有使用其注册商标，并且没有合理理由，则其停止侵害、损害赔偿的请求权一并受到限制。[1]

据此，立法应强化注册人之商标使用义务，限制未将商标投

[1] 例如，《德国商标法》规定：如果商标在主张请求权的最近五年内未依照本法第 26 条使用于其请求权据以成立的商品或服务上，并且商标至此为止已至少注册五年，则注册商标的所有人不得针对第三人主张本法第 14 条、第 18 条和第 19 条规定的请求权（第 14 条规定的是损害赔偿和停止侵害请求权）。

入真实使用的注册人的权利行使行为，使其无法进行恶意诉讼。修法条文可规定为：注册商标权人提起商标侵权诉讼的，被控侵权人以注册商标专用权人未使用注册商标提出抗辩的，人民法院可以要求注册商标专用权人提供此前三年内实际使用该注册商标的证据。注册商标专用权人不能证明此前三年内实际使用过该注册商标，也不能证明因侵权行为受到其他损失的，被控侵权人不承担民事责任。

五、结　语

商标权取得的注册原则侧重于确保确权效率，旨在维护商标权的确定性及法律秩序的稳定性，然而，“绝对的注册取得模式可能割裂商标与其价值来源之间的联系”[1]，由于单纯片面强调商标权注册取得原则，最终引发抢注等诸多问题，导致商标权利取得结果的不公正。在克服商标权注册模式的弊端方面，我国立法尚未意识到商标使用的重要作用。因此，在商标权取得模式上，商标权注册取得原则需要从商标使用中获得正当性的支撑，通过商标使用原理来克服注册原则中存在的问题。

[1] 黄光辉．论我国商标权取得制度的重构——基于“使用”与“注册”的考量［J］．北京工业大学学报，2004（4）：74－77．

第九章　注册商标连续三年不使用撤销制度的反思与完善

一、引　　言

我国商标法上有所谓“注册商标连续三年不使用撤销制度”。亦即，商标如果连续三年没有使用，将无法使其发挥应有的功能，造成标志资源的浪费，人为增加讼争。为此，我国《商标法》第 49 条规定了“注册商标连续三年不使用撤销制度”。依据该项规定，商标连续三年不使用则可能被撤销，反之，商标使用则可以使商标权获得维持。产生商标不使用撤销的法律效果需满足如下要件：第一，有商标不使用的客观事实存在；第二，商标不使用的客观状态须持续达三年；第三，商标不使用缺乏正当理由。由此可见，“我国商标权人并非毫无约束地享有支配其注册商标的权利，还负有商标使用的义务”[1]。即注册商标专用权效力的维持，以对商标进行实际使用为要件。然而，如何认定商标不使用的客观状态，一直是司法实践中的难点，从立法上看，我国商标权维持使用制度也依然存在一些漏洞和不足，可能为不具有

[1] 陈锦川. 商标授权确权的司法审查［M］. 北京：中国法制出版社，2014：395.

真实使用意图的主体所利用。为了更好地发挥商标权维持使用制度的作用，防止商标囤积现象的发生，本章拟从司法实践中对使用行为的认定出发，明确我国商标权维持使用制度存在的问题，并提出完善的建议。

二、我国司法实践中对商标权维持使用的认定

商标权的维持使用在我国商标法上主要体现为“注册商标连续三年不使用撤销制度”。依据该项制度，适用的核心在于认定商标使用。因此，如何界定和判断商标使用，是准确适用该项制度的关键。从司法实践来看，我国目前有关商标权人的商标使用行为能否产生维持商标权效果的判定，主要是从商标使用的形式要件和实质要件这两个方面来予以考察的。

（一）商标权维持使用的形式要件

维持使用的形式要件，是指符合法律规定的使用形式，主要涉及商标使用的主体和商标使用的对象是否符合法律的规定。

1. 维持使用的主体

维持使用的主体关乎的是哪些人对商标的使用可以产生维持商标权效力的问题。根据我国《商标法实施条例》第 66 条的规定，使用的证据不仅包括注册人自己的使用，也包括许可他人使用。[1] 因此，我国商标维持使用的主体既包括商标权人，也包括经商标权人授权许可的他人。实践中，商标权人作为商标使用主体的关系通常较为简单明了，依据所提供的使用证据即可直接作

[1] 我国《商标法实施条例》第 66 条规定：使用的证据材料，包括商标注册人使用注册商标的证据材料和商标注册人许可他人使用注册商标的证据材料。

出认定。较为复杂的是商标权人与被许可使用人之间的许可关系的认定。由于现实生活中许可的方式多种多样，既包括明示许可，又包括默示许可，从而增加了许可关系认定的难度，使之常常成为案件争议的焦点。

例如，在“康王商标撤销复审案”[1]（以下简称“康王案”）中，就涉及商标权人以外的人对商标的使用能否产生维持商标注册效力的问题。该案争议的焦点之一就在于昆明滇虹公司对系争商标的使用能否视为云南滇虹公司的使用。对此问题，商标评审委员会基于“云南滇虹公司系昆明滇虹公司的主要出资主体”，以及“云南滇虹公司曾在授权书中许可昆明滇虹公司使用其注册的全部商标”等事实，作出了“昆明滇虹公司对系争商标的使用应视作云南滇虹公司对系争商标的使用”的认定。[2] 而北京市第一中级人民法院则认为，由于两公司皆为独立的民事主体，且二者之间并没有就系争商标达成明确的许可使用协议，则即使二者之间存在控股关系，昆明滇虹公司对系争商标的使用行为也不能被视为云南滇虹公司对系争商标的使用行为。[3] 最终，北京市高级人民法院仍基于云南滇虹公司与昆明滇虹公司之间的控股关系而认定两者之间存在较为紧密的关系。故而，“昆明滇虹公司使用系争商标的行为可以认定为云南滇虹公司对系争商标的使用行为”。[4]

---

[1] 商标评审委员会商评字（2006）第2432号《关于第738354号“康王”商标撤销复审决定书》、北京市第一中级人民法院（2006）一中行初字第1052号行政判决书、北京市高级人民法院（2007）高行终字第78号行政判决书、最高人民法院（2007）行监字第184—1号驳回再审申请通知书。

[2] 商标评审委员会商评字（2006）第2432号《关于第738354号“康王”商标撤销复审决定书》。

[3] 北京市第一中级人民法院（2006）一中行初字第1052号行政判决书。

[4] 北京市高级人民法院（2007）高行终字第78号行政判决书。

在后续发生的“太阳 Sonnen Weisse 及图”商标案[1]中，北京市第一中级人民法院和北京市高级人民法院延续和保持了在“康王案”中的做法，基于金种子公司是金太阳公司的控股公司这一客观事实，指出二者之间属关联企业，有着共同的经济利益，并基于二者之间具有此种密切关联关系，作出了两公司之间就系争商标存在事实上的许可使用关系的认定。

由上述案例可知，我国司法实践中对商标维持使用主体的认定是较为宽松的。对于许可使用关系的认定，并没有局限于明示许可这一种情形，而是结合使用是否违背了权利人的意愿、使用人与权利人之间存在的多种关系，诸如控股关系、母子公司关系等多种因素来综合判断。对于此种宽松的认定，笔者认为是适当的，同时也符合国际条约的规定[2]，能够很好地适应和满足现代商标保护的需求。但是，如果他人使用商标的行为本身是一种侵权行为，则该种行为即便获得权利人的事后追认，也不应视为权利人对使用义务的履行。

2. 维持使用的对象

商标使用在使用的对象上也要符合法律的要求。首先，能够产生维持商标权效力的使用，原则上应是对核准注册商标的使用。然而，在实际的经营活动中，受多种因素的制约，尤其是出于对产品营销的考虑，为了迎合更多消费者的需求，商标权人有时会对商标作出些许改变再使用。对于商标的这种变形使用，《巴黎公约》的态度是，如果商标权人使用的商标，在形式上与其所注册的商标有细微的差别，但该种差别并未改变其显著性

---

[1] 149 北京市高级人民法院（2009）高行终字第1415号政判决书。

[2] 如《TRIPs 协定》第19条第2款就明确规定：在商标受其所有人控制时，他人对商标的使用，亦应承认其属于为了保持注册所要求的使用。

的，则不应导致注册无效。[1] 对此，我国商标法并未明确规定，但《最高人民法院关于审理商标授权确权案件若干问题的意见》（法发〔2010〕12 号）规定了相关内容，明确指出使用不得改变注册商标的显著特征。[2] 司法实践中，法官基本上也是遵循上述意见的规定来处理相关案件的。例如，在“愛兒 BABIES”商标案[3]中，系争商标由中文“愛兒”与英文“BABIES”构成，权利人在实际经营活动中使用的则是“爱儿幼儿园”、“BABIES”与兔子标识、“永安私立愛兒幼兒園”字样，但北京市高级人民法院认为，商标权人实际使用的标识并未改变系争商标的显著特征，该种使用使相关公众能将“愛兒”与商标权人之间建立关联，发挥了系争商标的识别功能，因此，可以认定商标权人在系争期间对系争商标进行了使用。据此，“愛兒 BABIES”商标获得了维持。显然，在“愛兒 BABIES”商标案中，法院采取了较为宽松的使用对象认定政策，即虽然权利人实际使用的商标与核准注册的商标不完全相同，但如果这种不同并未改变原有商标的显著性特征，且其实际使用的商标与核准注册的商标具有某种关联性时，则此种变形性质的使用仍可视为对核准注册商标的使用。对此，笔者认为，由于市场处于不断变化之中，商标权人需要根据消费者的需求来相应地调整商标的实际使用方式，如果对商标进行的每一次细微调整都需进行重新申请注册，不但会不合理地加重商标权人的负担，也会耗费大量的行政资源。因此，在具体的个案认定中，实际使用的商标只要未改变注册商标的显著

---

[1] 《巴黎公约》第五条 C（2）。

[2] 《最高人民法院关于审理商标授权确权行政案件若干问题的意见》第 20 条第 2 款规定：实际使用的商标与核准注册的商标虽有细微差别，但未改变其显著特征的，可以视为注册商标的使用。

[3] 北京市高级人民法院（2010）高行终字第 770 号行政判决书。

性特征，且与注册商标具有一致的识别功能，则该种使用仍可被认定为是对注册商标的使用。

其次，能够产生维持商标权效力的使用，必须与核定使用的商品或服务相结合。商标必须使用于特定的商品之上并与之建立联系才具有意义。未将注册商标与特定商品结合起来的使用证据，无法独立证明商标权人履行了注册商标不使用撤销制度下的“使用义务”。[1] 此外，要想产生维持商标权的效力，该种使用只能发生在核定使用的商品或服务之上。例如，在“GNC”商标案[2]中，由于商标权人并未将系争商标使用在核定使用的商品——非医用营养鱼油这类商品之上，而是使用于蜂蜜这类非核定使用的商品之上，从而被法院认定为不属于商标法意义上的使用，也就无法产生维持商标权的效力。再如，在“万宝 WANBAO 图形”商标再审案[3]中，“万宝 WANBAO 图形”商标核定使用于第 9 类电视机及显示器等商品之上，但商标权人所提供的使用证据均证明其是在音箱、功放机等非核定商品上使用。据此，最高人民法院作出了权利人的商标使用行为并不能产生维持商标效力的判定。此后发生的“安琪尔及图”商标案[4]、“LOOK”商标案[5]等案件都是在遵循最高人民法院上述判决思路的基础上进行裁决的。

（二）商标权维持使用的实质要件

商标权维持使用实质要件的核心则在于对商标使用行为的判

---

[1] 徐琳. 注册商标不使用撤销制度中“使用”的界定［J］. 理论界，2010（8）：65－68.

[2] 北京市高级人民法院（2006）高行终字第 78 号行政判决书。

[3] 最高人民法院（2010）知行字第 44 号行政判决书。

[4] 北京市高级人民法院（2012）高行终字第 733 号行政判决书。

[5] 北京市高级人民法院（2013）高行终字第 2286 号行政判决书。

断。“用于识别商品来源”是这一实质要件的要求。商标识别来源的功能是商标最初始的，也是最基本的功能。❶ 该项功能实现的唯一途径只能是通过在商业中对商标进行真实使用。从我国的司法实践来看，法院基本上也是从公开使用和真实使用这两个角度来对商标使用行为进行判定的。

1. 公开使用

所谓公开使用，是相对内部使用而言，是指将贴附商标的产品于商业流通领域中使用，且该种使用方式能够使相关公众认知商标，并据以识别商品或服务的来源。一般来说，商标只有在商业流通领域中被公开使用，才能被消费者接触和认知，商标与产品之间的联系才能得以建立，商标识别来源的功能才能实现。最高人民法院在“无印良品”商标案的判决中也明确指出：“商标只有在商品的流通环节中才能发挥其识别来源的功能。”❷ 非公开的使用，消费者无从得知商标，商标识别来源的功能自然无法实现，故不属于商标法意义上的使用行为，也就无法产生维持商标权的效力。

在“HAGGAI 及图”商标案❸中，该案争议的焦点在于系争商标是否于系争期间在商业活动中进行公开、真实使用。针对权利人提交的标有系争商标的吊牌、手提袋等产品的制作费发票等使用证据，北京市高级人民法院认为，该项证据仅能证明上述物品被生产制作的事实，而无法证明上述商标产品已实际进入了商业流通领域，换言之，权利人并未对系争商标在商业活动中进行公开、真实的使用，因而该种使用并不属于商标法意义上的实际

❶ 刘春田. 知识产权法［M］. 北京：高等教育出版社，北京大学出版社，2007：249.

❷ 最高人民法院（2012）行提字第 2 号行政判决书。

❸ 北京市高级人民法院（2010）高行终字第 455 号行政判决书。

使用。基于此，北京市高级人民法院维持了商标评审委员会撤销系争商标的决定。同样，在“第1248732号图形”商标案[1]中，豪踏公司是系争商标的权利人，系争商标核定使用于足球鞋上。针对豪踏公司所提交的企业纳税情况表和纳税证明单、便笺和信封以及相应的印刷合同、鞋盒定制合同等证据，北京市第一中级人民法院认为上述证据均与系争商标是否使用无关，既不能证明系争商标在核定使用的足球鞋上进行了使用，也不足以证明系争商标产品已实际投入市场销售。故上述使用不能被视为维持商标注册的使用。

2. 真实使用

所谓真实使用，是指对商标的使用确实是为了销售带有商标的产品，而不是仅仅为了维持商标权利而使用商标。与真实使用相对的就是象征性使用。大多数国家都将象征性使用排除在维持商标权效力的使用范围之外。如美国第二巡回上诉法院在“HUMBLE”商标案[2]中即指出，《美国兰哈姆法》不是要通过注册去设定一个商标，而在于促进和保护商标的使用。因此，商标使用才是《美国兰哈姆法》的核心。与之相对应，商标注册的维持应当以善意真实的使用商标为前提要件。在“HUMBLE”商标案中，尽管权利人仍然坚持了对系争商标的使用，但上诉法院认为权利人不具真实使用商标的意图，故而认定系争商标不能获得维持。

真实使用不仅要求要有实际使用商标的行为，而且使用人必须具有真实使用的意图。当然，使用人的真实使用意图一般只能通过客观行为来推知。因此在判断是否为真实使用时，应当综合

---

[1] 北京市高级人民法院（2010）高行终字第309号行政判决书。

[2] Exxon Corp. v. Humble Exploration Co. , 695 F. 2d 96 1983.

考察与商标使用有关的一切客观因素，包括但不限于商标使用的具体方式、使用的范围及使用持续时间，以及商标产品的性质和市场特点等。[1] 我国 2013 年《商标法》修正之前，仅在《商标法实施条例中》列举了几种商标使用的方式，以致我国司法实践中对商标使用的判断一直采用的是较为宽松的标准，大多局限于该种行为是否符合上述条例中所列举的使用形式，而不注重对使用人使用意图的考察。如在“卡斯特”商标案[2]中，该案争议的焦点之一就在于商标使用是否仅需符合形式要件即可，还是应当具备真实的使用意图。遗憾的是，无论是商评委、一审法院还是二审法院，均是以权利人对商标的使用符合商标使用的形式要件为由，判定系争商标的权利可以获得维持。

此后，随着《最高人民法院关于审理商标授权确权行政案件若干问题的意见》[3] 等规定的出台，我国司法实践中对商标使用的判定也随之由“纯粹的使用形式判定”向“兼顾使用形式和使用意图的判定”方式转变。[4] 例如，“大桥 DAQIAO 及图”商标案[5]是我国司法实践中将商标权人的商标使用行为直接认定为象征性使用的典型案例。在该案中，商标评审委员会依据商标权人提交的系争商标的许可使用合同、系争商标产品的销售发票、广告宣传等证据，认定权利人对系争商标进行了商业使用，并据此维持了系争商标的注册。对此，北京市高级人民法院指出，商

---

[1] 周云川．商标授权确权诉讼规则与判例［M］．北京：法律出版社，2014：433.

[2] 北京市第一中级人民法院（2008）一中行初字第 40 号行政判决书。

[3] 《最高人民法院关于审理商标授权确权行政案件若干问题的意见》第 20 条第 1 款规定：人民法院审理涉及撤销连续 3 年停止使用的注册商标的行政案件时，应当根据商标法有关规定的立法精神，正确判断所涉行为是否构成实际使用。

[4] 陈明涛．商标连续不使用撤销制度中的“商标使用”分析［J］．法商研究，2013（1）：144－151.

[5] 北京市高级人民法院（2010）高行终字第 294 号行政判决书。

标使用应当具有真实性和指向性，对于主要以维持注册效力为目的的象征性使用商标的行为，不应视为在商标法意义上使用商标。该案中，系争商标权人在系争的三年期间仅就系争商标进行了一次广告行为，就系争商标产品的销售额也仅为1800元，且上述使用行为均发生在系争期间之后，据此，北京市高级人民法院认定权利人就系争商标的上述使用行为不是出于真实商业目的的使用，是以维持其商标注册效力目的的象征性使用行为。应当说，"大桥DAQIAO及图"商标案的判决在某种程度上来说具有一定的标志性意义，标志着我国开始摒弃了之前只重商标使用形式，而忽视商标使用意图的判断方式。

上述案例表明，在有关商标撤销的案件中，商标使用的判定往往起着决定性的作用。亦即商标的注册能否被维持，完全取决于商标权人是否对该商标进行了实际使用，以及该种使用是否维持使用的要求。从我国的司法实践来看，我国部分法院对商标维持使用的判定已由最开始只注重"形式意义上的判定"向"实质意义上的判定"发生转变，即能够产生维持商标注册效力的使用不仅应符合法律规定的形式，如应当严格按照核准注册的商标形式在核定使用的商品上使用，还应当满足发挥商标识别来源功能这一实质要件。

三、我国商标权维持使用制度存在的缺陷

（一）缺乏对商标使用意图的规定

注册商标连续三年不使用撤销制度的立法目的在于清理长期不使用的注册商标，督促商标权人积极使用注册商标，避免商标资源的浪费。根据上文对维持使用在我国立法中的制度体现和实

际运作中的判定规则的梳理可知，实务操作中，我国现行《商标法》中第48条有关商标使用的定义是法院在对注册商标连续三年不使用撤销制度中的商标使用进行判定时的法律依据。应当来说，对商标使用定义的明确是我国商标法修正的亮点之一，该项定义与之前《商标法实施条例》对商标使用所作的界定相比，取得了实质性的进步——将“用于识别商标来源”确立为商标使用的本质内涵。尽管如此，商标法中有关商标使用的定义更多强调的仍然是商标使用的形式，而没有对商标使用的意图作出规定。与此同时，商标不使用撤销制度也着重于强调商标连续三年不使用的客观状态，而忽视对权利人主观意图的考量。换言之，商标不使用可以被申请撤销，然而只要不存在商标连续不使用的客观状态，权利人则仍然可以继续享有其权利，而不问其是否具有真实使用商标的意图。而要消除商标连续不使用这种客观状态是很容易做到的，权利人仅须在上述期间对商标进行一次或多次符合法律规定形式的使用即可。然而，此种出于维持权利的使用显然毫无价值可言，既无法发挥商标的识别来源功能，降低消费者的搜寻成本，也无法形成有价值的商誉，因为权利人使用商标的目的仅在于维持权利，因而不会在此种象征性的商标使用上投入精力和资金。显然，我国立法中存在的这种重使用形式而轻使用意图的理念为权利人维持权利打开了方便之门。这与注册商标不使用撤销制度旨在清理闲置商标的目标背道而驰。

从我国的司法实践来看，法院在对商标维持使用进行认定时，采取的也是较为宽松的判定标准，即主要考察的是该种使用行为是否符合法律规定的形式，原则上不对商标权人的主观使用意图进行考察。虽然目前我国已有部分法院在对商标维持使用进行判定时，已由最开始只注重“形式意义上的判定”向“实质意义上的判定”转变，但遗憾的是，这仅是一种局部现象，尚未形成统一的判定标准。不考察商标使用人的使用意图，在很大程度上降低了权利人商标使用的要求。此种低标准的商标使用义务，将可能使体现于注册商标不使用撤销制度中的维持使用义务形同虚设。原因在于，不具有真实使用意图的权利人仅通过对商标进行符合法律规定形式的使用即可轻而易举地获得商标注册的维持。此种形式意义上的商标使用大多是为维持权利存在而进行的象征性使用，与商标使用的意义相差甚远，既无法发挥商标识别来源的功能，于消费者毫无益处，又徒增商标局管理商标之负担。显然，我国法院在实践中就维持使用的认定所采取的较为宽松的标准，不仅容易对商标权人形成过度保护，危及其竞争对手的权益，而且不利于切实发挥注册商标连续三年不使用撤销制度清理闲置商标的作用，使其实施效果大打折扣。

（二）缺少对恢复使用的限制性规定

商标不使用撤销制度中所涉及的三年不使用期间的计算方式应为自撤销申请提出之日起向前推算三年。依据此种计算方法，商标连续未使用的状态须于申请撤销时仍然存在，才会导致商标被撤销，如果商标权人在提出撤销申请时已经恢复使用注册商标，则该撤销申请将得不到支持。也就是说，即使商标自注册以后曾经一度符合撤销的条件（连续三年未使用），但只要商标权人于撤销申请提出之前的三年内恢复了对商标的使用，则该商标就不会因之前未使用的情况而被撤销。亦即，提出撤销申请之前的使用具有复活注册商标效力的作用，我们不妨将其称为恢复使用复活商标效力规则。从比较法的角度来考察，有些国家的商标法中也采纳了上述规则，如《欧洲共同体商标条例》第50条[1]、《德国商标法》第49条[2]、《英国商标法》第46条[3]以及《日本商标法》第50条[4]均是有关恢复使用复活商标效力规则的规定。从某种程度上来说，上述规则具有一定的合理性。一方面，可以有效保护商标权人的利益。因为即使商标曾经存在过连续三年未使用或停止使用的情形，但商标权人之后开始使用或恢复使用商标的行为，依然可以发挥商标识别来源的功能，并就此累积商誉，由此就会形成可以获得法律保护的利益。另一方面，该项规则可以促使申请人及时提出撤销申请，清理闲置商标。与此同

---

[1] 《欧洲共同体商标条例》第50条第1款（a）项规定：如果商标连续五年未在共同体内于注册指定的商品或服务上真正使用，又无不使用的正当理由，则共同体商标权人的权利将基于向协调局申请后宣布撤销或在侵权诉讼中被反诉而撤销。但是，如要在五年期满和提出撤销申请或反诉这段时间内，商标已经开始或又重新被投入使用的，在此情形下，任何人都不可以主张欧共体商标权人的商标权利应予撤销；但是，如果开始或重新使用发生在撤销申请或提起反诉之前的三个月内，且商标权人知道可能已被提出撤销申请或反诉，则该种使用不应予以考虑。

[2] 《德国商标法》第49条规定：商标在注册日之后的连续5年的期限之内未根据第26条予以使用的，商标注册可以依请求因失效而撤销。在该期限结束之后提起撤销请求之前开始根据第26条使用或重新使用商标的，不可以主张商标失效。在紧接着连续5年的未使用期限届满之后、提起撤销请求之前的3个月内使用或重新使用商标的，以商标所有人知道可能提起撤销请求之后才为首次或重新使用作准备为限，不考虑该使用。

[3] 《英国商标法》第46条之（3）规定：如果第（1）款（a）或（b）所述的使用是在5年期限届满后和提出撤销申请之前开始或恢复的，那么，不得基于这些规定中所述理由撤销商标注册：条件是任何在5年期限届满之后但在提出撤销申请之前的3个月内的开始使用或恢复使用将不予考虑，除非在注册商标所有人意识到有可能提出该申请之前，已经开始使用或开始了恢复使用的准备。

[4] 《日本商标法》第50条第三款规定：自第一款的准司法审判请求前三个月开始至该准司法审判请求登记之日，在日本国内商标权人、专有使用权人或者通常使用权人中的任何一个在指定商品或者指定服务上使用了注册商标时，如果请求人证明该注册商标的使用发生在被请求人知道该准司法审判请求之后，该注册商标的使用不属于第一款规定的注册商标的使用。但是，被请求人证明该注册商标的使用具有正当理由的，不在此限。

时，在商标曾经满足撤销条件的那一段期间中，若没人据此提出撤销申请，从侧面也说明该注而不用商标并没有对他人造成妨碍。[1]

尽管如此，如果将商标权人于撤销申请提出之前对商标进行的任何使用都不加区分地认定为具有复活商标效力的行为，则恐有偏袒商标权人利益之嫌。因为商标权人很有可能仅是出于维持商标注册的目的而恢复使用商标，有的使用甚至是商标权人在得知他人即将或已经提出撤销申请之后才进行商标使用，此种使用因欠缺真实使用的意图，并不符合维持商标注册使用的要求。虽然商标权人的利益理应获完整且充分的法律保护，但上述做法容易造成保护过度，进而危及撤销申请人的权益。从实体角度而言，商标撤销申请的提出不仅涉及被申请撤销商标之权利人的利益，而且牵涉到申请人的利益。[2] 实践中，提出撤销注册商标申请的人往往是实际使用该注册商标的竞争者，如果允许商标权人通过此种对商标的象征性使用或突击使用而获得权利维持，则申请人不仅可能因此陷入侵权的困境，须承担停止使用被申请撤销之商标和赔偿损失等不利后果，而且其通过使用商标积累的商誉也将付之东流，而商标权人不仅能使其权利豁免于撤销，还可坐享其成申请人在商标上积聚的商誉。[3] 显然，此种现象不仅有违诚实信用原则，与创设注册商标连续三年不使用撤销制度的趣旨相背离，而且对撤销申请人极为不公平。然而，针对此种情况，我国立法却并未对恢复使用作出任何限制，难谓合理。

---

[1] 曹世海．注册商标不使用撤销制度及其再完善——兼评《关于修改中华人民共和国商标法的决定》［J］．法学论坛，2013（10）．

[2] 张玉敏．论使用在商标制度构建中的作用——写在商标法第三次修改之际［J］．知识产权，2011（9）．

[3] 李扬．注册商标不使用撤销制度中的“商标使用”界定——中国与日本相关立法、司法之比较［J］．法学，2009（10）．

四、我国商标权维持制度的完善

商标作为在商业活动过程中帮助消费者确认并区分商品或服务来源的标志，唯有通过真正使用方能实现其价值和功能。为此，包括我国在内的多数国家均针对商标权的维持设定了使用义务。倘若商标权人未尽此义务，则商标法将不再对其商标提供法律保护。在我国，该项使用义务主要体现于注册商标连续三年不使用撤销制度之中。历经《商标法》的第四次修正以后，我国注册商标连续三年不使用撤销制度在一定程度上得到了进一步改进，但从整体上来看，该项制度仍存有疏漏之处，主要表现为缺乏对商标使用意图的规定，以及缺少对恢复使用的限制性规定，故尚有进一步完善的空间。

第一，增加商标使用意图的规定。前已述及，我国《商标法》中涉及商标使用的具体规定更多强调的仍然是商标使用的客观形式，而没有对商标使用的意图作出规定。司法实践中，法院在对商标维持使用进行认定时采取的也是较为宽松的判定标准，即主要考察的是该种使用行为是否符合法律规定的形式，原则上不对商标权人的主观使用意图进行考察。虽然目前我国已有部分法院在对商标维持使用进行判定时，已由最开始只注重“形式意义上的判定”向“实质意义上的判定”转变，但遗憾的是，这仅是一种局部现象，尚未形成统一的判定标准。我国立法和司法实践中体现出的此种重使用形式而轻使用意图的理念，为权利人规避商标使用的义务打开了方便之门，不仅容易对商标权人形成过度保护，使维持使用义务形同虚设，而且不利于切实发挥商标不使用撤销制度清理闲置商标的作用。对此，我国实有必要针对商标权的维持使用增加使用意图的规定，从使用行为和使用意图的双重视角构建商标维持使用的判定标准，以最大限度发挥出商标不使用撤销制度的作用。考量商标权人使用商标的行为，以判定其行为是否符合法律规范的要求，并由此推知其使用意图；考量其使用商标的意图，以衡量其商标使用行为的真实性，以避免对维持使用作出过宽或过窄的认定，损害商标权人或撤销申请人的利益。

详言之，在对维持使用增加使用意图规定方面，美国的立法经验值得我们借鉴。从前文对美国有关商标维持使用的立法规定和司法判例的梳理和分析可知，美国对于维持使用的考察不单单只考察使用行为本身，而是着重于透过对使用行为的考量，来推定使用人的使用意图或心态。从某种程度上来说，在美国，使用意图的有无及其真实与否在很大程度上决定了商标能否被维持。在对使用意图的具体判定上，美国采取的是“客观事实 + 推定”的方法，亦即依据商标使用行为或为商标使用所作的必要准备等客观事实，结合权利人事业所处的具体状况，并参考多种因素[1]来综合判断使用行为或使用意图能否产生维持商标的效力。

据此，我国在增设对维持使用的使用意图规定时，在具体条款上可以进行如下设计。首先，将我国《商标法》第 49 条第 2 款规定中的“连续三年不使用”修改为“连续三年未真实使用”，以明确使用意图的规定。其次，由于商标使用的方式多种多样，且每一个案件的案情都各具特性，因而难以以一个具体的标准来考量不同的使用行为。但我们不妨借鉴美国“因素式的判

---

[1] 我们不妨称之“因素式的判定方法”，这些参考因素具体包括被使用的商标在使用的过程中是否仍具有或发挥了区分和识别商品来源的功能；商标权人为使用商标而拟定的计划和具体实施时的使用方式，是否有利于增进商标的价值，抑或减损商标的价值；商标权人对商标的使用情况是否与其当时的经营状况相符，权利人是否为恢复使用而积极做了有益的尝试或准备等。

定方法”，并参考美国版权法中有关著作权合理使用制度的设计模式，将司法实务中所考量的几项与维持使用判定密切相关的因素，明确列为判定维持使用行为应参考的因素，以增强立法的可操作性。实施方法可在我国《商标法》第 49 条第 2 款之后增加一款，具体条文可以规定为：

前款所称真实使用行为之判断，应考量下列因素：(1) 商标使用的目的；亦即商标在使用的过程中是否发挥了区分和识别商品来源的功能；(2) 使用行为对于商标价值的作用；即商标使用行为是否有利于增进商标的价值，抑或减损商标的价值；(3) 使用程度与其事业状况和行业要求相符的程度。

其次，增设恢复使用的限制性规定。依据我国《商标法实施条例》第 66 条规定，可以推知商标权人在连续三年未使用期限届满、撤销申请提出之前的使用行为具有复活商标权的效力，但该条款就恢复使用之规定仍不甚明确，尤其是缺少对恢复使用的限制性规定，恐有偏袒商标权人利益之嫌，容易造成保护过度，进而危及撤销申请人的权益，导致利益失衡。从比较法的角度来考察，德国、英国、日本等国的商标法也设置了恢复使用复活商标效力的规则。与我国立法相比，这些国家就上述规则的设定既具体明确，可操作性强，也对其作出了合理的限制性规定，以平衡商标权人与撤销申请人之间的利益。基于此，笔者建议参照上述国家的相关立法，进一步完善我国有关商标恢复使用的立法，并对其作出合理的限制，以确保注册商标不使用撤销制度的功能得到充分发挥。

在具体的条文设计上，可在我国《商标法》第 49 条第 2 款之后增设一款，规定：

商标在连续 3 年未使用期限届满之后、撤销申请提出之前已经开始或恢复真实使用的，则不予撤销。但是，如果前述使用发生在撤销申请提出之前的三个月内，且商标权人知晓他人即将提出撤销申请的，则不予考虑。

五、结　语

商标权维持所要求的商标使用，是为了促使商标注册人将商标投入市场之中，使纸面意义上的商标能够真实地发挥其指示来源的功能，区分市场上的商品或服务。如果商标注册之后并不使用，则不仅将造成资源的浪费，还会人为制造商标权纠纷，扰乱正常的市场竞争秩序。因此，在对商标权维持制度中的商标使用进行判定时，需同时重点考察其行为的主观意图和客观效果，即考察商标权人是否将商标真实地投入市场使用，而不能是一种形式上的仅仅为了维持商标权存在的使用。只有权利人将商标真实地投入市场，商标识别来源的功能才能得到切实发挥，其商标权受到商标法的保护才有正当性的基础。此外，维持使用除了应满足主观意图和客观效果上的要求以外，还应符合法律规定的形式。

第十章　论网络环境下商标使用在商标侵权判定中的作用

一、引　　言

根据我国《商标法》第57条的规定，商标权侵权行为一般表现为侵权人在相同或类似的商品上使用与商标权人商标相同或近似的标识，容易造成消费者混淆误购。由此，在侵权的判断中，被诉侵权人的行为是否属于商标使用，就成为重要的判定依据。有学者认为，商标使用是判断商标权侵权的要件，如果被诉人不符合商标使用的要求，则不构成商标权侵权。[1] 在传统物理环境下，侵权人要实施侵权行为，在行为上需要使用商标权人的商标标识侵权人自己提供的商品或服务，商标一般贴附在所要销售的商品或服务以及与之有关的包装、广告和宣传材料上，向消费者公开展示，侵权人是否构成商标使用较容易判断。然而在网络环境下，商业模式的更新使人们对商标的利用形态日渐丰富，许多利用他人商标的形式已经脱离了所提供的商品或服务，甚至这种利用是一种内部性质的使用，并不向消费者展示商标。一些

---

[1] 祝建军. 判定商标侵权应以成立“商标性使用”为前提——苹果公司商标案引发的思考［J］. 知识产权，2014（1）：22－28.

商标权人的竞争者开始在互联网元标签、关键字中对商标权人的商标进行使用，以吸引消费者的注意，增加点击率和访问量，更好地获取竞争优势。这些对他人商标进行使用的方式并不是直接将他人商标贴附在自身商品或服务之上，用以标识商品或服务的来源，而是利用网络技术巧妙地对他人商标“搭便车”，在网站内部或关键字中对他人商标予以使用。由此产生了这些使用形态是否是商标使用以及是否构成商标权侵权的疑问。这种情况下，如何认定使用者使用他人商标的行为的性质，就成为重大的理论和实践问题，关系到使用者的行为是否构成商标权侵权。有鉴于此，本章将针对网络环境下对商标的特殊使用方式展开探讨，界定元标签和关键字广告中的商标使用行为，厘清新技术环境下商标使用与商标权侵权判定之间的关系。

二、网络环境下元标签商标权侵权判定中的商标使用

（一）网络环境下将商标作为元标签的行为及其侵权风险

随着网络技术的发展，网站的数量有了大量的增加，很多商品或服务的提供者开始在网络上建立网站，提供或宣传其商品或服务。消费者也日益习惯通过互联网寻找有关信息和网站。网络上的搜索引擎技术是帮助网络使用者寻找信息和网站的技术。例如，使用者想要了解某一所大学的招生情况，就可以在搜索引擎的搜索框中输入大学的名称或关键字，回车之后即可看到搜索引擎搜索出的有关于这一所大学的各种网站的列表，使用者便可以通过网站列表继续点击进入各个网站了解这一所大学的信息。为了使搜索更为准确和迅速，搜索引擎提供商开发出了新的搜索技术，即元标签技术。搜索引擎会预先将网页内容进行检索，将大

量网站内部所使用的元标签（Metatags）复制在其搜索引擎服务器上。所谓元标签，是网站设计所使用的一种超文本语言（HTML）中的指令性文字。该指令性文字包含了能够引导搜索引擎读取的指令文字。当使用者键入关键字，而网站内部的元标签使用了这一关键字时，搜索引擎就能够将之搜索出来，并在用户电脑界面显示出在元标签中使用这一关键字的网站。而某一网站的元标签中出现的使用者输入的关键字越多，则最终的搜索结果列表中，这一网站的排名就越靠前。许多提供商品或服务的商家于是在元标签中大量使用商标作为关键字，以使其网站在最终的搜索结果列表中位于前列，增加其网站被消费者搜寻到的概率。

如果商标权人在网站的元标签中使用自己的商标作为关键字，以更有利于消费者在搜索时能够检索到自己开办的网站，这种行为是正当参与市场竞争的行为，无可厚非。但是如果竞争对手乃至不存在相关联系的网站也使用商标权人的商标作为自己网站的元标签，以吸引那些在搜索栏输入商标权人商标作为搜索关键字的用户，这种行为是否属于商标权侵权行为就存在争议。亦即，A 公司享有对某一商标的商标权，但是其竞争对手 B 公司却将 A 公司的商标植入 B 公司网站的元标签中，使用者在搜索引擎中输入 A 公司的商标时，在搜索结果列表中可能会出现 B 公司的网站，从而吸引消费者的注意，本想寻找 A 公司网站的消费者就可能转而点击进入 B 公司网站，并可能购买 B 公司网站的商品或服务，使 A 公司丧失交易机会。这时，B 公司的使用行为是否构成商标权侵权成为争议的焦点。

（二）网络环境下元标签商标侵权案件中对商标使用的认定

关于元标签领域的第一案就是布鲁克菲尔德通信

（Brookfield Communications）案。在该案件中，法院是通过售前混淆认定被诉一方构成商标权侵权的，并未对商标使用作专门的论述。然而，在被诉一方使用原告商标“Moviebuff”作为被告网站的元标签是否违反了美国商标法这一问题上，法院作了扩充性的解释。法院认为，Moviebuff 一词并非一般的通用文字，其具有商标的显著性，可以识别商品或服务来源。被告故意在其网站中将该词作为元标签，将其当作自身的商标来使用，系以不正当的方式利用了原告的商誉，将消费者转移到被告的网站以牟取利益，构成商标权侵权。[1] 从这个案件中美国法院的态度来看，作出判决的美国联邦巡回第九法院显然对商标使用作了扩大性的解释，其认为不论消费者是否能够看到被诉一方使用的商标，被诉一方的行为都是以不正当的方式利用了原告商标中的商誉，是需要商标法规制的“搭便车”行为。因此，作为元标签尽管是一种内部性质的使用，消费者并无法看到被诉人使用原告的商标来标示被诉人自己的网站，但是在行为性质上依然是一种将他人商标当作其自己的商标来使用的行为，具有不正当性。并且，这种行为造成了消费者发生售前混淆，属于商标权侵权无疑。

在 2008 年发生的北美医疗公司诉公理全球公司案（North American Medical Corporation v. Axiom Worldwide，Inc）中，法院对商标使用作了新的诠释。[2] 在这个案件中，原告北美医疗公司（North American Medical Corporation）是一家脊椎物理治疗器具的生产商，被告公理全球公司（Axiom Worldwide）则是其竞争对手。被告建立了自己的网站，并使用了原告的注册商标“Accu -

---

[1] Brookfield Communications，Inc. v. West Coast Entertainment Corp.，174 F. 3d 1036，1062（9th Cir. 1999）.

[2] North American Medical Corporation v. Axiom Worldwide，Inc.，522 F. 3d 1211（11th Cir. 2008）.

Spina”“IDD Therapy”作为其网站的元标签，使网络用户在搜索引擎搜索栏键入“Accu－Spina”“IDD Therapy”后，能够搜索到被告的网站。不仅如此，在搜索出的结果中，关于被告网站的简短描述中，也出现了特别被标明的原告的商标文字。原告认为被告的行为构成商标权侵权，遂诉至法院。审理该案的乔治亚州北区法院认为，被告使用原告的商标作为被告自己网站的元标签，构成商标权侵权。被告不服，认为其行为并未向消费者展示原告的商标，提起上诉。在二审审理中，第十一巡回上诉法院认为，要判断被告使用原告商标作为元标签的行为是否构成商标权侵权，首先要依据《美国兰哈姆法》第32条（a）（1）条的规定。[1] 该法第32条（a）（1）在界定侵权行为时有“在商业上使用”（use in conmerce）和“与商品或服务的销售……或广告相联系”（in connection with the sale… or advertising of any goods…）这两项要件。据此，法院认为被告的行为是使用原告的商标作为网站元标签，目的是在市场中推销产品，符合《美国兰哈姆法》第32条（a）（1）“在商业上使用”和“与商品或服务的销售……或广告相联系”这两个要件的规定。针对被告提出的“在其网站的元标签中使用原告商标，消费者并不会看到”的这一抗辩，法院认为被告有展示原告商标的情节，构成商标使用。法院指出，原告的商标出现在搜索结果列表中关于被告网站的简短描述里，并且是以标明的方式突出显示，这样会导致消费者误认为被告商品来自原告，或与原告存在关联关系，构成直接来源

[1] 《美国兰哈姆法》第32条（a）（1）规定：任何人未经注册人同意（a）在商业中（use in conmerce）对注册商标进行复制、仿冒、抄袭或有意模仿之使用，并与商品或服务的销售、许诺销售、运输或广告相联系（in connection with the sale… or advertising of any goods…），有可能产生混淆或误认或造成欺骗。

方面的混淆。[1] 由该案的判决结果可知，法院虽然并没有对在元标签中使用商标权人的商标是否属于商标使用作出正面的回答，但是对于被告所持的消费者不会看到元标签中的原告商标这一抗辩，法院并没有采纳。其主要原因在于在网站搜索结果的列表中，被告在关于其网站的描述中突出地标明了原告的商标，这显然会让消费者在浏览网页时看到。亦即，这是一种明显的向消费者展示商标的使用行为，即使用商标权人的商标用于标识被告自己的网站，借此使消费者发生混淆误认，错误地点击被告的网站。由此可见，法院实际上认为，被告在搜索结果列表中的描述里标明了原告的商标，这种行为使消费者能够识别原告的商标，构成商标使用，加之这种行为容易导致消费者混淆，构成侵权无疑。

至此，在对元标签中使用商标权人商标是否属于商标使用的问题上，法院的观点也并不一致。前述布鲁克菲尔德通信案中，被告在元标签中使用原告商标，并没有展示原告商标，法院认定这是对原告商标的“搭便车”行为，构成商标权侵权。而北美医疗公司案中，法院认定了被告在搜索结果列表中标明原告商标，具有展示原告商标的行为，并非仅在元标签中予以内部使用，因而构成商标权侵权。

实际上，根据商标使用的基本原理，商标使用是使用商标用以标识自身商品或服务的来源，这就要求使用者在使用商标时需要向消费者展示商标，以使消费者能够通过感觉器官来识别商标，辨明商品或服务的来源。“从逻辑顺序来说，只有先进行商标性使用，才有混淆的可能性。”[2] 在元标签案件中，仅仅是在

---

[1] North American Medical Corporation v. Axiom Worldwide, Inc., 522 F.3d 1211, 1220 - 1221 (11th Cir. 2008).

[2] 张今，郭斯伦. 电子商务中的商标使用及侵权责任研究［M］. 北京：知识产权出版社，2014：22.

内部元标签中使用原告商标，尚不是一种向消费者展示商标的商标使用行为，消费者无法看到元标签中的商标关键字，无法依据其来识别网站来源。被告的行为需要使消费者能够识别商标权人的商标，即需要在网站搜索结果列表中或者在自身网站的域名中向消费者明确展示商标权人的商标，才构成商标使用，方才有进一步导致消费者发生混淆误认的可能性。换言之，如果被告并没有利用商标权人的商标作为自己网站的域名或者作为自己网站的描述，则消费者能够准确地辨别出被诉一方的商标和原告的商标，那么被告就并没有使用原告的商标来标示自己商品或服务的来源，即被诉人在网站元标签中对商标权人商标进行内部性质的使用，并不会使消费者依据商标权人的商标来识别网站的来源。假如被告通过元标签的使用使其网站在最后搜索结果的列表排名中靠前，吸引了消费者的点击，充其量其行为借助于商标权人的商标转移了消费者的注意力，存在不正当竞争的嫌疑。但是在行为的法律性质上，并非商标权侵权。相反，如果被告在元标签中使用他人商标，同时又在搜索结果列表中以明示的方式展示了商标权人的商标，会使消费者识别出商标权人的商标，并以之作为判断被告网站来源的基本依据，这就为消费者的混淆埋下隐患，如果容易导致消费者发生混淆，则构成商标权侵权无疑。

三、网络环境下关键字广告商标权侵权判定中的商标使用

（一）网络环境下将商标作为关键字的行为及其侵权风险

关键字广告是随着网络技术的发展而逐步出现新型互联网服务内容，依据其服务方式的不同可以区分为弹出式广告服务和关

键字搜索排名服务，这两者都可能涉及商标权侵权的纠纷。

所谓弹出式广告服务，是指当电脑的使用者在网络上打开某网站时，如果下载了某些免费软件，或者以某些关键字作为搜索词检索网站，则购买了弹出式广告服务的客户的相关广告会以独立的视窗形式弹跳出来，供电脑使用者浏览。此外，一些弹出式广告的广告商还开发了一些木马程序，能够收集消费者的购物上网记录等，并根据消费者的浏览记录弹出相应的产品广告。弹出式广告服务推出后，产生了一些关于商标权侵权的纠纷，主要原因在于弹出式广告的程序中将商标权人的商标作为广告弹出的关键字，从而引起商标权纠纷。法院审理的焦点亦集中在弹出式广告服务的提供过程中使用商标权人的商标作为关键字是否是一种商标使用行为。

所谓关键字搜索排名服务，是指搜索引擎服务商提供关键字购买服务，营业主体购买了相关的关键字，当网络用户在搜索栏输入关键字进行搜索时，购买了关键字服务的网站就会出现在搜索结果页面的右边或上方的栏目中突出显示，以吸引网络用户点击浏览。目前，关键字搜索排名服务已经是网络上较为热门的服务项目，也引发一定的法律争议。其中主要的问题就是：他人购买的搜索引擎服务商的关键字包含商标权人的商标，则搜索引擎提供商和购买者的这一行为是否构成商标使用，又是否会造成消费者发生混淆误购。

（二）网络环境下关键字广告商标侵权案件中对商标使用的认定

弹出式广告服务中具有典型性的案例是 1－800 联系人公司诉温优康和视觉直接公司案（1－800 Contacts，Inc. v. WhenU.

com and Vision Direct, Inc)。[1] 该案的原告 1－800 Contacts 是一家通过网络销售隐形眼镜和相关产品的公司，注册了“1－800 Contacts”商标。被告 WhenU. com 则是一家网络公司，开发了一种“Save Now”软件。这种软件可以用来收集消费者上网浏览行为的信息，以提供弹出式广告。消费者的电脑中安装了这一软件之后，这个软件就可以自动启动，自动收集消费者的上网浏览行为的信息。消费者浏览的任何网站、搜索的关键字、网站的内容等，都被记录并与该软件内部目录进行匹配。如果消费者浏览的信息正好与软件内部目录中所包括的内容或关键字信息相符合，则软件就会弹出相关商品或服务的弹出式广告。这时消费者的电脑上就会呈现出独立视窗的广告。

该案的被告 WhenU. com 公司将原告网站的网址“1 800 Contacts. com”列入软件目录之中。这一网址包含有原告“1－800 Contacts”商标。当消费者输入该网站准确前往原告网站时，“Save Now”软件会自动予以辨识，推送与原告存在竞争关系的竞争者的广告。该案中的另一被告 Vision Direct 就购买了该弹出式广告服务，消费者输入“1 800 Contacts. com”网址时会弹出相应的被告 Vision Direct 的广告。原告认为被告 WhenU. com 公司提供弹出式广告的行为会使消费者将原告的商标与竞争对手 Vision Direct 的商标产生混淆，构成商标权侵权，向法院提起诉讼。该案历经地方法院和第二巡回上诉法院二审。地方法院认定被告的行为使用了原告的商标。被告的“Save Now”软件内部目录中包含了原告的网址“1 800 Contacts. com”，使竞争对手的弹出式广告能够出现在想要浏览原告网站的消费者的电脑屏幕前，由此，

---

[1] 1－800 Contacts, Inc. v. WhenU. com and Vision Direct, Inc., 309 F. Supp. 2d 467, 476 (S. D. N. Y. 2003).

被告使用了原告的商标，为原告的竞争对手进行广告和宣传。[1]最终，法院经过混淆可能性的审查之后，认为这种商标使用行为有可能导致消费者来源混淆和售前混淆，构成商标权侵权。被告不服，提起上诉。在二审中，第二巡回上诉法院对商标使用进行了新的界定。在关于被告是否使用了原告的商标这一问题上，第二巡回上诉法院认为，“Save Now”软件内部目录的内容，无法被电脑用户看到。因此被告在软件内部目录中设置原告“1 800 Contacts. com”的网址，并不会使消费者在视觉上发生混淆。由此，被告对原告商标的使用没有向公众公开，是一种公司内部使用（internal utilization），被告没有在商品或服务上使用原告的商标，不会导致消费者对商品或服务来源发生混淆的可能性。因此其行为不构成商标权侵权中的使用要件。据此认定侵权不成立。[2] 从该案的审理情况来看，一审法院显然是对商标使用进行了扩大性的解释，认为在软件内部目录中纳入包含原告商标的网址，也是一种商标使用行为。二审法院则明确了公司内部性质的使用并没有向消费者展示商标，并不会让消费者在视觉上发生混淆，不是商标使用行为，因而不构成商标权侵权。

关键字搜索排名服务典型案例是政府雇员保险公司诉谷歌案（GEICO，Inc. v. Google，Inc.）。在该案中[3]，原告是一家保险公司，被告谷歌则为美国著名的搜索引擎服务商。谷歌推出了关键字搜索排名的服务。当使用者输入特定搜索关键字时，结果列表上除了显示正常的搜索结果外，在网页界面的上方或右方，还

[1] 1 – 800 Contacts，Inc. v. WhenU. com and Vision Direct，Inc.，309 F. Supp. 2d 467，489（S. D. N. Y. 2003）.

[2] 1 – 800 Contacts，Inc. v. WhenU. com，Inc. and Vision Direct，Inc.，414 F. 3d 400，409（2d Cir. 2005）.

[3] Government Employees Insurance Co. v. Google，Inc.，330 F. Supp. 2d 700（E. D. Va. 2004）.

会显示有“赞助商链接”的付费广告链接。原告认为，被告谷歌将其商标“GEICO”作为关键字销售给广告主，当网络用户在搜索栏输入“GEICO”时，被告于结果页面的赞助商链接板块会显示广告主的广告。因此被告行为构成商标权侵权。在该案的审理中，被告认为其并没有使用原告的商标用来标识来源，而仅认为这种使用是一种电脑内部演算法方面的使用，即通过关键字决定刊登哪一个广告商的广告，这种使用并不会被消费者看见。因此不会产生来源方面的混淆。然而法院认为，被告的行为是允许广告主可以直接购买商标权人的商标进行竞价排名，并且广告主向谷歌支付了费用，让谷歌将他人商标与广告相联系，构成非法“使用”原告商标的行为。法院虽然认定了被告的行为构成“使用”原告商标，但是依然认为需要消费者发生混淆误认才能进一步认定商标权侵权。法院认为，在关键字的广告链接中，如果链接的标题或文字含有商标权人的商标，则可能造成消费者混淆。关键字链接的标题或文字并未包含原告商标，则原告提出的事实尚难以证明已构成混淆误认的可能性。据此法院驳回原告主张的商标侵权主张。[1] 从该案的审理来看，虽然法院放宽了对商标使用的界定，认定谷歌将他人商标与广告相联系，借此进行商业推广活动，就是一种非法“使用”原告商标的行为。但是实际上法院还是考虑到了这个案件中，被告尚没有将原告的商标在搜索结果之中进行突出显示，也就是说，原告的商标并没有在搜索结果的网站列表中出现，消费者无法看到原告的商标。即便消费者输入了关键字，搜索结果推广栏目中也有一些与原告业务存在竞争的网站，但是并没有公开显示原告商标，那么这种行为实际上还是内部使用的性质，并没有使用原告的商标来标示侵权人自己

---

[1] Government Employees Insurance Co. v. Google, Inc., 330 F. Supp. 2d 700, 704 - 706 (E. D. Va. 2004).

的网站，不会造成相关公众混淆，自然不属于侵权行为。

在默克公司诉米迪攀健康咨询公司案（Merck & Co. v. Mediplan Health Consulting，Inc.）中，原告默克公司（Merck）是著名的药品研发生产企业，其生产的一种药品是拥有专利的“Zocor”，并且注册了“Zocor”的商标。被告是一家药品销售商。通过网络销售药品，其中就含有原告的“Zocor”药品，被告为了更好地销售药品，向谷歌购买了“Zocor”的关键字，当消费者在谷歌搜索引擎中键入该词时，被告的网站就会以赞助商链接的形式出现在网页的上方。原告遂起诉被告的行为构成商标权侵权。法院认为，被告并没有在其外部的商品、容器或者相关文件中标示或者展示原告的商标，也没有以任何方式使用原告的商标来指示来源或者关联关系，而仅是单纯地利用该关键字来引导关键字广告。因此，被告的行为是一种内部使用，并非商标法意义下的“使用”。[1] 最终法院驳回原告的诉讼请求。这个案件与上一个案件的区别在于，法院清晰地界定了被告的行为是一种内部使用行为，也即被告的网站虽然出现在网页的上方，但是同样在网站链接上并没有显示或包含原告享有商标权的商标，亦即，消费者并不会看到原告的商标，因此，从本质上看，购买他人关键字的行为尽管造成了原告竞争者产品或网站的推广，但被诉一方并没有使用原告商标来标示自己商品的来源，不构成商标使用，因而不是一种商标权侵权行为。

综合上述案件可以认为，商标使用与商标侵权构成之间存在密切的联系，商标使用应成为商标侵权构成的前提条件。[2] 亦

---

[1] Merck & Co. v. Mediplan Health Consulting，Inc.，425 F. Supp. 2d 402，415 (S. D. N. Y. March 30，2006).

[2] 刘铁光，吴玉宝. “商标使用”的类型化及其构成标准的多元化［J］. 知识产权，2015 (11)：45－52.

即，商标使用是使用商标用以标识自身商品或服务的来源，这就要求使用者在使用商标时需要向消费者展示商标，以使消费者能够通过商标辨别商品或服务的来源。如果经营者的行为并不构成商标使用，则其行为就不是标示商品或服务来源的行为，并不会导致消费者发生混淆误购，其行为就不构成商标侵权。

四、我国网络环境下商标权侵权判定中的商标使用

（一）我国网络环境下商标关键字侵权案件中对商标使用的认定

商标使用与商标侵权构成之间存在密切的联系，商标使用应成为商标侵权构成的前提条件。这一原理对我国网络环境下的商标权侵权判定同样具有重要的借鉴价值。在我国，也发生了一些有关商标关键字侵权的案件。影响较大的是大众交通诉百度在线案[1]和港益公司诉广州第三电器厂及谷翔公司案。[2] 在大众交通诉百度在线案中，原告大众交通公司享有“大众”文字注册商标专有权，并授权大众搬场使用其商标，用于上海市经营搬场业务。被告百度网讯公司是百度网站的所有人和经营者，推出了竞价排名服务，销售原告大众交通公司的商标作为关键字给客户。在百度界面输入“上海大众物流搬场有限公司”的关键字后，在搜索结果页的左侧和右侧，会出现许多包含关键字的网站链接。据公证书显示，搜索结果第一页显示的被链第三方网站均与原告无关，并且显著地标明了“大众搬场”等字样。原告认为被告的行为构成商标权侵权，遂诉至法院。在一审审理中，法院

---

[1] 上海市第二中级人民法院（2007）民五（知）初字第147号民事判决书。

[2] 广州市中级人民法院（2008）穗中法民三初字第119号民事判决书。

认为接受“竞价排名”服务的主体未经商标权人许可在其搬场网站上突出显示原告商标相关的关键字，使相关公众产生误认，构成商标侵权。而被告主观上存在过错，没有尽到合理的注意义务，构成帮助侵权。根据该案件的审理，显然，首先，法院是认为百度公司推出的竞价排名服务本身并不构成对原告商标权的直接侵权。正如承办案件的法官所言，“竞价排名”本质上仍属搜索引擎技术服务。如果将所有竞价排名中链接他人网站而被认定为侵权，则对使用了他人商标的网站进行链接的行为都构成侵权，这将对搜索引擎产业造成灭顶之灾。[1] 其次，法院认为被告之所以构成间接侵权，是因为直接侵权者的行为是在搜索结果的列表中突出使用原告商标，已经是一种使用原告商标标示自身网站来源的行为。亦即，直接侵权人的行为是向消费者展示商标，构成商标使用。从结果上看，这种使用也容易导致消费者对网站的来源或其相互关系发生混淆，因而无疑构成商标权侵权。而百度网讯公司没有尽到注意义务，对直接侵权的发生存在过错，因而需要承担帮助侵权责任。

在港益公司诉广州第三电器厂及谷翔公司案中，原告港益公司是生产电器的企业，拥有“绿岛风”商标的商标权。被告广州第三电器厂购买了谷翔公司的搜索引擎服务。当网络用户使用谷歌提供的搜索引擎，以“绿岛风”为关键字进行信息检索时，搜索结果页面右侧的赞助商链接第一项搜索结果显示的是“绿岛风—第三电器厂”及其网站链接，而搜索结果的左侧显示的是原告港益公司的名称和网站链接。港益公司认为广州第三电器厂的

---

[1] 芮文彪，袁秀挺，胡宓．大众交通（集团）股份有限公司等诉北京百度网讯科技有限公司等商标侵权及不正当竞争纠纷案——本市“网络搜索引擎商标间接侵权第一案”评析［EB/OL］（2020－10－16）［2022－01－03］．http：//www.shezfy. com/view. html？id＝10178．

行为容易导致消费者发生混淆，构成商标权侵权，而谷翔公司为侵权行为提供了搜索服务，存在过错，同样构成侵权，遂提起诉讼。该案一审广州市白云区法院审理认为广州第三电器厂构成侵权，但是认定谷翔公司提供的仅是搜索链接服务，无须承担侵权赔偿责任。港益公司不服，上诉至广州市中级人民法院。广州市中级人民法院审理认为，谷翔公司对其所提供的关键字搜索引擎服务应当尽到审查义务，广州第三电器厂的行为应当认定为侵权，依法应当承担民事责任。谷翔公司客观上对广州第三电器厂的侵权行为提供了帮助，构成间接侵权。在该案中，对于广州第三电器厂的行为，法院同样认为是商标权侵权，其根本原因就在于广州第三电器厂并不仅仅是购买了原告商标的关键字，而是在搜索结果列表中突出展示了原告的商标，亦即，广州第三电器厂的行为是在搜索结果的列表中突出使用了原告的商标，已经是一种使用原告商标来标识自身网站来源的商标使用行为。此举容易导致消费者发生混淆，由此成立侵权。

（二）网络环境下商标使用行为与商标侵权构成之间的关系

如果仅在元标签中设置他人商标或者购买他人商标作为关键字，并没有在网站域名或搜索结果列表中向消费者公开展示该商标，这种行为是不是完全不受任何法律的规制，是一种完全合法的行为呢？笔者认为，如果没有使用他人商标标示自身商品或服务的来源，难谓商标使用，消费者也并不会感知到商标，以之作为商品或服务来源判断的依据，这样就不会发生混淆误认的情形。因而，这种单纯地在元标签中设置他人商标或者购买他人商标作为关键字的行为从法律性质上看并不是商标权侵权。此外，他人在元标签中设置他人商标或者购买他人商标作为关键字，通常是商标权人的竞争对手所做的市场竞争行为，其目的也在于有效地利用网络与商标权人展开竞争。因此，这种方法能够有效地提升与商标权人开展竞争的主体所开办的网站的浏览量，使自己的网站在海量信息中脱颖而出，能够吸引消费者的注意，这反而有助于市场竞争的开展，也为消费者提供了多种富有竞争力的选择，有助于消费者决策的作出。但是，这也并不意味着就能断言这种利用他人商标进行“搭便车”的行为是完全合法的。只是如果没有向消费者公开展示商标，仅是一种内部使用行为，这种行为难谓商标权侵权。目前搜索引擎网络技术的发展方向还不确定，法律不可贸然对这些行为加以调整规制，如果贸然以商标权侵权加以规制和打击，很容易扼杀新技术的研发和新兴商业模式的发展。面对竞争对手充分利用元标签和关键字技术提升自己网站的排名和浏览量，商标权人也同样有应对的手段加以运用。例如，商标权人也可以在自己的网站内以自己的商标作为关键字设置元标签，也可以购买搜索引擎服务商的关键字服务，以在搜索结果旁边的赞助商链接中突出显示。亦即，在这种技术尚未完全发展成熟之际，只要没有发生误导消费者的情况，则市场会自发予以调节，商标权人自然可以充分利用市场竞争法则予以应对，法律适宜暂时不予以干涉。只有当消费者发生混淆，市场竞争秩序受到影响时，法律方可介入予以规制。

综上所述，元标签类案件和关键字搜索排名类案件，案情和判决依据都有相似之处，其基本原理是一致的。在互联网环境下认定商标权侵权，同样可以有效地利用商标使用原理。在元标签或关键词搜索排名的相关案件中，被告的行为需要使消费者能够识别商标权人的商标。亦即，被告需要在网站搜索结果列表中或者在自身网站的域名中突出显示商标权人的商标，让消费者能够接触和识别该商标，这种行为才构成商标使用，才有导致消费者发生混淆的可能性。如果被告并没有利用商标权人的商标作为域名或者作为自身网站的描述或标题，则消费者能够准确地辨别出被诉一方的商标和原告的商标，那么被告就并没有使用在标示来源的意义上使用原告商标，也就不容易误导消费者，不构成商标权侵权。

五、结　　语

在互联网环境下，新型的对商标进行使用的形态逐渐增多，其中有代表性的就是在元标签和在关键字中对商标的使用。就此而言，商标使用可以在互联网环境下的商标权侵权判定中发挥积极的作用，尤其是在判定消费者是否容易发生混淆时，商标使用有助于认定被诉侵权人所使用的商标是否起到标识来源的作用，从而为正确判断消费者是否会发生混淆奠定基础。笔者认为，被诉人在网站元标签中使用商标或者购买含商标的关键字，对商标权人商标进行内部性质的使用，单纯这一行为并不会使消费者依据商标权人的商标来识别网站的来源，不会导致消费者发生混淆。无论是元标签类案件还是关键字搜索排名类案件，只有将商标权人的商标作为域名或者作为自身网站的描述或标题突出显示，误导消费者，才构成商标权侵权。

参考文献

一、中文著作

[1] 北京市高级人民法院知识产权庭. 北京法院商标疑难案件法官评述［M］. 北京：法律出版社，2012.

[2] 曹新明. 知识产权法［M］. 北京：中国人民大学出版社，2007.

[3] 曾陈明汝. 商标法原理［M］. 北京：中国人民大学出版社，2003.

[4] 陈景川. 商标授权确权的司法审查［M］. 北京：中国法制出版社，2014.

[5] 陈华彬. 物权法原理［M］. 北京：国家行政学院出版社，1998.

[6] 陈金钊，熊明. 法律逻辑学［M］. 北京：中国人民大学出版社，2012.

[7] 陈美章. 知识产权的魅力［M］. 北京：知识产权出版社，2010.

[8] 程啸. 侵权责任法［M］. 北京：法律出版社，2011.

[9] 单晓光，江青云. 欧洲知识产权典型案例（汉英双语）［M］. 北京：知识产权出版社，2011.

[10] 邓宏光. 商标法的理论基础——以商标显著性为中心［M］. 北京：法律出版社，2008.

[11] 杜颖. 商标法［M］. 北京：北京大学出版社，2010.

[12] 杜颖. 社会进步与商标观念：商标法律制度的过去、现在和未来［M］. 北京：北京大学出版社，2012.

[13] 费安玲. 著作权权利体系之研究：以原始性利益人为主线的理论探讨［M］. 武汉：华中科技大学出版社，2011.

[14] 冯晓青. 商标侵权专题判解与学理研究［M］. 北京：中国大百科全书出版社，2010.

[15] 冯晓青. 知识产权法利益平衡理论 [M]. 北京：中国政法大学出版社，2006.
[16] 冯术杰. 商标注册条件若干问题研究 [M]. 北京：知识产权出版社，2016.
[17] 郭禾. 知识产权法 [M]. 4 版. 北京：中国人民大学出版社，2010.
[18] 郭明瑞，房绍坤. 民法案例分析 [M]. 北京：高等教育出版社，2007.
[19] 韩赤风，李树建，张德双，等. 中外知识产权经典案例评析 [M]. 北京：法律出版社，2011.
[20] 韩赤风. 知识产权法 [M]. 北京：清华大学出版社，2005.
[21] 何怀文. 商标法：原理规则与案例讨论 [M]. 杭州：浙江大学出版社，2015.
[22] 胡开忠. 商标法学教程 [M]. 北京：中国人民大学出版社，2008.
[23] 黄海峰. 知识产权的话语与现实——版权、专利与商标史论 [M]. 武汉：华中科技大学出版社，2011.
[24] 黄晖. 商标法 [M]. 北京：法律出版社，2004.
[25] 黄茂荣. 法学方法与现代民法 [M]. 北京：中国政法大学出版社，2001.
[26] 黄勤南. 知识产权法教程 [M]. 北京：中国政法大学出版社，2003.
[27] 黄勤南. 知识产权法学 [M]. 北京：中国政法大学出版社，2003.
[28] 江平. 罗马法基础 [M]. 3 版. 北京：中国政法大学出版社，2004.
[29] 金海军. 知识产权私权论 [M]. 北京：中国人民大学出版社，2004.
[30] 孔祥俊. 商标法适用的基本问题 [M]. 北京：中国法制出版社，2012.
[31] 孔祥俊. 商标与反不正当竞争法——原理和判例 [M]. 北京：法律出版社，2009.
[32] 来小鹏，陈健. 知识产权法学理论与实务研究 [M]. 北京：中国政法大学出版社，2012.
[33] 来小鹏. 知识产权法学 [M]. 2 版. 北京：中国政法大学出版社，2011.

[34] 李昌麒. 经济法学 [M]. 北京：中国政法大学出版社，2002.
[35] 李琛. 论知识产权法的体系化 [M]. 北京：北京大学出版社，2005.
[36] 李明德，闫文军，黄晖，等. 欧盟知识产权法 [M]. 北京：法律出版社，2010.
[37] 李明德. 美国知识产权法 [M]. 2 版. 北京：法律出版社，2014.
[38] 李仁玉. 侵权责任法判例与制度研究 [M]. 北京：法律出版社，2015.
[39] 李顺德. WTO 的 TRIPS 协议解析 [M]. 北京：知识产权出版社，2006.
[40] 李扬. 知识产权法总论 [M]. 北京：中国人民大学出版社，2008.
[41] 李扬. 知识产权法基本原理 [M]. 北京：中国社会科学出版社，2010.
[42] 李永军. 民法总论 [M]. 北京：法律出版社，2006.
[43] 李雨峰. 侵害商标权判定标准研究 [M]. 北京：知识产权出版社，2016.
[44] 李祖明. 地理标志的保护与管理 [M]. 北京：知识产权出版社，2009.
[45] 梁慧星. 裁判的方法 [M]. 2 版. 北京：法律出版社，2012.
[46] 梁慧星，陈华彬. 物权法 [M]. 北京：法律出版社，1997.
[47] 林秀芹. 促进技术创新的法律机制研究 [M]. 北京：高等教育出版社，2010.
[48] 刘春茂. 知识产权原理 [M]. 北京：知识产权出版社，2002.
[49] 刘春田. 知识产权法学 [M]. 北京：高等教育出版社，北京大学出版社，2007.
[50] 刘春田. 中国知识产权评论（第 3 卷）[M]. 北京：商务印书馆，2008.
[51] 刘华. 知识产权案例精选（2006）[M]. 北京：知识产权出版社，2008.
[52] 刘华. 知识产权制度的理性与绩效分析 [M]. 北京：中国社会科学出版社，2004.
[53] 刘筠筠，熊英. 知识产权热点难点问题研究 [M]. 北京：法律出版

社，2008.
[54] 刘孔中. 商标法上混淆之虞之研究［M］. 台北：五南图书出版公司，1997.
[55] 刘期家. 商标侵权认定法律问题研究［M］. 北京：知识产权出版社，2014.
[56] 宁立志. 知识产权法［M］. 2版. 武汉：武汉大学出版社，2011.
[57] 彭学龙. 商标法的符号学分析［M］. 北京：法律出版社，2007.
[58] 齐爱民. 知识产权法总论［M］. 北京：北京大学出版社，2010.
[59] 曲三强. 知识产权法原理［M］. 北京：中国检察出版社，2004.
[60] 邵建东. 德国反不正当竞争法研究［M］. 北京：中国人民大学出版社，2001.
[61] 孙国瑞. 知识产权法学［M］. 北京：知识产权出版社，2012.
[62] 佟柔. 中国民法学·民法总则［M］. 修订版. 北京：人民法院出版社，2008.
[63] 唐广良，董炳和. 知识产权的国际保护［M］. 修订版. 北京：知识产权出版社，2006.
[64] 陶鑫良. 知识产权基础［M］. 北京：知识产权出版社，2006.
[65] 陶鑫良，袁真富. 知识产权法总论［M］. 北京：知识产权出版社，2005.
[66] 王利明. 民法［M］. 北京：中国人民大学出版社，2015.
[67] 汪泽. 中国商标案例精读［M］. 北京：商务印书馆，2015.
[68] 王兵，等. 知识产权基础教程［M］. 2版. 北京：清华大学出版社，2010.
[69] 王芳. TRIPS协定下注册商标的使用要求［M］. 北京：知识产权出版社，2016.
[70] 王利明. 物权法论［M］. 北京：中国政法大学出版社，1998.
[71] 王莲峰. 商标法学［M］. 北京：北京大学出版社，2007.
[72] 王莲峰. 商业标识立法体系化研究［M］. 北京：北京大学出版社，2009.
[73] 王迁. 知识产权法教程［M］. 北京：中国人民大学出版社，2007.

[74] 王太平. 知识产权法法律原则理论基础与具体构造 [M]. 北京: 法律出版社, 2004.
[75] 王太平. 知识产权客体的理论范畴 [M]. 北京: 知识产权出版社, 2008.
[76] 王泽鉴. 民法总则 [M]. 北京: 北京大学出版社, 2009.
[77] 魏振瀛. 民法 [M]. 5 版. 北京: 北京大学出版社, 2013.
[78] 魏森. 商标侵权认定标准研究 [M]. 北京: 中国社会科学出版社, 2008.
[79] 文学. 商标使用与商标保护研究 [M]. 北京: 法律出版社, 2008.
[80] 吴汉东, 胡开忠, 董炳和, 等. 知识产权基本问题研究 [M]. 北京: 中国人民大学出版社, 2005.
[81] 吴汉东, 胡开忠. 无形财产权制度研究 [M]. 修订版. 北京: 法律出版社, 2005.
[82] 吴汉东. 知识产权法 [M]. 北京: 法律出版社, 2007.
[83] 徐国栋. 民法哲学 [M]. 北京: 中国法制出版社, 2015.
[84] 徐瑄. 知识产权的对价理论 [M]. 北京: 法律出版社, 2013.
[85] 徐家力. 知识产权在网络及电子商务中的保护 [M]. 北京: 人民法院出版社, 2006.
[86] 威廉·M. 兰德斯, 理查德·A. 波斯纳. 知识产权法的经济结构 [M]. 金海军, 译. 北京: 北京大学出版社, 2005.
[87] 薛虹. 十字路口的国际知识产权法 [M]. 北京: 法律出版社, 2012.
[88] 薛虹. 网络时代的知识产权法 [M]. 北京: 法律出版社, 2000.
[89] 杨立新. 侵权责任法 [M]. 北京: 法律出版社, 2010.
[90] 杨国华. 中美知识产权问题概观 [M]. 北京: 知识产权出版社, 2008.
[91] 姚鹤徽. 商标混淆可能性研究 [M]. 北京: 知识产权出版社, 2015.
[92] 袁行霈, 严文明, 张传玺, 等. 中华文明史 (第一卷) [M]. 北京: 北京大学出版社, 2006 .
[93] 余俊. 商标法律进化论 [M]. 武汉: 华中科技大学出版社, 2011.
[94] 张乃根, 陆飞. 知识经济与知识产权法 [M]. 上海: 复旦大学出版

社，2004.
[95] 张楚. 知识产权法 [M]. 2版. 北京：高等教育出版社，2010.
[96] 张耕. 商业标志法 [M]. 厦门：厦门大学出版社，2006.
[97] 张今，郭斯伦. 电子商务中的商标使用及侵权责任研究 [M]. 北京：知识产权出版社，2014.
[98] 张今. 知识产权法 [M]. 北京：中国人民大学出版社，2011.
[99] 张民安，杨彪. 侵权责任法 [M]. 北京：高等教育出版社，2011.
[100] 张平. 技术创新中的知识产权保护评价：实证分析与理论研讨 [M]. 北京：知识产权出版社，2004.
[101] 张新宝. 侵权责任法 [M]. 北京：中国人民大学出版社，2006.
[102] 张新宝. 侵权责任构成要件研究 [M]. 北京：法律出版社，2007.
[103] 张玉敏. 商标注册与确权程序改革研究——追求效率与公平的统一 [M]. 北京：知识产权出版社，2016.
[104] 张玉敏. 知识产权法学教程 [M]. 重庆：西南政法大学出版社，2001.
[105] 赵建蕊. 商标使用在 TRIPs 中的体现及其在网络环境下的新发展 [M]. 北京：中国政法大学出版社，2014.
[106] 郑成思. 知识产权法：新世纪初的若干研究重点 [M]. 北京：法律出版社，2004.
[107] 郑成思. 知识产权法 [M]. 北京：法律出版社. 1997.
[108] 张斌峰，李永铭. 法律逻辑学导论 [M]. 武汉：武汉大学出版社，2010.
[109] 郑胜利. 北大知识产权评论（第1卷）[M]. 北京：法律出版社，2002.
[110] 周俊强. 知识产权的基本理念与前沿问题 [M]. 合肥：安徽人民出版社，2006.
[111] 周林. 知识产权研究（第21卷）[M]. 北京：知识产权出版社，2012.
[112] 周云川. 商标授权确权诉讼规则与判例 [M]. 北京：法律出版社，2014.

[113] 朱雪忠. 企业知识产权管理 [M]. 北京：知识产权出版社，2010.
[114] 朱谢群. 创造性智力成果与知识产权 [M]. 北京：法律出版社，2004.
[115] 祝建军. 驰名商标认定与保护的规制 [M]. 北京：法律出版社，2011.
[116] 祝建军. 知识产权疑难案件裁判思维 [M]. 北京：法律出版社，2015.

二、中文论文

[117] 曹新明. 知识产权制度的中国特色与国际化之思辨 [J]. 法制与社会发展，2009 (6).
[118] 曹新明. 我国知识产权判例的规范性探讨 [J]. 知识产权，2016 (1).
[119] 陈明涛. 商标连续不使用撤销制度中的“商标使用”分析 [J]. 法商研究，2013 (1).
[120] 邓宏光. 《商标法》亟需解决的实体问题：从“符号保护”到“防止混淆” [J]. 学术论坛，2007 (11).
[121] 邓宏光. 商标混淆理论的扩张 [J]. 电子知识产权，2007 (10).
[122] 邓宏光. 我们凭什么取得商标权——商标权取得模式的中间道路 [J]. 环球法律评论，2009 (5).
[123] 邓宏光. 为商标被动使用行为正名 [J]. 知识产权，2011 (7).
[124] 杜颖. 商标淡化理论及其应用 [J]. 法学研究，2007 (6).
[125] 杜颖. 在先使用的未注册商标保护论纲——兼评商标法第三次修订 [J]. 法学家，2009 (3).
[126] 冯晓青. 未注册驰名商标保护及其制度完善 [J]. 法学家，2012 (4).
[127] 付继存. 形式主义视角下我国商标注册制度价值研究 [J]. 知识产权，2011 (5).
[128] 管毅平. “完全的市场”、“竞争的市场”与“完备的信息”三个假设之间的不一致性 [J]. 经济理论与经济管理，1998 (3).

[129] 冯晓青. 商标法与保护消费者利益 [J]. 中华商标, 2007 (3).
[130] 冯晓青. 商标法之立法宗旨研究 [J]. 长沙理工大学学报, 2008 (2).
[131] 冯术杰. 论立体商标的显著性认定 [J]. 法学, 2014 (6).
[132] 何炼红. 论动态商标的法律保护 [J]. 政治与法律, 2009 (4).
[133] 何怀文. "商标性使用"的法律效力 [J]. 浙江大学学报, 2014 (2).
[134] 何震, 杜健. 在先使用未注册商标的司法保护 [J]. 人民司法, 2013 (17).
[135] 胡波. 知识产权法哲学研究 [J]. 知识产权, 2015 (4).
[136] 黄玉烨. 知识产权利益衡量论——兼论后 TRIPs 时代知识产权国际保护的新发展 [J]. 法商研究, 2004 (5).
[137] 黄玉烨. 著作权合理使用具体情形立法完善之探讨 [J]. 法商研究, 2012 (4).
[138] 黄保勇. 论"商标使用" [J]. 华南理工大学学报, 2012 (6).
[139] 黄汇. 驳商标被动使用保护论 [J]. 知识产权, 2012 (7).
[140] 黄汇. 商标撤销制度中"使用"界定基本范畴研究 [J]. 知识产权, 2013 (6).
[141] 黄汇. 商标权正当性自然法维度的解读——兼对中国商标法传统理论的澄清与反思 [J]. 政法论坛, 2014 (5).
[142] 黄光辉. 论我国商标权取得制度的重构——基于"使用"与"注册"的考量 [J]. 北京工业大学学报, 2004 (4).
[143] 胡开忠. 网络服务提供商在商标侵权中的责任 [J]. 法学, 2011 (2).
[144] 蒋万来. 商标使用的恰当定位与概念厘清 [J]. 政法论坛, 2016 (3).
[145] 李琛. 质疑知识产权之"人格财产一体性" [J]. 中国社会科学, 2004 (2)
[146] 李琛. 法的第二性原理与知识产权概念 [J]. 中国人民大学学报, 2004 (1).

[147] 李开国. 侵权责任构成理论研究——一种新的分析框架与路径的提出 [J]. 中国法学, 2008 (2).
[148] 李扬. 注册商标不使用撤销制度中的“商标使用”界定——中国与日本相关立法、司法之比较 [J]. 法学, 2009 (10).
[149] 林秀芹, 陈婷. 海峡两岸商标使用概念的比较研究 [J]. 法令月刊, 2011 (3).
[150] 李雨峰, 曹世海. 商标权注册取得制度的改造——兼论我国《商标法》的第三次修改 [J]. 现代法学, 2014 (3).
[151] 李雨峰. 重塑侵害商标权的认定标准 [J]. 现代法学, 2010 (6).
[152] 李静冰. 注册商标不使用撤销诉讼中的证明责任 [J]. 中华商标, 2011 (2).
[153] 李士林. 商标使用: 商标侵权先决条件的检视与设定 [J]. 法律科学, 2016 (5).
[154] 梁上上. 论商誉和商誉权 [J]. 法学研究, 1993 (5).
[155] 刘春田. 商标与商标权辨析 [J]. 知识产权, 1998 (1).
[156] 刘铁光, 吴玉宝. “商标使用”的类型化及其构成标准的多元化 [J]. 知识产权, 2015 (11).
[157] 刘文远. 从“移植”到“内生”的演变: 近代中国商标权取得原则的确定及调整 [J]. 知识产权, 2015 (4).
[158] 刘春林. 商标三年不使用抗辩制度研究 [J]. 中华商标, 2014 (10).
[159] 刘燕. 商标抢注行为浅析与防范 [J]. 政法论坛, 2010 (5).
[160] 罗晓霞. 竞争政策视野下商标权取得制度研究 [J]. 法学杂志, 2012 (6).
[161] 马一德. 创新驱动发展与知识产权战略实施 [J]. 中国法学, 2013 (4).
[162] 马一德. 商标注册“不良影响”条款的适用 [J]. 中国法学, 2016 (2).
[163] 宁立志. 知识产权权利限制的法经济学分析 [J]. 法学杂志, 2011 (12).

[164] 彭学龙. 商标法基本范畴的符号学分析 [J]. 法学研究，2007 (1).
[165] 彭学龙. 寻求注册与使用在商标确权中的合理平衡 [J]. 法学研究，2010 (3).
[166] 彭学龙. 商标显著性新探 [J]. 法律科学，2006 (2).
[167] 钱建亮，张敏. 商标三年不使用抗辩中实际使用的认定 [J]. 人民司法·案例，2016 (8).
[168] 强世功. 法理学视野中的公平与效率 [J]. 中国法学，1994 (4).
[169] 芮松艳. 商标侵权案件中混淆可能性的认定 [J]. 中国专利与商标，2011 (3).
[170] 宋建宝. 论商标权的本质及异化 [J]. 知识产权，2011 (1).
[171] 孙英伟. 商标起源考——以中国古代标记符号为对象 [J]. 知识产权，2011 (3).
[172] 苏喆. 把握公平与效率的双重价值取向——论我国商标权取得制度的完善 [J]. 知识产权，2012 (3).
[173] 吴汉东. 知识产权法价值的中国语境解读 [J]. 中国法学，2013 (4).
[174] 吴汉东. 知识产权的多元属性及研究范式 [J]. 中国社会科学，2011 (5).
[175] 吴汉东. 中国知识产权法制建设的评价与反思 [J]. 中国法学，2009 (1).
[176] 吴汉东. 知识产权本质的多维度解读 [J]. 中国法学，2006 (5).
[177] 汪泽. 未使用注册商标的民事救济与限制——评中农科公司诉中农集团公司侵犯"中农"商标权案 [J]. 知识产权，2006 (3).
[178] 汪泽. 商标异议制度重构 [J]. 中华商标，2007 (8).
[179] 汪泽. 论商标权的正当性 [J]. 科技与法律，2005 (2).
[180] 王春燕. 商标保护法律框架的比较研究 [J]. 法商研究，2001 (4).
[181] 王莲峰. 论商标的使用及其认定：基于《商标法》第三次修改 [J]. 公民与法，2011 (3).

[182] 王莲峰. 我国商标权利取得制度的不足与完善 [J]. 法学, 2012 (11).
[183] 王太平. 商标侵权的判断标准：相似性与混淆可能性之关系 [J]. 法学研究, 2014 (6).
[184] 王太平, 熊琦. 论知识产权国际立法的后 TRIPS 发展 [J]. 环球法律评论, 2009 (5).
[185] 王太平. 商标概念的符号学分析——兼论商标权和商标侵权的实质 [J]. 湘潭大学学报, 2007 (3).
[186] 王太平. 论驰名商标认定的公众范围标准 [J]. 法学, 2014 (10).
[187] 谢晓尧. 论商誉 [J]. 武汉大学学报, 2001 (5).
[188] 肖冬梅, 文禹衡. 法经济学视野下数据保护的规制适用与选择 [J]. 法律科学, 2016 (6).
[189] 熊琦. 著作权的法经济分析范式——兼评知识产权利益平衡理论 [J]. 法制与社会发展, 2011 (4).
[190] 徐聪颖. 论"初始兴趣混淆"的法律规制 [J]. 时代法学, 2010 (3).
[191] 杨利华, 李红辉. 商标法意义上的商标使用研究 [J]. 邵阳学院学报, 2015 (6).
[192] 易继明. 评财产权劳动学说 [J]. 法学研究, 2000 (3).
[193] 易继明. 知识产权的观念：类型化及法律适用 [J]. 法学研究, 2005 (3).
[194] 余俊. 商标注册制度功能的体系化思考 [J]. 知识产权, 2011 (8).
[195] 张炳生. 论商标功能的实现途径与反向假冒的危害 [J]. 政法论坛, 2005 (6).
[196] 张今, 陆锡然. 认定商标侵权的标准是"混淆"还是"商标近似" [J]. 中华商标, 2008 (8).
[197] 张玉敏, 王法强. 论商标反向假冒的性质——兼谈商标的使用权 [J]. 知识产权, 2004 (1).
[198] 张玉敏. "涉外定牌加工"商标侵权纠纷的法律适用 [J]. 知识产

权，2008（4）.
[199] 张玉敏．论使用在商标制度构建中的作用：写在商标法第三次修改之际［J］．知识产权，2011（9）.
[200] 张玉敏．维护公平竞争是商标法的根本宗旨——以《商标法》修改为视角［J］．法学论坛，2008（2）.
[201] 张玉敏．优化程序是提高商标确权效率的根本出路［J］．政治与法律，2010（1）.
[202] 张玉敏．注册商标三年不使用撤销制度体系化解读［J］．中国法学，2015（1）.
[203] 周长玲．商标注册原则与使用原则之比较——谈完善我国商标注册制度［J］．政法论坛，1999（6）.
[204] 朱谢群．商标、商誉与知识产权——兼谈反不正当竞争法之归类［J］．当代法学，2003（5）.
[205] 祝建军．判定商标侵权应以成立"商标性使用"为前提——苹果公司商标案引发的思考［J］．知识产权，2014（1）.
[206] 张德芬．商标侵权中"使用"的含义［J］．知识产权，2014（9）.
[207] 赵建良．商标权注册取得制度下的商标使用——以我国新《商标法》为中心的观察［J］．中华商标，2014（3）.
[208] 张素芳．建设效率与公平统一的和谐社会［J］．求是，2005（6）.
[209] 吴汉东．现代传播技术中的合理使用制度［J］．南京大学法律评论，1996（2）.
[210] 张今．数字环境下的版权补偿金制度［J］．政法论坛，2010（1）.
[211] 曹世华．论数字时代的版权补偿金制度及其导入［J］．法律科学，2006（6）.
[212] 熊琦．论"接触权"——著作财产权类型化的不足与克服［J］．法律科学，2008（5）.
[213] 程文婷．Creative Commons 在中国的本土化：彼岸花还是乌托邦？［J］．网络法律评论，2009（1）.
[214] 宋学超．CC 应当缓行——参见"简体中文版知识共享协议发布会"后的思考［J］．法律适用，2006（10）.

[215] 宗诚. 创作共用模式在我国数字图书馆建设中的适用性探析［J］. 图书馆建设，2011（7）.
[216] 王迁. “索尼案”二十年祭——回顾、反思与启示［J］. 科技与法律，2004（4）.
[217] 徐昕. 私力救济的性质［J］. 河北法学，2007（7）.
[218] 徐昕. 通过法律实现私力救济的社会控制［J］. 法学，2003（11）.
[219] 王太平，杨峰. 知识产权法中的公共领域［J］. 法学研究，2008（1）.
[220] 彭学龙. 公共产品与版权保护［J］. 中南财经政法大学学报，2006（5）.
[221] 秦珂. 开放存取的版权政策及其构建［J］. 图书馆工作与研究，2008（1）.
[222] 蒋永福. 国际社会关于公共信息开放获取的认识与行动［J］. 国外社会科学，2007（2）.
[223] 曹世华. 论数字时代的版权补偿金制度及其导入［J］. 法律科学，2006（6）.
[224] 孙远钊. 初探“云计算”的著作权问题［J］. 科技与法律，2010（5）.
[225] 欧阳钟辉. 云计算与信息集成［J］. 泉州师范学院学报，2009（2）.
[226] 高富平. “云计算”的法律问题及其对策［J］. 法学杂志，2012（6）.
[227] 韩元牧，吴莉娟. SaaS 法律问题研究［J］. 网络法律评论，2009.
[228] 倪朱亮. SaaS 模式下的出租权制度研究［J］. 电子知识产权，2012（4）.
[229] 李诚，方芸. SaaS 模式下软件出租权问题研究［J］. 现代物业（中旬刊），2012（2）.
[230] 宋雨轩. 探析云计算中的版权问题［J］. 互联网法律通讯，2011（3）.
[231] 张小林. 云计算中的著作权保护与制度创新［J］. 绿叶，2012（2）.
[232] 郭小川，秦立平. 浅谈云计算时代的信息网络传播权［J］. 法制与

社会，2011（21）.
[233] 梁志文. 云计算、技术中立与版权责任 [J]. 法学，2011（3）.
[234] 唐春. 基于云计算模式特点的知识产权保护新问题探讨 [J]. 电子知识产权，2011（12）.
[235] 彭强，魏森. 对云计算知识产权保护的思考 [J]. 电子知识产权，2011（12）.
[236] 蒋菲，杨德森，周琴秀，等. 云时代下临时复制法律问题探析（二）[J]. 学理论，2012（17）.
[237] 刘迪. 浅析云计算下的版权技术保护措施 [J]. 法制与经济（中旬刊），2012（5）.
[238] 祝小江. 从云计算产业链探讨中国云计算商业模式 [J]. 经济视角，2011（27）.
[239] 冯晓青. 著作权扩张及其缘由透视 [J]. 政法论坛，2006（6）.
[240] 陈亮. 谁的云计算 [J]. 互联网周刊，2007（23）.
[241] 郭禾. 信息技术对著作权制度的影响 [J]. 著作权，1996（3）.
[242] 彭学龙. 技术发展与法律变迁中的复制权 [J]. 科技与法律，2006（1）.
[243] 熊琦. 论"接触权"：著作财产权类型化的不足与克服 [J]. 法律科学·西北政法大学学报，2008（5）.
[244] 彭学龙. 论著作权语境下的获取权 [J]. 法商研究，2010（4）.
[245] 彭学龙. "复制"版权之反思与重构 [J]. 知识产权，2005（2）.
[246] 罗胜华. 网络临时复制问题法律研究 [J]. 知识产权，2004（4）.
[247] 陈琛. 论作品复制权的取消：来自美国著作权法实践的启示 [J]. 学术论坛，2011（5）.
[248] 张玉敏，李杨. "个人使用"的著作权法定位及政策选择 [J]. 西南民族大学学报·人文社会科学版，2011（1）.
[249] 刘春霖，张力伟. 暂时复制与合理使用的冲突研究 [J]. 现代商贸工业，2008（13）.
[250] 张今. 数字环境下私人复制的限制与反限制——以音乐文件复制为中心 [J]. 法商研究，2005（6）.

[251] 孙英伟．浅析数字作品的保护［J］．理论界，2011（10）．

三、外文著作

[252] Annette Kur. TRIPs and Trademark Law. in Friedrich – Karl Beier, Gerhard Schricker, From GAIT to TRIPS：the agreement on trade – related aspects of intellectual property rights［M］. Munich：Max Planck Institute, 1996.

[253] Arthur R. Miller & Michael H. Davis, Intellectual Property［M］. Eagan：West Publishing Company, 1983.

[254] J. Thomas McCarthy, McCarthy on Trademarks and Unfair Competition［M］. Eagan：Thomson/West, 2010.

[255] Jeremy Phillips, Ilanah Simon. Trade Mark Use［M］. Oxford：Oxford University Press, 2005.

[256] Kenneth Burke. Language as Symbolic Action：Essays on Life Literature and Method, Berkeley & Los Angeles［M］. University of California Press, 1966.

[257] Lionel Bently. From Communication to Thing：Historical Aspects to the Conceptualisation of Trade Marks as Property. in G. Dinwoodie and M. Janis, Trademark Law and Theory：A Handbook of Contemporary Research［M］. Cheltenham：Edward Elgar, 2008.

[258] Nuno Pires de Carvalho. The TRIPS Regime of Trademarks and Designs［M］. Hague：Kluwer Law International, 2006.

[259] Richard L. Kirkatrick. Likelihood of Confusion in Trademark Law［M］. New York：Practising Law Institute, 2010.

[260] William Cornish. Intellectual Property：Patents, Copyright, Trade Marks and Allied Rights［M］. Sweet and Maxwell, 1999.

[261] Charles K. Rowley. Public Choice and The Economic Analysis of Law, Nicholas Mercuro（ed.）：Law and Economics［M］. Kluwer Academic Publishers, 1989.

[262] Lawrence Lessig. Gode and Other Laws of Cyberspace［M］. Tandem Li-

brary, 1999.

[263] Paul Goldstein. Copyright' s Highway: From Gutenberg to the Celestial Jukebox (Revised Edition) [M]. Stanford University Press, 2003.

[264] Paul Goldstein. Copyright, Patent, Trademark and related State Doctrines (5th edition) [M]. Foundation Press, 2002.

[265] Lawrence Lessig. Free Culture: How Big Media Uses Technology and the Law to Lock Down Culture and Control Creativity [M]. The Penguin Press, 2004.

[266] B. Zorina Khan. "The Fuel of Interest": Patents and Copyrights in American Economic Development [M]. Cambridge University Press, 2003.

四、外文论文

[267] Ann Bartow. Likelihood of Confusion [J]. San Diego Law Review, 2004, 41 (2): 721-818.

[268] Barton Beebe. The Semiotic Analysis of Trademark Law [J]. UCLA Law Review, 2004, 51 (3): 621-704.

[269] Barton Beebe. Search and Persuasion in Trademark Law [J]. Michigan Law Review, 2005, 103 (8): 2020-2072.

[270] Beth Fulkerson. Theft by Terrorism: A Case for Revising TRIPS to Protect Trademark from National Market Foreclosure [J]. Michigan Journal of International Law, 1996, 17 (3): 801-826.

[271] Christopher T. Micheletti. Preventing Loss of Trademark Rights: Quantitative and Qualitative Assessrnents of Use and Their Impact on Abandonment Determinations [J]. The Trademark Reporter, 2004, 94 (3): 634-683.

[272] Dan Sarel, Howard Marmorstein. The Effect of Consumer Surveys and Actual Confusion Evidence in Trademark Litigation: An Empirical Assessment [J]. The Trademark Reporter, 2009, 99 (6): 1416-1436.

[273] David M. Tichane. The Maturing Trademark Doctrine of Post-Sales Confusion [J]. The Trademark Reporter, 1995, 85 (4): 399-423.

[274] Diamond. The Historical Development of Trademarks [J]. The Trademark Reporter, 1975, 65 (4): 265 - 290.

[275] Daniel M. Mcclure. Trademarks and Unfair Competition: A Critical History of Legal Thought [J]. The Trademark Reporter, 1979, 69 (4): 305 - 356.

[276] Duane C. Bowen. Applied Psychology and Trademarks [J]. The Trademark Reporter, 1961, 51 (1): 1 - 26.

[277] Frank H. Schechter. The Rational Basis of Trademark Protection [J]. Harvard Law Review, 1927, 40 (6): 813 - 833.

[278] Graeme B. Dinwoodie& Mark Janis. Confusion over Use: Contextualism in Trademark Law [J]. Iowa Law Review, 2007, 92 (5): 1597 - 1668.

[279] Graeme W. Austin. Trademarks and the Burdened Imagination [J]. Brooklyn Law Review, 2004, 69 (3): 827 - 922.

[280] Gideon Mark & Jacob Jacoby. Continuing Commercial Impression: Applications and Measurement [J]. Marquette Intellectual Property Law Review, 2003, 10 (3): 433 - 458.

[281] Jacob Jacoby. The Psychological Foundations of Trademark Law: Secondary Meaning, Genericism, Fame, Confusion and Dilution [J]. The Trademark Reporter, 2001, 91 (5): 1013 - 1071.

[282] Jeremy N. Sheff. The (Boundedly) Rational Basis of Trademark Liability [J]. Texas Intellectual Property Law Journal, 2007, 15 (3): 331 - 386.

[283] Lee Ann W. Lockridge. Abolishing State Trademark Registrations [J]. Cardozo Arts & Entertainment Law Journal, 2011, 29 (3): 597 - 680.

[284] Mark Bartholomew. Advertising and the Transformation of Trademark Law [J]. New Mexico Law Review, 2008, 38, (1): 1 - 48.

[285] Mark P. McKenna. Testing Modern Trademark law's Theory of Harm [J]. Iowa Law Review, 2009, 95 (1): 63 - 118.

[286] Mark P. McKenna. Consumer Decision - Making Model of Trademark Law [J]. Virginia Law Review, 2012, 98 (1): 67 - 142.

[287] Mark P. Mckenna. Trademark Use and the Problem of Source [J]. University of Illinois Law Review, 2009, 101 (3): 773 – 828.

[288] Mark P. McKenna. The Normative Foundations of Trademark Law [J]. Notre Dame Law Review, 2007, 82 (5): 1839 – 1916.

[289] Margreth Barrett. Finding Trademark Use: The Historical Foundation for Limiting Infringement Liability to Uses "in the Manner of a Mark" [J]. Wake Forest Law Review, 2008, 43 (4): 893 – 978.

[290] Margreth Barrett. Internet Trademark Suits and the Demise of "Trademark Use" [J]. Davis Law Review, 2006, 39 (2): 371 – 458.

[291] Masaya Suzuki. The Trademark Registration System in Japan: A Firsthand Review and Exposition [J]. Marquette Intellectual Property Law Review, 2001, 5 (1): 133 – 176.

[292] Michael Grynberg. The Road not Taken: Initial Interest Confusion, Consumer Search Costs, and the Challenge of the Internet [J]. Seattle University Law Review, 2004, 28 (1): 97 – 144.

[293] Michael Grynberg. Trademark Litigation as Consumer Conflict [J]. New York University Law Review, 2008, 83 (1): 60 – 119.

[294] Robert C. Denicola. Trademarks as Speech: Constitutional Implications of the Emerging Rationales for the Protection of Trade Symbols [J]. Wisconsin Law Review, 1981, 1982 (2): 158 – 207.

[295] Robert W. Sacoff. The Trademark Use Requirement in Trademark Registration, Opposition and Cancellation Proceedings [J]. The Trademark Reporter, 1986, 76 (2): 99 – 136.

[296] Stacey L. Dogan and Mark A. Lemley. A Search – Costs Theory of Limiting Doctrines in Trademark Law [J]. The Trademark Reporter, 2007, 97 (6): 1223 – 1251.

[297] Stacey L. Dogan & M ark A. Lemley. Grounding Trade mark Law Through Trade mark Use [J]. Iowa Law Review, 2007, 92 (5): 1669 – 1702.

[298] Stacey L. Dogan & Mark A. Lemley. Trademarks and Consumer Search Costs on the Internet [J]. Houston Law Review, 2004, 41 (3): 777 – 838.

[299] Stephen L. Carter. The trouble with trademark [J]. The Yale Law Journal, 1990, 99 (4): 759 - 800.

[300] Thomas L. Casagrande. A Verdict for Your Thoughts? Why an Accused Trademark Infringer's. Intent Has No Place in Likelihood of Confusion Analysis [J]. The Trademark Reporter, 2011, 101 (5): 1447 - 1475.

[301] Thomas R. Lee. Glenn L. Christensen, Eric D. De Rosia, Trademarks, Consumer Psychology, and the Sophisticated consumer [J]. Emory Law Journal, 2008, 57 (3): 575 - 650.

[302] Uli Widmaier. Use, Liability, and the Structure of Trademark Law [J]. Hofstra Law Review, 2004 - 2005, 33 (2): 603 - 710.